張文治編

國學治要
第七編

書目治要

臺灣中華書局印行

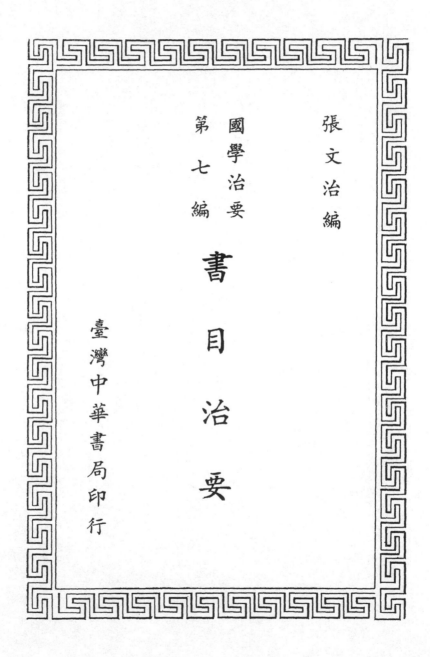

書目治要序

國學治要七

書目三種

目錄學之爲讀書門徑。近代通人言之詳矣。惟求其包舉廣博。論列精善者。實不多覯。往者私人著述。多爲藏書而作。固不足貴。卽如晁志陳錄。其解題世稱典核。然論者終病其統紀不明。不切於學者之考覽。獨正史中之漢隋二志。於吾國學術流別。書籍部次。一窮其淵源。一考其變遷。詳簡適中。最宜熟究。清代四庫全書總目提要。網羅宏富。考論詳審。又突過二志之上。不愧爲斯學之總滙。後阮元復作四庫未收書目提要奏之。以補其闕。故張文襄語人讀書之法。屢稱其書爲讀羣書之門徑。良有以也。所惜者是編本爲初學講習而立。篇幅有限。不能盡錄全書。以資博考。因特摘其書中之序目。略同漢隋二志之體。而以爲殿焉。凡錄三種。雖目錄之學。茫乎無涯。而其最精善者。固無加於此矣。有志之士。誠能勤而讀之。博覽深造。又豈特聊窺讀書之門徑而已耶。書目之切於讀書者。舍本編所錄三種外。當首推清張之洞書目答問。元馬端臨文獻通考中經籍考二種。最爲精要。餘種讀者可展轉求得。今不煩舉。

書目治要卷一目錄

漢書藝文志

六藝略　一易　二書　三詩　四禮　五樂　六春秋　七論語　八孝經　九小學

諸子略　一儒家　二道家　三陰陽家　四法家　五名家　六墨家　七從橫家　八雜家　九農家　十小說家

詩賦略

兵書略　一兵權謀　二兵形勢　三陰陽　四兵技巧

數術略　一天文　二曆譜　三五行　四蓍龜　五雜占　六形法

方技略　一醫經　二經方　三房中　四神仙

書目治要卷二目錄

國學治要七

隋書經籍志

書目治要卷三目錄

清四庫全書序目

書目治要卷一

國學治要七

漢書藝文志

後漢班固撰。固安陵人。字孟堅。明帝時。典校秘書。父彪作史記後傳數十篇。固承其志。復采集所聞。作漢書百卷。此志乃書中十志之一。大抵根據劉向劉歆之七略而成。向漢元王之四世孫。字子政。歆向之子。字子駿。皆博學能文。成哀間。父子受詔領校祕書。遂集周秦以來六藝羣書。條其源流。論其利弊。爲七略以奏之。今其書久佚。所幸班志存其六略。其輯略已亡。殊可痛惜。惟一說班志每略敍論之辭。卽七略之輯略。故劉氏原書實未嘗殘闕。所異者每略每類之書目。班氏稍有增附出入而已。今案此說甚是。但據見存而言。則此志實爲吾國歷代言經籍目錄學者之權輿。至其志之條列精審。議論明切。使三代秦漢之典籍。經傳諸子之源流。粲然秩然而傳於今日者。其功尤爲不小。是故清儒金榜曰。不通漢藝文志。不可以讀天下書。藝文志者。學問之眉目。著述之門戶也。可謂知言者矣。

昔仲尼沒而微言絕。李奇曰、隱微不顯之言也、師古曰、精微要妙之言耳、七十子喪而大義乖。師古曰、七十子謂弟子達者七十二人、舉其成數、故言七十、故春秋分爲五。韋昭曰、謂左氏公羊穀梁鄒氏夾氏也、詩分爲四。韋昭曰、謂毛氏齊魯韓、易有數家之傳。戰國從衡。眞僞分爭。師古曰、從音子容反、諸子之言。紛然殽亂。師古曰、殽雜也、至秦患之。乃燔滅文章。以愚黔首。師古曰、燔、燒也、秦謂人爲黔首、言其頭黑也、燔、音扶元反、黔、音其炎反、又音琴、漢興。改秦之敗。大收篇籍。廣開獻書之路。迄孝武世。書缺簡脫。禮壞樂崩。師古曰、編絕散落、故簡脫、脫、音吐活反、聖上喟然而稱曰。師古曰、喟、歎息之貌也、音丘位反、朕甚閔焉。於是建藏書之策。如淳曰、劉歆七略曰、外則有太常太史博士之藏、內則有延閣廣內祕室之府、置寫書之官。下及諸子傳說。皆充祕府。至成帝時。以書頗散亡。使謁者陳農求遺書於天下。詔光祿大夫劉向校經傳諸子詩賦。步兵校尉任宏校兵書。太史令尹咸校數術。師古曰、占卜之書、侍醫李柱國校方技。師古曰、醫藥之書也、每一書已。師古曰、已畢也、向輒條其篇目。撮其指意。錄而奏之。師古曰、撮、總取也、音千括反、會向卒。哀帝復使向子侍中奉車都尉歆卒父業。師古曰、卒、終也、歆於是總羣書而奏其七略。故有輯略。師古曰、輯與集同、謂諸書之總要、有六藝略。師古曰、六藝六經也、有諸子略。有詩賦略。有兵書略。有術數略。有方技略。今刪其要。以備篇籍。師古曰、刪去浮冗、取其指要也、其每略所條家及篇數、有與總凡不同者、傳寫脫誤、年代久遠、無以詳知、

易經十二篇。施孟梁丘三家。師古曰、上下經及十翼、故十二篇、易傳周氏二篇字王孫也、服氏二篇師古曰、劉向別錄云、服氏齊人、號服光、楊氏二篇名何、字叔元、菑川人、蔡公二篇衛人、事周王孫、韓氏二篇名嬰、王氏二篇名同、丁氏八篇名寬、字子襄、梁人也、古五子十八篇自甲子至壬子、說易陰陽、淮南道訓二篇淮南王安聘明易者九人、號九師法、古雜八十篇雜災異三十五篇神輸五篇圖一師古曰、劉向別錄云、神輸者王道失則災害生、得則四海輸之祥瑞、孟氏京房十一篇災異孟氏京房六十六篇五鹿充宗略說三篇京氏段嘉十二篇蘇氏曰、東海人、爲博士、晉灼曰、儒林不見、師古曰、蘇說是也、嘉即京房所從受易者也、見儒林傳及劉向別錄、章句施孟梁丘氏各二篇凡易十三家二百九十四篇

易曰。宓戲氏仰觀象於天。俯觀法於地。觀鳥獸之文。與地之宜。近取諸身。遠取諸物。於是始作八卦。以通神明之德。以類萬物之情。師古曰、下繫之辭也、鳥獸之文、謂其跡在地者、宓讀與伏同、至于殷周之際。紂在上位。逆天暴物。文王以諸侯順命而行道。天人之占可得而效。於是重易六爻。作上下篇。孔氏爲之彖象繫辭文言序卦之屬十篇。故曰易道深矣。人更三聖。韋昭曰、伏羲文王孔子、師古曰、更、經也、音工衡反、世歷三古。孟康曰、易繫辭曰、易之興其於中古乎、然則伏羲爲上古、文王爲中古、孔子爲下古、及秦燔書。而易爲筮卜之事。傳者不絕。漢興。田何傳之。訖于宣元。有施孟梁丘京氏列於學官。而民間有費高二家之說。師古曰、費、音扶味反、劉向以中古文易經校施孟梁丘經。師古曰、中者、天子之書也、言中以別於外耳、或脫去無咎悔亡。唯費氏經與古文同。

尚書古文經四十六卷。爲五十七篇、師古曰、孔安國書序云、凡五十九篇、爲四十六卷、承詔作傳、引序各冠其篇首、定五十八篇、鄭玄敘贊云、後又亡其一篇、故五十七、　經二十九卷。大小夏侯二家、歐陽經三十二卷、師古曰、此二十九卷、伏生傳授者、　傳四十一篇　歐陽章句三十一卷　大小夏侯章句各二十九卷　大小夏侯解故二十九篇　歐陽說義二篇　劉向五行傳記十一卷　許商五行傳記一篇　周書七十一篇　周史記、師古曰、劉向云、周時誥誓號令也、蓋孔子所論百篇之餘也、今之存者四十五篇矣、　議奏四十二篇　宣帝時石渠論、韋昭曰、閣名也、於此論書、　凡書九家。四百一十二篇。入劉向稽疑一篇、師古曰、此凡言入者、謂七略之外、班氏新入之也、其云出者、與此同、

易曰。河出圖。雒出書。聖人則之。師古曰、上繫之辭也、故書之所起遠矣。至孔子纂焉。孟康曰、纂音撰、上斷於堯。

下訖於秦。凡百篇。而爲之序。言其作意。秦燔書禁學。濟南伏生獨壁藏之。漢興亡失。求得二十九篇。以教齊魯之間。訖孝宣世。有歐陽大小夏侯氏立於學官。古文尙書者。出孔子壁中。師古曰、家語云、孔騰字子襄、畏秦法峻急、藏尙書孝經論語於夫子舊堂壁中、而漢記尹敏傳云、孔鮒所藏、二說不同、未知孰是、武帝末。魯恭王壞孔子宅。欲以廣其宮。而得古文尙書及禮記論語孝經。凡數十篇。皆古字也。共王往入其宅。聞鼓琴瑟鐘磬之音。於是懼。乃止不壞。孔安國者。孔子後也。悉得其書。以考二十九篇。多得十六篇。師古曰、壁中書多、以考見行世二十九篇之外、更得十六篇、安國獻之。遭巫蠱事。未列於學官。劉向以中古文校歐陽大小夏侯三家經文。酒誥脫簡一。召誥脫簡二。師古曰、召讀曰邵、率簡二十五字者。脫亦二十五字。簡二十二字者。脫亦二十二字。文字異者七百有餘。脫字數十。書者古之號令。號令於衆。其言不立具。則聽受施行者弗曉。古文讀應爾雅。故解古今語而可知也。

詩經二十八卷。魯齊韓三家。應劭曰、申公作魯詩、后蒼作齊詩、韓嬰作韓詩、魯故二十五卷。師古曰、故者通其指義也、它皆類此、今流俗毛詩、改故訓傳爲詁字、失眞耳、魯說二十八卷　齊后氏故二十卷　齊孫氏故二十七卷　齊后氏傳三十九卷　齊孫氏傳二十八卷　齊雜記十八卷　韓故三十六卷　韓內傳四卷　韓外傳六卷　韓說四十一卷　毛詩二十九卷　毛詩故訓傳三十卷　凡詩六家。四百一十六卷。

書曰。詩言志。歌詠言。師古曰、虞書舜典之辭也、在心爲志、發言爲詩、詠者、永也、永、長也、歌所以長言之、故哀樂之心感。而歌詠之聲發誦其言謂之詩詠其聲謂之歌故古有采詩之官王者所以觀風俗知得失自考正也孔子純取周詩上采殷下取魯凡三百五篇遭秦而全者以其諷誦不獨在竹帛故也漢興魯申公爲詩訓故而齊轅固燕韓生皆爲之傳或取春秋采雜說咸非其本義與不得已魯最爲近之師古曰、與不得已者、言皆不得也、三家皆不得其眞、而魯最近之、三家皆列於學官又有毛公之學自謂子夏所傳而河間獻王好之未得立

禮古經五十六卷經七十篇后氏戴氏、○劉敞曰、此七十與後七十、皆當作十七、計其篇數則然、 記百三十一篇七十子後學者所記也、 明堂陰陽三十三篇古明堂之遺事、 王史氏二十一篇七十子後學者、師古曰、劉向別錄云、六國時人也、 曲臺后倉九篇如淳曰、行禮射於曲臺、后倉爲記、故名曰曲臺記、漢官曰、大射於曲臺、晉灼曰、天子射宮也、西京無太學、於此行禮也、○宋祁曰景本曲臺下有至字、 中庸說二篇師古曰、今禮記有中庸一篇、亦非本禮經、蓋此之流、 明堂陰陽說五篇 周官經六篇王莽時、劉歆置博士、師古曰、即今之周官禮也、亡其冬官、以考工記充之、 周官傳四篇 軍禮司馬法百五十五篇 古封禪羣祀二十二篇 封禪議對十九篇武帝時也、 漢封禪羣祀三十六篇 議奏三十八篇石渠、 凡禮十三家五百五十五篇入司馬法一家、百五十五篇、

易曰有夫婦父子君臣上下禮義有所錯師古曰、序卦之辭也、錯、置也、音千故反、而帝王質文世有損益至周曲爲之防事爲之制師古曰、委曲防閑、每事爲制也、故曰禮經三百威儀三千韋昭曰、周禮三百六十官也、三百、舉成數也、臣瓚曰、禮經三百、謂冠婚吉凶、周禮三百、是官名也、師古曰、禮經三百、韋說是也、威儀三千、乃謂冠婚吉凶、蓋儀禮是也、 及周之衰諸侯將踰法度惡其害己

皆滅去其籍。自孔子時而不具。至秦大壞。漢興。魯高堂生傳士禮十七篇。訖孝宣世。后倉最明。戴德戴聖慶普皆其弟子。三家立於學官。禮古經者。出於魯淹中。蘇林曰、里名也、○劉敞曰、讀當云禮古經者出於魯淹中及孔氏、孔氏則安國所得壁中書也、及孔氏學七十篇文相似。多三十九篇。○劉敞曰、學七十篇當作與十七篇文相似、五十六卷除十七、正多三十九也、及明堂陰陽王史氏記所見。多天子諸侯卿大夫之制。雖不能備。猶瘉倉等推士禮而致於天子之說。師古曰、瘉與愈同、愈、勝也、

樂記二十三篇　王禹記二十四篇　雅歌詩四篇　雅琴趙氏七篇名定、勃海人、宣帝時丞相魏相所奏、

雅琴師氏八篇名中、東海人、傳言師曠後、　雅琴龍氏九十九篇名德、梁人、師古曰、劉向別錄云、亦魏相所奏也、與趙定俱召見待詔、後拜爲侍郎、

　凡樂六家百六十五篇出淮南劉向等琴頌七篇、

易曰。先王作樂崇德。殷薦之上帝。以享祖考。師古曰、豫卦象辭也、殷、盛也、故自黃帝下至三代。樂各有名。孔子曰。安上治民。莫善於禮。移風易俗。莫善於樂。師古曰、孝經載孔子之言二者相與並行。周衰俱壞。樂尤微眇。以音律爲節。師古曰、眇、細也、言其道精微、節在音律、不可具於書、眇亦讀曰妙、又爲鄭衛所亂。故無遺法。漢興。制氏以雅樂聲律。世在樂官。頗能紀其鏗鏘鼓舞。而不能言其義。師古曰、鏗、音初耕反、六國之君。魏文侯最爲好古。孝文時。得其樂人竇公。師古曰、桓譚新論云、竇公年百八十歲、兩目皆盲、文帝奇之、問曰、何因至此、對曰、臣年十三失明、父母哀其不及衆技、敎鼓琴、臣導引、無所服餌、獻其書。乃周官大宗伯之大司樂章也。武帝時。河間獻王好儒。與毛生等共采周官及諸子言樂事者。以作樂記。獻八佾之舞。與制氏不相遠。其內史丞王定傳之。以授常

山王禹。禹成帝時爲謁者。數言其義。師古曰、數、音所角反、獻二十四卷記。劉向校書得樂記二十三篇。與禹不同其道寖以益微。師古曰、寖、漸也、

春秋古經十二篇經十一卷公羊穀梁二家、　左氏傳三十卷左丘明、魯太史、　公羊傳十一卷公羊子、齊人、師古曰、名高、　穀梁傳十一卷穀梁子、魯人、師古曰、名喜、　鄒氏傳十一卷　夾氏傳十一卷有錄無書、師古曰、夾、音頰、　左氏微二篇師古曰、微謂釋其微指、　鐸氏微三篇楚太傅鐸椒也、　張氏微十篇　虞氏微傳二篇趙相虞卿、　公羊外傳五十篇　穀梁外傳二十篇　公羊章句三十八篇　穀梁章句三十三篇　公羊雜記八十三篇　公羊顏氏記十一篇　公羊董仲舒治獄十六篇　議奏三十九篇石渠論、

國語二十一篇左丘明著、　新國語五十四篇劉向分國語、　世本十五篇古史官記黃帝以來訖春秋時、諸侯大夫、　戰國策三十三篇記春秋後、　奏事二十篇秦時大臣奏事、及刻石名山文也、　楚漢春秋九篇陸賈所記、　太史公百三十篇十篇有錄無書、　馮商所續太史公七篇韋昭曰、馮商受詔續太史公十餘篇、在班彪別錄、商字子高、師古曰、七略云、商陽陵人、治易、事五鹿充宗、後事劉向、能屬文、後與孟柳俱待詔、頗序列傳、未卒、病死、　太古以來年紀二篇　漢著記百九十卷師古曰、若今之起居注、　漢大年紀五篇　凡春秋二十三家九百四十八篇。省太史公四篇、

古之王者世有史官。君舉必書。所以愼言行。昭法式也。左史記言。右史記事。事爲春秋。言爲尙書。帝王靡不同之。周室既微。載籍殘缺。仲尼思存前聖之業。乃稱曰夏禮吾能言之。杞不足徵也。殷禮吾能言之。宋不足徵也。文獻不足故也。足則吾能徵之矣。師古曰、論語載孔子之言也、徵、成也、獻、賢

以魯周公之國。禮文備物。史官有法。故與左丘明觀其史記。據行事。仍人道。師古曰、仍、因也、因興以立功。敗以成罰。假日月以定曆數。藉朝聘以正禮樂。有所褒諱貶損。不可書見。口授弟子。弟子退而異言。師古曰、謂人執所見、各不同也、丘明恐弟子各安其意。以失其眞。故論本事而作傳。明夫子不以空言說經也。春秋所貶損大人當世君臣。有威權勢力。其事實皆形於傳。是以隱其書而不宣。所以免時難也。及末世口說流行。故有公羊穀梁鄒夾之傳。四家之中。公羊穀梁立於學官。鄒氏無師。夾氏未有書。

論語古二十一篇出孔子壁中、兩子張、如淳曰、分堯曰篇後子張問何如可以從政已下爲篇、名曰從政、　齊二十二篇多問王知道、如淳曰、多問王知道、皆篇名也、　魯二十篇傳十九篇師古曰、解釋論語意者、　齊說二十九篇　魯夏侯說二十一篇　魯安昌侯說二十一篇師古曰、張禹也、　魯王駿說二十篇師古曰、王吉子、　燕傳說三卷　議奏十八篇石渠論、　孔子家語二十七卷師古曰、非今所有家語、　孔子三朝七篇師古曰、今大戴禮有其一篇、蓋孔子對魯哀公語也、三朝見公、故曰三朝、　孔子徒人圖法二卷　凡論語十二家二百二十九篇

論語者。孔子應答弟子時人及弟子相與言而接聞於夫子之語也。當時弟子各有所記。夫子既卒。門人相與輯而論簒。故謂之論語。師古曰、輯與集同、簒與撰同、漢興。有齊魯之說。傳齊論者。昌邑中尉王吉。少府宋畸。師古曰、畸、音居宜反、御史大夫貢禹。尚書令五鹿充宗。膠東庸生。唯王陽名家。師古曰、王吉字子陽、故謂之王陽、傳魯論語者。常山都尉龔奮。長信少府夏侯勝。丞相韋賢。魯扶卿。前將軍蕭、

望之。安昌侯張禹。皆名家。張氏最後而行於世。

孝經古孔氏一篇二十二章、師古曰、劉向云、古文字也、庶人章分爲二也、曾子敢問章爲三、又多一章、凡二十二章、　孝經一篇十八章、長孫氏江氏后氏翼氏四家、　長孫氏說二篇　江氏說一篇　翼氏說一篇　后氏說一篇　雜傳四篇　安昌侯說一篇　五經雜議十八篇石渠論、　爾雅三卷二十篇張晏曰、爾近也、雅、正也、　小雅一篇○宋祁曰、小字下邵本有爾字。古今字一卷　弟子職一篇應劭曰、管仲所作、在管子書、　說三篇　凡孝經十一家五十九篇

孝經者。孔子爲曾子陳孝道也。夫孝。天之經。地之義。民之行也。舉大者言。故曰孝經。漢興。長孫氏。博士江翁。少府后倉。諫大夫翼奉。安昌侯張禹傳之。各自名家。經文皆同。唯孔氏壁中古文爲異。父母生之。續莫大焉。故親生之膝下。諸家說不安處。古文字讀皆異。臣瓚曰、孝經云、續莫大焉、而諸家之說各不安處之也、師古曰、桓譚新論云、古孝經千八百七十二字、今異者四百餘字、

史籀十五篇周宣王太史作大篆十五篇、建武時亡六篇矣、師古曰、籀音冑、　八體六技韋昭曰、八體、一曰大篆、二曰小篆、三曰刻符、四曰蟲書、五曰摹印、六曰署書、七曰殳書、八曰隸書、　蒼頡一篇上七章秦丞相李斯作、爰歷六章車府令趙高作、博學七章太史令胡母敬作、　凡將一篇司馬相如作、　急就一篇元帝時、黃門令史游作、　元尚一篇成帝時、將作大匠李長作、　訓纂一篇揚雄作、　別字十三篇　蒼頡傳一篇　揚雄蒼頡訓纂一篇　杜林蒼頡訓纂一篇　杜林蒼頡故一篇　凡小學十家四十五篇。入揚雄杜林二家三篇、

易曰。上古結繩以治。後世聖人易之以書契。百官以治。萬民以察。蓋取諸夬。師古曰、下繫之辭、夬。揚

於王庭。師古曰、夬卦之辭、言其宣揚於王者朝廷。其用最大也。古者八歲入小學。故周官保氏掌養國子。教之六書。師古曰、保氏地官之屬也、保、安也、謂象形。象事。象意。象聲。轉注。假借。造字之本也。師古曰、象形謂畫成其物、隨體詰屈、日月是也、象事即指事也、謂視而可識、察而見意、上下是也、象意即會意也、謂比類合誼、以見指撝、武信是也、象聲即形聲、謂以事爲名、取譬相成、江河是也、轉注謂建類一首、同意相受、考老是也、假借謂本無其字、依聲託事、令長是也、文字之義、總歸六書、故曰、立字之本焉、漢興。蕭何草律。師古曰、草、創造之、亦著其法。曰太史試學童。能諷書九千字以上。乃得爲史。又以六體試之。課最者以爲尚書御史史書令史。韋昭曰、若今尚書蘭臺令史也、臣瓚曰、史書今之太史書、○劉奉世曰、史與書令史二名、今有書令史、吏民上書。字或不正。輒舉六。劾體者。古文。奇字。篆書。隸書。繆篆。蟲書。師古曰、古文謂孔子壁中書、奇字即古文而異者也、篆書謂小篆、蓋秦始皇使程邈所作也、隸書亦程邈所獻、主於徒隸、從簡易也、繆篆謂其文屈曲纏繞、所以摹印章也、蟲書謂爲蟲鳥之形、所以書幡信也、皆所以通知古今文字。摹印章。書幡信也。古制書必同文。不知則闕。問諸故老。至於衰世。是非無正。人用其私。師古曰、各任私意而爲字、故孔子曰。吾猶及史之闕文也。今亡矣夫。師古曰、論語載孔子之言、謂文字有疑、則當闕而不說、孔子曰、言我初涉學、尚見闕文、今則皆無、任意改作也、蓋傷其寖不正。師古曰、寖、漸也、史籀篇者。周時史官教學童書也。與孔氏壁中古文異體。蒼頡七章者。秦丞相李斯所作也。爰歷六章者。車府令趙高所作也。博學七章者。太史令胡毋敬所作也。文字多取史籀篇。而篆體復頗異。所謂秦篆者也。是時始造隸書矣。起於官獄多事。苟趨省易。師古曰、趨讀曰趣、謂趣向之也、易、音弋豉反、施之於徒隸也。漢興。閭里書師。合蒼頡爰歷博學三篇。斷六十字以爲一章。凡五十五章。幷爲蒼頡篇。師古曰、幷、合也、總合以爲蒼頡篇也、武帝時。司馬相如作凡將篇。無復字。師古曰、復、

重也、音扶目反、後皆類此、元帝時。黃門令史游作急就篇。成帝時。將作大匠李長作元尙篇。皆蒼頡中正
字也。凡將則頗有出矣。至元始中。徵天下通小學者以百數。各令記字於庭中。揚雄取其有
用者以作訓纂篇。順續蒼頡。又易蒼頡中重復之字。凡八十九章。臣復續揚雄作十三章。韋昭
曰、臣班固自謂也、作十三章、後人不別、疑在蒼頡下篇三十四章中、凡一百三章。無復字。六藝羣書所載略備矣。蒼頡多古字。
俗師失其讀。宣帝時。徵齊人能正讀者。張敞從受之。傳至外孫之子杜林。爲作訓故。并列焉。
凡六藝一百三家。三千一百二十三篇。入三家一百五十九篇、出重十一篇、
六藝之文。樂以和神。仁之表也。詩以正言。義之用也。禮以明體。明者著見。故無訓也。書以廣
聽。知之術也。春秋以斷事。信之符也。五者蓋五常之道。相須而備。而易爲之原。故曰易不可
見。則乾坤或幾乎息矣。蘇林曰、不能見易意、則乾坤近於滅息也、師古曰、此上繫之辭也、幾、近也、音鉅依反、言與天地爲終始也。至於
五學。世有變改。猶五行之更用事焉。師古曰、更、互也、音工衡反、古之學者耕且養。三年而通一藝。存其大
體。玩經文而已。是故用日少而畜德多。師古曰、畜讀曰蓄、蓄、聚也、易大畜卦象辭曰、君子以多識前言往行、以畜其德、三十而五經
立也。後世經傳既已乖離。博學者又不思多聞闕疑之義。師古曰、論語稱孔子曰、多聞闕疑、愼言其餘、則寡尤、言爲學之道、務
在多聞、疑則闕之、愼於言語、則少過也、故志引之、而務碎義逃難。便辭巧說。破壞形體。師古曰、苟爲僻碎之義、以避他人之攻難者、故爲便辭巧
說、以析破文字之形體也、說五字之文。至於二三萬言。師古曰、言其煩妄也、桓譚新論云、秦近君能說堯典篇目、兩字之說、至十餘萬言、但說曰若稽古三
萬言、後進彌以馳逐。故幼童而守一藝。白首而後能言。安其所習。毀所不見。師古曰、己所常習、則保安之、未嘗所

見者、則安毀誹、終以自蔽。此學者之大患也。序六蓺爲九種。

晏子八篇名嬰、謚平仲、相齊景公、孔子稱善與人交、有列傳、師古曰、有列傳者、謂太史公書、　子思二十三篇名伋、孔子孫、爲魯繆公師、　曾子十八篇名參、孔子弟子、　漆雕子十三篇孔子弟子漆雕啟後、　宓子十六篇名不齊、字子賤、孔子弟子、師古曰、宓讀與伏同、　景子三篇說宓子語、似其弟子、　世子二十一篇名碩、陳人也、七十子之弟子、　魏文侯六篇　李克七篇子夏弟子、爲魏文侯相、

公孫尼子二十八篇七十子之弟子、　孟子十一篇名軻、鄒人、子思弟子、有列傳、師古曰、聖證論云、軻字子車、而此志無字、未詳其所得、　孫卿子三十三篇名況、趙人、爲齊稷下祭酒、有列傳、師古曰、本曰荀卿、避宣帝諱、故曰孫、　羋子十八篇名嬰、齊人、七十子之後、師古曰、羋音弭、

內業十五篇不知作書者、　周史六弢六篇惠襄之間、或曰、顯王時、或曰、孔子問焉、師古曰、卽今之六韜也、蓋言取天下及軍旅之事、弢字與韜同也、　周政六篇周時法度政教、　周法九篇法天地立百官、　河間周制十八篇似河間獻王所述也、　讕言十篇不知作者、陳人君法度、如淳曰、讕音粲爛、師古曰、說者引孔子家語云、孔穿所造、非也、　功議四篇不知作者、論功德事、　甯越一篇中牟人、爲周威王師、

王孫子一篇一曰巧心、　公孫固一篇十八章、齊閔王失國、問之、固因爲陳古今成敗也、　李氏春秋二篇　羊子四篇百章、故秦博士、　董子一篇名無心、難墨子、　俟子一篇李奇曰、或作侔子、　徐子四十二篇宋外黃人、　魯仲連子十四篇有列傳、　平原老七篇朱建也、○宋祁曰、老一作君、　虞氏春秋十五篇虞卿也、　高祖傳十三篇高祖與大臣述古語、及詔策也、　陸賈二十三篇　劉敬三篇　孝文傳十一篇文帝所稱及詔策、　賈山八篇　太常蓼侯孔臧十篇父聚、高祖時以功臣封、臧嗣爵、　賈誼五十八篇　河間獻王對上下三雍宮三篇　董仲舒百二十三篇　兒寬九篇　公孫弘十篇　終軍八篇　吾丘壽王六篇　虞丘說一篇難孫

卿也、　莊助四篇　臣彭四篇　鉤盾兄從李步昌八篇宣帝時數言事、○宋祁曰、兄、當作冗、　儒家言十八篇　不知作者、　桓寬鹽鐵論六十篇師古曰、寬、字次公、汝南人也、孝昭帝時、丞相御史與諸賢良文學論鹽鐵事、寬撰次之、　劉向所序六十七篇新序說苑世說列女傳頌圖也、　揚雄所序三十八篇太玄十九、法言十三、樂四、箴二、　右儒五十三家八百三十六篇入揚雄一家三十八篇、

儒家者流。蓋出於司徒之官。助人君順陰陽。明敎化者也。游文於六經之中。留意於仁義之際。祖述堯舜。憲章文武。宗師仲尼。以重其言。師古曰、祖、始也、述、修也、憲、法也、章、明也、宗、尊也、言以堯舜爲本始、而遵修之、以文王武王爲明法、又師尊仲尼之道、於道最爲高。孔子曰。如有所譽。其有所試。師古曰、論語載孔子之言也、言於人有所稱譽者、輒試以事、取其實效也、譽音弋於反、唐虞之隆。殷周之盛。仲尼之業。已試之效者也。然惑者既失精微。而辟者又隨時抑揚。違離道本。師古曰、辟讀曰僻、苟以譁衆取寵。師古曰、譁、諠也、寵、尊也、譁、音呼華反、後進循之。是以五經乖析。儒學寖衰。此辟儒之患。師古曰、寖、漸也、辟、讀曰僻、

伊尹五十一篇湯相、　太公二百三十七篇呂望爲周師尚父、本有道者、或有近世又以爲太公術者所增加也、師古曰、父讀曰甫也、謀八十一篇言七十一篇兵八十五篇　辛甲二十九篇紂臣、七十五諫而去、周封之、　鬻子二十二篇名熊、爲周師、自文王以下問焉、周封爲楚祖、師古曰、鬻、音弋六反、　筦子八十六篇名夷吾、相齊桓公、九合諸侯、不以兵車也、有列傳、師古曰、筦讀與管同、　老子鄰氏經傳四篇姓李名耳、鄰氏傳其學、　老子傅氏經說三十七篇述老子學、　老子徐氏經說六篇字少季、臨淮人、傳老子、　劉向說老子四篇　文子九篇老子弟子、與孔子並時、而稱周平王問、似依託者也、　蜎子十三篇名淵、楚人、老子

弟子、師古曰、蜎、姓也、音一元反、　關尹子九篇名喜、為關吏、老子過關、喜去吏而從之、　莊子五十二篇名周、宋人、　列子八篇名圄寇、先莊子、莊子稱之、　老成子十八篇　長盧子九篇楚人、　王狄子一篇　公子牟四篇魏之公子也、先莊子、莊子稱之、　田子二十五篇名駢、齊人、游稷下、號天口駢、師古曰、駢、音步田反、　老萊子十六篇楚人、與孔子同時、　黔婁子四篇齊隱士、守道不詘、威王下之、師古曰、黔、音其炎反、下、音胡稼反、　宮孫子二篇師古曰、宮孫姓也、不知名、　鶡冠子一篇楚人、居深山、以鶡為冠、師古曰、以鶡鳥羽為冠、　周訓十四篇師古曰、劉向別錄云、人間小書、其言俗薄、　黃帝四經四篇　黃帝銘六篇　黃帝君臣十篇起六國時、與老子相似也、　雜黃帝五十八篇六國時賢者所作、　力牧二十二篇六國時所作、託之力牧、力牧黃帝相、　孫子十六篇六國時、　捷子二篇齊人、武帝時說、　曹羽二篇楚人、武帝時說於齊王、　郎中嬰齊十二篇武帝時、師古曰、劉向云、故待詔、不知其姓、數從游觀、名能為文、　臣君子二篇蜀人、　鄭長者一篇六國時、先韓子、韓子稱之、師古曰、別錄云、鄭人、不知姓名、　楚子三篇　道家言二篇近世、不知作者、　右道三十七家九百九十三篇

道家者流。蓋出於史官。歷記成敗存亡禍福古今之道。然後知秉要執本。清虛以自守。卑弱以自持。此君人南面之術也。合於堯之克攘。師古曰、虞書堯典稱堯之德、曰允恭克讓、言其信恭能讓也、故志引之云、攘古讓字、易之嗛嗛。一謙而四益。此其所長也。師古曰、四益、謂天道虧盈而益謙、地道變盈而流謙、鬼神害盈而福謙、人道惡盈而好謙也、此謙卦象辭、嗛字與謙同、及放者為之。則欲絕去禮學。兼棄仁義。師古曰、放、蕩也、曰獨任清虛可以為治。

宋司星子韋三篇景公之史、　公檮生終始十四篇傳鄒奭始終書、師古曰、檮、音疇、其字從木、　公孫發二十二篇六國時、　鄒子四十九篇名衍、齊人、為燕昭王師、居稷下、號談天衍、　鄒子終始五十六篇師古曰、亦鄒衍所說、　乘丘子五篇

六國時、杜文公五篇六國時、師古曰、劉向別錄云、韓人也、黃帝泰素二十篇六國時、韓諸公子所作、師古曰、劉向別錄云、或言韓諸公孫之所作也、言陰陽五行、以為黃帝之道也、故曰泰素、南公三十一篇六國時、容成子十四篇張蒼十六篇丞相北平侯、鄒奭子十二篇齊人、號曰雕龍奭、師古曰、奭、音試亦反、閭丘子十三篇名快、魏人、在南公前、馮促十三篇鄭人、將鉅子五篇六國時、先南公、南公稱之、五曹官制五篇漢制、似賈誼所條、周伯十一篇齊人、六國時、衛侯官十二篇近世不知作者、于長天下忠臣九篇平陰人、近世、師古曰、劉向別錄云、傳天下忠臣、公孫渾邪十五篇平曲侯、雜陰陽三十八篇不知作者、右陰陽二十一家三百六十九篇

陰陽家者流。蓋出於羲和之官。敬順昊天。歷象日月星辰。敬授民時。此其所長也。及拘者為之。則牽於禁忌。泥於小數。舍人事而任鬼神。師古曰、泥滯也、音乃計反、舍、廢也、

李子三十二篇名悝、相魏文侯、富國彊兵、商君二十九篇名鞅、姬姓、衛後也、相秦孝公、有列傳、申子六篇名不害、京人、相韓昭侯、終其身諸侯不敢侵韓、師古曰、京、河南京縣、處子九篇師古曰、史記云、趙有處子、慎子四十二篇名到、先申韓、申韓稱之、韓子五十五篇名非、韓諸公子、使秦、李斯害而殺之、游棣子一篇師古曰、棣、音徒計反、鼂錯三十一篇燕十事十篇不知作者、法家言二篇不知作者、右法十家二百一十七篇

法家者流。蓋出於理官。信賞必罰。以輔禮制。易曰先王以明罰飭法。師古曰、噬嗑之象辭也、飭、整也、讀與敕同、此其所長也。及刻者為之。則無教化。去仁愛。專任刑法而欲以致治。至於殘害至親。傷恩薄厚。師古曰、薄厚、變厚為薄、

鄧析二篇鄭人、與子產並時、師古曰、列子及孫卿並云子產殺鄧析、據左傳昭公二十年、子產卒、定公九年、駟歂殺鄧析、而用其竹刑、則非子產所殺也、

尹文子一篇說齊宣王、先公孫龍、師古曰、劉向云、與宋鈃俱游稷下、鈃音形、

公孫龍子十四篇趙人、師古曰、即爲堅白之辯者、

成公生五篇與黃公等同時、師古曰、姓成公、劉向云、與李斯子由同時、由爲三川守、成公生游談不仕、

惠子一篇名施、與莊子並時、

黃公四篇名疵、爲秦博士、作歌詩、在秦時歌詩中、師古曰、疵、音才斯反、

毛公九篇趙人、與公孫龍等並游平原君趙勝家、師古曰、劉向別錄云、論堅白同異、以爲可以治天下、此蓋史記所云藏於博徒者、

右名七家三十六篇

名家者流。蓋出於禮官。古者名位不同。禮亦異數。孔子曰。必也正名乎。名不正則言不順。言不順則事不成。師古曰、論語載孔子之言也、言欲爲政、必先正其名、此其所長也。及謷者爲之。晉灼曰、謷、訐也、師古曰、謷、音工釣反、則苟鉤鈲析亂而已。師古曰、鈲、破也、音普革反、又音普狄反、

尹佚二篇周臣、在成康時也、

田俅子三篇先韓子、蘇林曰、俅、音仇、

我子一篇師古曰、劉向別錄云、爲墨子之學、

隨巢子六篇墨翟弟子、

胡非子三篇墨翟弟子、

墨子七十一篇名翟、爲宋大夫、在孔子後、

右墨六家八十六篇

墨家者流。蓋出於清廟之守。茅屋采椽。是以貴儉。師古曰、采、柞木也、字作棌、本從木、以茅覆屋、以棌爲椽、言其質素也、采、音千在反、養三老五更。是以兼愛。選士大射。是以上賢。宗祀嚴父。是以右鬼。如淳曰、右鬼、謂信鬼神、若杜伯射宣王、是親鬼而右之、師古曰、右猶尊尚也、順四時而行。是以非命。蘇林曰、非有命者、言儒者執有命、而反勸人修德積善、政敎與行相反、故譏之也、如淳曰、言無吉凶之命、但有賢不肖善惡、以孝視天下。是以上同。如淳曰、言皆同可以治也、師古曰、墨子有節用兼愛上賢明鬼神非命上同等諸篇、故志歷序其本意也、視讀曰示、此其所長也。及蔽者爲之。見儉之利。因以非禮。推兼愛之意。而不知別親疏。

蘇子三十一篇（名秦，有列傳。）張子十篇（名儀，有列傳。）龐煖二篇（爲燕將。師古曰：煖，音許遠反。）闕子一篇　國筮子十七篇　秦零陵令信一篇（難秦相李斯。）蒯子五篇（名通。）鄒陽七篇　主父偃二十八篇　徐樂一篇　莊安一篇　待詔金馬聊蒼三篇（趙人，武帝時。師古曰：嚴助傳作膠蒼，而此志作聊，志傳不同，未知孰是。）右從横十二家百七篇。

從横家者流，蓋出於行人之官。孔子曰：「誦詩三百，使於四方，不能顓對，雖多亦奚以爲。」（師古曰：論語載孔子之言也。謂人不達於事，誦詩雖多，亦無所用。）又曰：「使乎使乎。」（師古曰：亦論語載孔子之言。歎使者之難其人。）言其當權事制宜，受命而不受辭，此其所長也。及邪人爲之，則上詐諼而棄其信。（師古曰：諼，詐言也。音許遠反。）

孔甲盤盂二十六篇（黃帝之史，或曰夏帝孔甲，似皆非。）大命三十七篇（傳言禹所作，其文似後世語。師古曰：命，古禹字。○宋祁曰：一作命。）伍子胥八篇（名員，春秋時爲吳將，忠直遇讒死。）子晚子三十五篇（齊人，好議兵，與司馬法相似。）由余三篇（戎人，秦穆公聘以爲大夫。）尉繚二十九篇（六國時。師古曰：尉，姓；繚，名也。音了，又音聊。劉向別錄云：繚爲商君學。）尸子二十篇（名佼，魯人，秦相商君師之。鞅死，佼逃入蜀。師古曰：佼，音絞。）呂氏春秋二十六篇（秦相呂不韋輯智略士作。）淮南內二十一篇（王安。師古曰：內篇論道，外篇雜說。○宋祁曰：雜，邵本作新。）淮南外三十三篇　東方朔二十篇　伯象先生一篇（應劭曰：蓋隱者也，故公孫敖難以無益世主之治。）荊軻論五篇（軻爲燕刺秦王，不成而死，司馬相如等論之。）吳子一篇　公孫尼一篇　博士臣賢對一篇（漢世難韓子、商君。）臣說三篇（武帝時作賦。師古曰：說者，其人名，讀曰悅。）解子簿書三十五篇　推雜書八十七篇　雜家言一篇（王伯，不知作者。師古曰：言伯王之道。伯讀曰霸。）右雜二十家四百三篇（入兵法。）

雜家者流。蓋出於議官。兼儒墨。合名法。知國體之有此。（師古曰、治國之體、亦當有此雜家之說、）見王治之無不貫。（師古曰、王者之治、於百家之道、無不貫綜、）此其所長也。及盪者爲之。則漫羨而無所歸心。（師古曰、漫、放也、羨、音弋戰反、）

神農二十篇（六國時、諸子疾時怠於農業、道耕農事、託之神農、師古曰、劉向別錄云、疑李悝及商君所說、）　野老十七篇（六國時、在齊楚間、應劭曰、年老居田野、相民耕種、故號野老、）　宰氏十七篇（不知何世、）　董安國十六篇（漢代內史、不知何帝時、）　尹都尉十四篇（不知何世、〇宋祁曰、尹一作郡、）　趙氏五篇（不知何世、）　氾勝之十八篇（成帝時、爲議郎、師古曰、劉向別錄云、使敎田三輔有好田者師之、徙爲御史、氾、音凡、又音敷劍反、）　王氏六篇（不知何世、）　蔡癸一篇（宣帝時、以言便宜、至弘農太守、師古曰、劉向別錄云、邯鄲人、）　右農九家百一十四篇

農家者流。蓋出於農稷之官。播百穀。勸耕桑。以足衣食。故八政一曰食。二曰貨。孔子曰。所重民食。（師古曰、論語載孔子稱殷湯伐桀告天辭也、言爲君之道、所重者、在人之食、）此其所長也。及鄙者爲之。以爲無所事聖王。（師古曰、言不須聖王、天下自治、）欲使君臣並耕。誖上下之序。（師古曰、誖、亂也、音布內反、）

伊尹說二十七篇（其語淺薄、似依託也、）　鬻子說十九篇（後世所加、）　周考七十六篇（考周事也、）　青史子五十七篇（古史官記事也、）　師曠六篇（見春秋、其言淺薄、本與此同、似因託也、）　務成子十一篇（稱堯問、非古語、）　宋子十八篇（孫卿道宋子、其言黃老意、）　天乙三篇（天乙謂湯、其言非殷時、皆依託也、）　黃帝說四十篇（迂誕依託、）　封禪方說十八篇（武帝時、）　待詔臣饒心術二十五篇（武帝時、師古曰、劉向別錄云、饒齊人也、不知其姓、武帝時待詔、作書名曰心術、）　待詔臣安成未央術一篇（應劭曰、道家也、好養生事、爲未央之術、）　臣壽周紀七篇（項國圉人、宣帝時、）　虞初周說九百四十三篇（河南人、武帝時、）

以方士侍郎號黃車使者、應邵曰、其說以周書爲本、師古曰、史記云、虞初洛陽人、即張衡西京賦小說九百、本自虞初者也、

百家百三十九篇

右小說十五家、千三百八十篇。○劉奉世曰、又少十篇、

小說家者流、蓋出於稗官。如淳曰、稗音鍛家排、九章細米爲稗、街談巷說、其細碎之言也、王者欲知閭巷風俗、故立稗官使稱說之、今世亦謂偶語爲稗、師古曰、稗、音稊稗之稗、不與鍛排同也、稗官小官、漢名臣奏、唐林請省置吏、公卿大夫至都官稗官、各減什三是也、街談巷語。道聽塗說者之所造也。孔子曰。雖小道。必有可觀者焉。致遠恐泥。是以、君子弗爲也。師古曰、論語載孔子之言、泥、滯也、音乃細反、然亦弗滅也。閭里小知者之所及。亦使綴而不忘。如或一言可采。此亦芻蕘狂夫之議也。

凡諸子百八十九家。四千三百二十四篇。出蹴鞠一家、二十五篇、

諸子十家。其可觀者九家而已。皆起於王道既微。諸侯力政。時君世主。好惡殊方。師古曰、好音呼到反、惡音一故反、是以九家之術。蠭出並作。師古曰、蠭、與鋒同、各引一端。崇其所善。以此馳說。取合諸侯。其言雖殊。辟猶水火。相滅亦相生也。師古曰、辟、讀曰譬、仁之與義。敬之與和。相反而皆相成也。易曰。天下同歸而殊塗。一致而百慮。師古曰、下繫之辭、今異家者各推所長。窮知究慮。以明其指。雖有蔽短。合其要歸。亦六經之支與流裔。師古曰、裔、衣末也、其於六經、如水之下流、衣之末裔、使其人遭明王聖主。得其所折中。皆股肱之材已。師古曰、已、語終之辭、仲尼有言。禮失而求諸野。師古曰、言都邑失禮、則於外野求之、亦將有獲、方今去聖久遠。道術缺廢。無所更索。師古曰、索、求也、彼九家者。不猶癒於野乎。師古曰、癒與愈同、愈、勝也、若能修六藝之術。而觀此九家之言。舍短取長。則可以通萬方之略矣。師古曰、舍、廢也、

屈原賦二十五篇楚懷王大夫、有列傳、　唐勒賦四篇楚人、　宋玉賦十六篇楚人、與唐勒並時、在屈原後也、　趙幽王賦一篇　莊夫子賦二十四篇名忌、吳人、　賈誼賦七篇　枚乘賦九篇　司馬相如賦二十九篇　淮南王賦八十二篇　淮南王羣臣賦四十四篇　太常蓼侯孔臧賦二十篇　陽丘侯劉隁賦十九篇師古曰、隁音偃、　吾丘壽王賦十五篇　蔡甲賦一篇　上所自造賦二篇師古曰、武帝也、　兒寬賦二篇　光祿大夫張子僑賦三篇與王襃同時也、　陽成侯劉德賦九篇　劉向賦三十三篇　王襃賦十六篇　右賦二十家三百六十一篇　陸賈賦三篇　枚皐賦百二十篇　朱建賦二篇　常侍郎莊怱奇賦十一篇枚皐同時、師古曰、七略云、怱奇者、或言莊夫子子、或言族家子、莊助昆弟也、從行至茂陵、詔造賦、　嚴助賦三十五篇師古曰、上言莊怱奇、下言嚴助、史駁文、　朱買臣賦三篇　宗正劉辟彊賦八篇　司馬遷賦八篇　郎中臣嬰齊賦十篇　臣說賦九篇師古曰、說名、音悅、　臣吾賦十八篇　遼東太守蘇季賦一篇　蕭望之賦四篇　河內太守徐明賦三篇字長君、東海人、元成世歷五郡太守、有能名、　給事黃門侍郎李息賦九篇　淮陽憲王賦二篇　揚雄賦十二篇　待詔馮商賦九篇　博士弟子杜參賦二篇師古曰、劉向別錄云、臣向謹與長社尉杜參校中祕書、劉歆又云、參杜陵人、以陽朔元年病死、死時年二十餘、　車郎張豐賦三篇張子僑子、　驃騎將軍朱宇賦三篇師古曰、劉向別錄云、驃騎將軍史朱宇、志以宇在驃騎府、故總言驃騎將軍、○劉奉世曰、其實惟脫一史字耳、

右賦二十一家二百七十四篇入揚雄八篇、　孫卿賦十篇　秦時雜賦九篇　李思孝景皇帝頌十五篇　廣川惠王越賦五篇　長沙王羣臣賦三篇　魏內史賦二篇　東暆令延

年賦七篇師古曰、東暆縣名、暆音移、　衛士令李忠賦二篇　張偃賦二篇　賈充賦四篇　張仁賦六篇　秦充賦二篇　李步昌賦二篇　侍郎謝多賦十篇　平陽公主舍人周長孺賦二篇　雒陽錡華賦九篇師古曰、錡姓、華名、錡音魚綺反、　眭弘賦一篇師古曰、即眭孟也、眭音先隨反、　別栩陽賦五篇服虔曰、栩音詡、　臣昌市賦六篇　臣義賦二篇　黃門書者假史王商賦十三篇　侍中徐博賦四篇　黃門書者王廣呂嘉賦五篇　漢中都尉丞華龍賦二篇　左馮翊史路恭賦八篇　右賦二十五家百三十六篇

客主賦十八篇　雜行出及頌德賦二十四篇　雜四夷及兵賦二十篇　雜中賢失意賦十二篇　雜思慕悲哀死賦十六篇　雜鼓琴劍戲賦十三篇　雜山陵水泡雲氣雨旱賦十六篇師古曰、泡、水上浮漚也、泡音普交反、漚音一侯反、　雜禽獸六畜昆蟲賦十八篇　雜器械草木賦三十三篇　大雜賦三十四篇　成相雜辭十一篇　隱書十八篇師古曰、劉向別錄云、隱書者、疑其言以相問、對者以慮思之、可以無不諭、　右雜賦十二家二百三十三篇

高祖歌詩二篇　泰一雜甘泉壽宮歌詩十四篇　宗廟歌詩五篇　漢興以來兵所誅滅歌詩十四篇　出行巡狩及游歌詩十篇　臨江王及愁思節士歌詩四篇　李夫人及幸貴人歌詩三篇　詔賜中山靖王子噲及孺子妾冰未央材人歌詩四篇師古曰、孺子、王妾之有品號者也、妾、王之衆妾也、冰其名、材人、天子內官、　吳楚汝南歌詩十五篇　燕代謳雁門雲中隴西歌詩九篇　邯鄲河

間歌詩四篇　齊鄭歌詩四篇　淮南歌詩四篇　左馮翊秦歌詩三篇　京兆尹秦歌詩五篇　河東蒲反歌詩一篇　黃門倡車忠等歌詩十五篇　雜各有主名歌詩十篇　雜歌詩九篇　雒陽歌詩四篇　河南周歌詩七篇　河南周歌聲曲折七篇　周謠歌詩七十五篇　周謠歌詩聲曲折七十五篇　諸神歌詩三篇　送迎靈頌歌詩三篇　周歌詩二篇　南郡歌詩五篇　右歌詩二十八家三百一十四篇

凡詩賦百六家千三百一十八篇。（入揚雄八篇、）

傳曰。不歌而誦謂之賦。登高能賦。可以爲大夫。言感物造耑。材知深美。（師古曰、耑、古端字也、因物動志、則造辭義之端緒、）可與圖事。故可以爲列大夫也。古者諸侯卿大夫交接鄰國。以微言相感。當揖讓之時。必稱詩以諭其志。蓋以別賢不肖。而觀盛衰焉。故孔子曰。不學詩無以言也。（師古曰、論語載孔子戒伯魚之辭也、）春秋之後。周道寖壞。（師古曰、寖、漸也、）聘問歌詠不行於列國。學詩之士。逸在布衣。而賢人失志之賦作矣。大儒孫卿及楚臣屈原。離讒憂國。皆作賦以風。（師古曰、離、遭也、風讀曰諷、次下亦同、）咸有惻隱古詩之義。其後宋玉唐勒。漢興枚乘。司馬相如。下及揚子雲。競爲侈麗閎衍之詞。沒其風諭之義。是以揚子悔之。曰。詩人之賦麗以則。辭人之賦麗以淫。（師古曰、辭人言後代之爲文辭、）如孔氏之門人用賦也。則賈誼登堂。相如入室矣。如其不用何。（師古曰、言孔氏之門既不用賦、不可如何、謂賈誼相如無所施也、）自孝武立樂府而采歌謠。於是有代趙之謳。秦楚之風。皆感於哀樂。緣事而發。亦可以觀風俗。知薄厚云。序詩賦爲五種。

吳孫子兵法八十二篇（圖九卷、師古曰、孫武也、臣於闔閭、）齊孫子八十九篇（圖四卷、師古曰、孫臏、）公孫鞅二十七篇 吳起四十八篇（有列傳、）范蠡二篇（越王句踐臣也、）大夫種二篇（與范蠡俱事句踐、）李子十篇 娷一篇（師古曰、娷、音女瑞反、蓋說兵法者人名也、）兵春秋三篇 龐煖三篇（師古曰、煖音許遠反、又音許元反、）兒良一篇（師古曰、六國時人也、兒音五奚反、）廣武君一篇（李左車、）韓信三篇（師古曰、淮陰侯、）右兵權謀十三家二百五十九篇（省伊尹太公管子孫卿子鶡冠子蘇子蒯通陸賈淮南王二百五十九種、出司馬法入禮也、○劉奉世曰、種當作重、九下又脫一篇字、注二百五十九、恐合作五百二十一、篇數已在前、）

權謀者。以正守國。以奇用兵。先計而後戰。兼形勢。包陰陽。用技巧者也。

楚兵法七篇（圖四卷、）蚩尤二篇（見呂刑、）孫軫五篇（圖二卷、）繇敘二篇 王孫十六篇（圖五卷、）尉繚三十一篇 魏公子二十一篇（圖十卷、名無忌、有列傳、）景子十三篇 李良三篇 丁子一篇 項王一篇（名籍、）右兵形勢十一家九十二篇圖十八卷

形勢者。雷動風舉。後發而先至。離合背鄉。（師古曰、背、音步內反、鄉、讀曰嚮、）變化無常。以輕疾制敵者也。

太壹兵法一篇 天一兵法三十五篇 神農兵法一篇 黃帝十六篇（圖三卷、）封胡五篇（黃帝臣、依託也、）風后十三篇（圖二卷、黃帝臣、依託也、）力牧十五篇（黃帝臣、依託也、）鵊治子一篇（圖一卷、晉灼曰、鵊、音夾、○宋祁曰、治、一作冶、）鬼容區三篇（圖一卷、黃帝臣依託、師古曰、即鬼臾區也、）地典六篇 孟子一篇 東父三十一篇 師曠八篇（晉平公臣、）萇弘十五篇（周史、）別成子望軍氣六篇（圖三卷、）辟兵威勝方七十篇 右

陰陽十六家二百四十九篇圖十卷

陰陽者。順時而發。推刑德。隨斗擊。因五勝。假鬼神而爲助者也。師古曰、五勝、五行相勝也、

鮑子兵法十篇圖一卷、　伍子胥十篇圖一卷、　公勝子五篇　苗子五篇圖一卷、　逢門射法二篇師古曰、逢門、卽逢蒙、　陰通成射法十一篇　李將軍射法三篇師古曰、李廣、　魏氏射法六篇　彊弩將軍王圍射法五卷師古曰、圍、郁郅人也、見趙充國傳、　望遠連弩射法具十五篇　護軍射師王賀射書五篇　蒲苴子弋法四篇師古曰、苴、音子余反、　劍道三十八篇　手搏六篇　雜家兵法五十七篇　蹴鞠二十五篇師古曰、鞠以韋爲之、實以物、蹴蹋之以爲戲也、蹴鞠陳力之事、故附於兵法焉、蹴、音子六反、鞠、音巨六反、　右兵技巧十三家百九十九篇省墨子重、入蹴鞠也、

技巧者。習手足。便器械。積機關。以立攻守之勝者也。

凡兵書五十三家七百九十篇圖四十三卷省十家二百七十一篇、重入蹴鞠一家二十五篇、出司馬法百五十五篇入禮也、○劉奉世曰、此註二百七十一、又當作五百九十二、兩註篇數皆不足、蓋訛謬也、

兵家者。蓋出古司馬之職。王官之武備也。洪範八政。八曰師。孔子曰。爲國者足食足兵。師古曰、論語載孔子之言、無兵與食不可以爲國、以不教民戰。是謂棄之。師古曰、亦論語所載孔子之言、非其不素習武備、明兵之重也。易曰。古者弦木爲弧。剡木爲矢。弧矢之禮。以威天下。師古曰、下繫之辭也、弧木弓也、剡謂銳而利之也、音弋冉反、其用上矣。後世燿金爲刃。割革爲甲。師古曰、燿讀與鑠同、謂銷也、器械甚備。下及湯武受命。以師克亂而濟百姓。動之以

仁義行之以禮讓。司馬法是其遺事也。自春秋至於戰國。出奇設伏。變詐之兵並作。漢興。張良韓信序次兵法。凡百八十二家。刪取要用。定著三十五家。諸呂用事而盜取之。武帝時。軍政楊僕。○劉奉世曰、軍政當作正、捃摭遺逸。紀奏兵錄。師古曰、捃摭謂拾取之、捃、音九問反、摭、音之石反、猶未能備。至於孝成。命任宏論次兵書為四種。

泰壹雜子星二十八卷　五殘雜變星二十一卷師古曰、五殘、星名也、見天文志、　黃帝雜子氣三十三篇　常從日月星氣二十一卷師古曰、常從、人姓名也、老子師之、　皇公雜子星二十二卷　淮南雜子星十九卷　泰壹雜子雲雨三十四卷　國章觀霓雲雨三十四卷　泰階六符一卷李奇曰、三台謂之泰階、兩兩成體、三台故六、觀色以知吉凶、故曰符、○宋祁曰、淳化本六作陸、　金度玉衡漢五星客流出入八篇　漢五星彗客行事占驗八卷　漢日旁氣行事占驗三卷　漢流星行事占驗八卷　漢日旁氣行占驗十三卷　漢日食月暈雜變行事占驗十三卷　海中星占驗十二卷　海中五星經雜事二十二卷　海中五星順逆二十八卷　海中二十八宿國分二十八卷　海中二十八宿臣分二十八卷　海中日月彗虹雜占十八卷　圖書祕記十七篇　右天文二十一家四百四十五卷

天文者。序二十八宿。步五星日月。以紀吉凶之象。聖王所以參政也。易曰。觀乎天文以察時變。師古曰、賁卦之彖辭也、然星事㐫悍。非湛滅者弗能由也。師古曰、㐫、讀與凶同、湛、讀曰沈、由、用也、夫觀景以譴形。非明

王亦不能服聽也。以不能由之臣。諫不能聽之主。此所以兩有患也。

黃帝五家曆三十三卷　顓頊曆二十一卷　顓頊五星曆十四卷　日月宿曆十三卷　夏殷周魯曆十四卷　天曆大曆十八卷　漢元殷周諜曆十七卷　耿昌月行帛圖二百三十二卷　耿昌月行度二卷　傳周五星行度三十九卷　律曆數法三卷　自古五星宿紀三十卷　太歲謀日晷二十九卷　帝王諸侯世譜二十卷　古來帝王年譜五卷　日晷書三十四卷　許商算術二十六卷　杜忠算術十六卷　右曆譜十八家六百六卷

曆譜者。序四時之位。正分至之節。會日月五星之辰。以考寒暑殺生之實。故聖王必正曆數。以定三統服色之制。又以探知五星日月之會。凶阨之患。吉隆之喜。其術皆出焉。此聖人知命之術也。非天下之至材。其孰與焉。（師古曰、與讀曰豫、）道之亂也。患出於小人而强欲知天道者。壞大以爲小。削遠以爲近。是以道術破碎而難知也。

泰一陰陽二十三卷　黃帝陰陽二十五卷　黃帝諸子論陰陽二十五卷　諸王子論陰陽二十五卷　太元陰陽二十六卷　三典陰陽談論二十七卷　神農大幽五行二十七卷　四時五行經二十六卷　猛子閭昭二十五卷　陰陽五行時令十九卷　堪輿金匱十四卷（師古曰、許愼云、堪、天道、輿、地道也、）　務成子災異應十四卷　十二典災異應十二卷　鍾律災應二十六卷　鍾律叢辰日苑二十二卷　鍾律消息二十九卷　黃鍾七卷　天一六卷

泰一二十九卷　刑德七卷　風鼓六甲二十四卷　風后孤虛二十卷　六合隨典二十五卷　轉位十二神二十五卷　羨門式法二十卷　羨門式二十卷　文解六甲十八卷　文解二十八宿二十八卷　五音奇胲用兵二十三卷如淳曰、音該、師古曰、許慎云、胲、軍中約也、　五音奇胲刑德二十一卷　五音定名十五卷　右五行三十一家六百五十二卷

五行者。五常之刑氣也。書云初一曰五行。次二曰羞用五事。師古曰、周書洪範之辭也、言進用五事以順五行也。貌言視聽思心失。而五行之序亂。五星之變作。皆出於律曆之數。而分爲一者也。師古曰、說皆在五行志也、其法亦起五德終始。推其極則無不至。而小數家因此以爲吉凶。而行於世。寖以相亂。師古曰、寖漸也、

龜書五十二卷　夏龜二十六卷　南龜書二十八卷　巨龜三十六卷　雜龜十六卷　蓍書二十八卷　周易三十八卷　周易明堂二十六卷　周易隨曲射匿五十卷　大筮衍易二十八卷　大次雜易三十卷　鼠序卜黃二十五卷　於陵欽易吉凶二十三卷　任良易旗七十一卷　易卦八具　右蓍龜十五家四百一卷

蓍龜者。聖人之所用也。書曰。女則有大疑。謀及卜筮。師古曰、周書洪範之辭也、言所爲之事有疑、則以卜筮決之也、龜曰卜、蓍曰筮、易曰。定天下之吉凶。成天下之亹亹者。莫善於蓍龜。是故君子將有爲也。將有行也。問焉而以言。其受命也如嚮。無有遠近幽深。遂知來物。非天下之至精。其孰能與於此。師古曰、皆上繫之辭也、亹

疊、深致也、言君子所爲行、皆以其言問於易、受命如嚮者、謂示以吉凶、其應速疾、如嚮之隨聲也、遂猶究也、來物謂當來之事也、嚮與響同、與讀曰豫、及至衰世。解於齊戒而婁煩卜筮。（師古曰、解讀曰懈、齊讀曰齋、婁讀曰屢、）神明不應。故筮瀆不告。易以爲忌。（師古曰、易蒙卦之辭曰、初筮告、再三瀆、瀆則不告、言童蒙之來決疑、初則以實而告、至於再三、爲其煩瀆、乃不告也、）龜厭不告。詩以爲刺。（師古曰、小雅旻之詩曰、我龜既厭、不我告猶、言卜問煩數、媟嫚於龜、龜靈厭之、不告以道也、）

黃帝長柳占夢十一卷　甘德長柳占夢二十卷　武禁相衣器十四卷　嚏耳鳴雜占十六卷（師古曰、嚏、音丁計反、）　禎祥變怪二十一卷　人鬼精物六畜變怪二十一卷　變怪誥咎十三卷　執不祥劾鬼物八卷　請官除訞祥十九卷（師古曰、訞字與妖同、）　禳祀天文十八卷（師古曰、禳、除災也、音人羊反、）　請禱致福十九卷　請雨止雨二十六卷　泰壹雜子候歲二十二卷　子贛雜子候歲二十六卷　五法積貯寶藏二十三卷　神農教田相土耕種十四卷　昭明子釣種生魚鼈八卷　種樹臧果相蠶十三卷

右雜占十八家三百一十三卷

雜占者。紀百事之象。候善惡之徵。（師古曰、徵、證也、）易曰。占事知來。（師古曰、下繫之辭也、言有事而占、則觀方來之驗也、）眾占非一而夢爲大。故周有其官。（師古曰、謂大卜掌三夢之法、又占夢中士二人、皆宗伯之屬官、）而詩載熊羆虺蛇眾魚旐旟之夢。著明大人之占。以考吉凶。（師古曰、小雅斯干之詩曰、吉夢維何、維熊維羆、男子之祥、維虺維蛇、女子之祥、無羊之詩曰、牧人乃夢、眾維魚矣、旐維旟矣、大人占之、維魚矣、實維豐年、旐維旟矣、室家溱溱、言熊羆虺蛇皆爲吉祥之夢、而生男女、及見眾魚、則爲豐年之應、旐旟則爲多盛之象、大人占之、謂以聖人占夢之法占之也、畫龜蛇曰旐、畫鳥隼曰旟、）蓋參卜筮。春秋之說訞也。曰人之所忌其氣炎以取之。訞由人興也。人失常則訞興。人

無釁焉。訞不自作。師古曰、申繻之辭也、事見莊公十四年、炎爲火之光始燄燄也、言人之所忌、其氣燄引致於炎也、釁、瑕也、失常謂反五常之德也、炎讀與燄同、故曰德勝不祥。義厭不惠。師古曰、厭、音伊葉反、惠、順也、桑穀共生太戊以興。鴝雉登鼎武丁爲宗。師古曰、說在郊祀五行志、然惑者不稽諸躬而忌訞之見。師古曰、稽考也、計也、是以詩刺召彼故老訊之占夢。師古曰、小雅正月之詩也、故老元老也、訊問也、言不能修德以禳災、但問元老以占夢之吉凶、傷其舍本而憂末。不能勝凶咎也。

山海經十三篇　國朝七卷　宮宅地形二十卷　相人二十四卷　相寶劍刀二十卷

相六畜三十八卷　右形法六家百二十二卷

形法者。大舉九州之勢。以立城郭室舍形。人及六畜骨法之度數。器物之形容。以求其聲氣貴賤吉凶。猶律有長短而各徵其聲。非有鬼神數自然也。然形與氣相首尾。亦有有其形而無其氣。有其氣而無其形。此精微之獨異也。

凡數術百九十家二千五百二十八卷

數術者。皆明堂羲和史卜之職也。史官之字〇宋祁曰、史官之字下、舊本有術字、廢久矣。其書既不能具。雖有其書而無其人。易曰。苟非其人。道不虛行。師古曰、下繫之辭也、言道由人行、　春秋時魯有梓慎。鄭有裨竈。晉有卜偃。宋有子韋。六國時楚有甘公。魏有石申夫。漢有唐都。庶得麤觕。師古曰、觕、粗略也、音才戶反、　蓋有因而成易。無因而成難。故因舊書以序數術。爲六種。

黃帝內經十八卷　外經三十七卷　扁鵲內經九卷　外經十二卷　白氏內經三十八

卷　外經三十六卷　旁篇二十五卷　右醫經七家二百一十六卷

醫經者。原人血脈經絡骨髓陰陽表裏。以起百病之本。死生之分。而用度箴石湯火所施。師古曰、箴所以刺病也、石謂砭石、即石箴也、古者攻病則有砭、今其術絕矣、箴、音之林反、砭、音彼廉反、調百藥齊和之所宜。師古曰、齊、音才詣反、其下並同、和、音呼臥反、至齊之德。猶慈石取鐵。以物相使。拙者失理。以瘉為劇。以死為生。師古曰、瘉讀與愈同、愈、差也、

五藏六府痺十二病方三十卷。師古曰、痺、風溼之病、音必二反。　五藏六府疝十六病方四十卷。師古曰、疝、心腹氣病、音山諫反、又音刪、　五藏六府癉十二病方四十卷。師古曰、癉、黃病、音丁韓反、　風寒熱十六病方二十六卷　泰始黃帝扁鵲俞拊方二十三卷。應劭曰、黃帝時醫也、師古曰、拊、音膚、　五藏傷中十一病方三十一卷　客疾五藏狂顛病方十七卷　金創瘲瘛方三十卷。服虔曰、音攣引之瘲、師古曰、小兒病也、瘛、音充制反、瘲、音子用反、　婦人嬰兒方十九卷　湯液經法三十二卷　神農黃帝食禁七卷　右經方十一家二百七十四卷

經方者。本草石之寒溫。量疾病之淺深。假藥味之滋。因氣感之宜。辯五苦六辛。致水火之齊。以通閉解結。反之於平。及失其宜者。以熱益熱。以寒增寒。精氣內傷。不見於外。是所獨失也。故諺曰。有病不治。常得中醫。

容成陰道二十六卷　務成子陰道三十六卷　堯舜陰道二十三卷　湯盤庚陰道二十卷　天老雜子陰道二十五卷　天一陰道二十四卷　黃帝三王養陽方二十卷　三家

內房有子方十七卷　右房中八家百八十六卷

房中者。情性之極。至道之際。是以聖王制外樂以禁內情。而爲之節文。傳曰。先王之作樂。所以節百事也。樂而有節。則和平壽考。及迷者弗顧。以生疾而隕性命。

宓戲雜子道二十篇　上聖雜子道二十六卷　道要雜子十八卷　黃帝雜子步引十二卷　黃帝岐伯按摩十卷　黃帝雜子芝菌十八卷（師古曰、服餌芝菌之法也、菌、音求閔反、）　黃帝雜子十九家方二十一卷　泰壹雜子十五家方二十二卷　神農雜子技道二十三卷　泰壹雜子黃冶三十一卷（師古曰、黃冶、釋在郊祀志、）　右神僊十家二百五卷

神僊者。所以保性命之眞。而游求於其外者也。聊以盪意平心。同死生之域。（師古曰、盪滌、一曰盪放也、）而無怵惕於胸中。然而或者專以爲務。則誕欺怪迂之文。彌以益多。（師古曰、誕、大言也、迂、遠也、）非聖王之所以敎也。孔子曰。索隱行怪。後世有述焉。吾不爲之矣。（師古曰、禮記載孔子之言、索隱求索隱暗之事、而行怪迂之道、妄令後人有所祖述、非我本志、○臣佖曰、志序神僊者內云、孔子曰、索隱行怪、顏師古註云、禮記載孔子之言、索隱求索隱暗之事、臣佖案、禮中庸篇有云、子曰、索隱行怪、後世有述焉、吾弗爲之矣、鄭元註云、素讀如攻城攻其所傃之傃、傃猶鄉也、言方鄉避害隱身、而行佹譎、以作後世名也、弗爲之矣、恥之也、今志作索隱、師古從而解之、文注卽與禮記不同、意義亦不相遠、故索字不更刊正作素字、）

凡方技三十六家。八百六十八卷。

方技者。皆生生之具。王官之一守也。大古有岐伯俞拊。中世有扁鵲秦和。（師古曰、和、秦醫名也、）蓋論病

以及國原診以知政。師古曰、診視驗、謂視其脈及色候也、診音軫、又音丈刃反、漢興有倉公。今其技術晻昧。師古曰、晻與暗同、故論其書以序方技爲四種。

大凡書六略三十八種五百九十六家萬三千二百六十九卷。入三家五十篇、省兵十家、

書目治要卷二

隋書經籍志

唐魏徵長孫無忌等撰。徵曲城人。字玄成。無忌洛陽人。字輔機。皆唐名臣。清四庫全書簡明目錄曰。隋書十志本名五代史志。蓋當時五史並修。故志亦賅五代。以隋書居末。故列於隋書之中。今案正史之敍錄典籍爲藝文志或經籍志者。自漢書後。惟隋書及新舊唐書宋明二史五種。而唐書以下諸志。其敍論率皆簡略。不及此志遠甚。詳觀此志所述經籍源流。實紹漢志而作。不但志五代也。又案吾國古代目錄家敍錄羣書。自劉歆七略後。多名爲七。（案劉歆七略其名雖七。其實惟六略耳。觀班氏所志便明。）如宋王儉之七志。梁阮孝緒之七錄是也。惟晉祕書監荀勗因曹魏中經。更爲新簿。始有甲乙丙丁四部之名。甲部紀六藝小學。乙部紀諸子。丙部紀史。丁部紀詩賦圖讚。此志因之而移史部於子部之前。自是經史子集四部之名。垂爲定制。鮮有能異之者。誠不可不謂爲目錄學部次之一大改革焉。

夫經籍也者。機神之妙旨。聖哲之能事。所以經天地。緯陰陽。正紀綱。弘道德。顯仁足以利物。藏用足以獨善。學之者將殖焉。不學者將落焉。大業崇之。則成欽明之德。匹夫克念。則有王公之重。其王者之所以樹風聲。流顯號。美教化。移風俗。何莫由乎斯道。故曰。其爲人也。溫柔敦厚。詩教也。疏通知遠。書教也。廣博易良。樂教也。絜靜精微。易教也。恭儉莊敬。禮教也。屬辭比事春秋教也。遭時制宜。質文迭用。應之以通變。通變之以中庸。中庸則可久。通變則可大。其教有適。其用無窮。實仁義之陶鈞。誠道德之橐籥也。其爲用大矣。隨時之義深矣。言無得而稱焉。故曰不疾而速。不行而至。今之所以知古。後之所以知今。其斯之謂也。是以大道方行。俯龜象而設卦。後聖有作。仰鳥跡以成文。書契已傳。繩木棄而不用。史官既立。經籍於是興焉。夫經籍也者。先聖據龍圖。握鳳紀。南面以君天下者。咸有史官。以紀言行。言則左史書之。動則右史書之。故曰君舉必書。懲勸斯在。考之前載。則三墳五典八索九丘之類是也。下逮殷周。史官尤備。紀言書事。靡有闕遺。則周禮所稱太史掌建邦之六典。八法八則。以詔王治。小史掌邦國之志。定世繫。辨昭穆。內史掌王之八柄策命。而貳之。外史掌王之外令及四方之志。三皇五帝之書。御史掌邦國都鄙萬民之治令。以贊冢宰。此則天子之史。凡有五焉。諸侯亦各有國史。分掌其職。則春秋傳晉趙穿弒靈公。太史董狐書曰。趙盾殺其君。以示於朝。宣子曰。不然。對曰。子爲正卿。亡不越境。反不討賊。非子而誰。齊崔杼弒莊公。太史書曰。崔杼弒其君。崔子殺之。其弟嗣書。死者二人。其弟又書。乃舍之。南史聞太史盡死。執簡以往。聞既書矣。乃還。楚靈王與右尹子革語。左史倚相趨而過。王曰。此良史也。能讀三墳五典八索九丘。然則諸侯史官。亦非一人而已。皆以紀言書事。太史總而裁之。以成國家之典。不虛美不隱惡。故得有所懲勸。遺文可觀。則左傳稱周志。國語有鄭書之類是也。暨夫周室道衰。紀綱散亂。國異政。家殊俗。襃貶失實。隳紊舊章。孔丘以大聖之才。當傾頹之運。歎鳳鳥之不至。惜將墜於斯文。乃述易道而刪詩書。修春秋而正雅頌。壞禮崩樂。咸得其所。自哲人萎而微言絕。七十子散而大義乖。戰國縱橫。眞僞莫辨。諸子之言。紛然淆亂。聖人之至德喪矣。先王之要道亡矣。陵夷踳駁。以至於秦。秦政奮豺狼之心。剗先代之迹。焚詩書。坑儒士。以刀筆吏爲師。制挾書之令。學者逃難。竄伏山林。或失本經。口以傳說。漢氏誅除秦項。未及下車。先命叔孫通草緜蕝之儀。救擊柱之弊。其後張蒼治律曆。陸賈撰新語。曹參薦蓋公言黃老。惠帝除挾書之律。儒者始以其業行於民間。猶以去聖既遠。經籍散逸。簡札錯亂。傳說紕繆。遂使書分爲二。詩分爲三。論語有齊魯之殊。春秋有數家之傳。其餘互有踳駁。不可勝言。此其所以博而寡要。勞而少功者也。武帝置太史公。命天下計書。先上太史。副上丞相。開獻書之路。置寫書之官。外有太常太史博士之藏。內有延閣廣內祕室之府。司馬談父子。世居太史。探采前代。斷自軒皇。逮於孝武。作史記一百三十篇。詳其體制。蓋史官之舊也。至於孝成。祕藏之書。頗有亡散。乃使謁者陳農求遺書於天下。命光祿大夫劉向校經傳諸子詩賦。步兵校尉任宏校兵書。太史令尹咸校數術。太醫監李柱國校方技。每一書就。向輒撰爲一錄。論其指歸。辨其訛謬。敘而奏之。向卒。後哀帝使其子歆嗣父之業。乃徙溫室中書於天祿閣上。歆遂總括羣篇。撮其指要。著爲七略。一曰集略。二曰六藝略。三曰諸子略。四曰詩賦略。五曰兵書略。六曰術數略。七曰方技略。大凡三萬三千九十卷。王莽之末。又被焚燒。光武中興。篤好文雅。明章繼軌。尤重經術。四方鴻生鉅儒。負袠自遠而至者。不可勝算。石室蘭臺。彌以充積。又於東觀及仁壽閣集新書。校書郎班固傅毅等典掌焉。並依七略而爲書部。固又編之以爲漢書藝文志。董卓之亂。獻帝西遷。圖書縑帛。軍人皆取爲帷囊。所收而西。猶七十餘載。兩京大亂。埽地皆盡。魏氏代漢。采掇遺亡。藏在祕書中外三閣。魏祕書郎鄭默。始制中經。祕書監荀勖。又因中經。更著新簿。分爲四部。總括羣書。一曰甲部。紀六藝及小學等書。二曰乙部。有古諸子家。近世子家。兵書兵家術數。三曰景部。有史記舊事皇覽簿雜事。四曰丁部。有詩賦圖讚汲冢書。大凡四部合二萬九千九百四十五卷。但錄題及言。盛以縹囊。書用緗素。至於作者之意。無所論辯。惠懷之亂。京華蕩覆。渠閣文籍。靡有孑遺。東晉之初。漸更鳩聚。著作郎李充。以勖舊簿校之。其見存者。但有三千一十四卷。充遂總沒衆篇之名。但以甲乙爲次。自爾因循。無所變革。其後中朝遺書。稍流江左。宋元嘉八年。祕書監謝靈運造四部目錄。大凡六萬四千五百八十二卷。元徽元年。祕書丞王儉又造目錄。大凡一萬五千七百四卷。儉又別撰七志。一曰經典志。紀六藝小學史記雜傳。二曰諸子志。紀今古諸子。三曰文翰志。紀詩賦。四曰軍書志。紀兵書。五曰陰陽志。紀陰陽圖緯。六曰術藝志。紀方技。七曰圖譜志。紀地域及圖書。其道佛附見。合九條。然亦不述作者之意。但於書名之下。每立一傳。而又作九篇條例。編乎首卷之中。文義淺近。未爲典則。齊永明中。祕書丞王亮。監謝朏。又造四部書目。大凡一萬八千一十卷。齊末兵火。延燒祕閣。經籍遺散。梁初。祕書監任昉。躬加部集。又於文德殿內。列藏衆書。華林園中。總集釋典。大凡二萬三千一百六卷。而釋氏不豫焉。梁有祕書監任昉殷鈞四部目錄。又文德殿目錄。其術數之書。更爲一部。使奉朝請祖暅撰其名。故梁有五部目錄。普通中。有處士阮孝緒。沈靜寡慾。篤好墳史。博采宋齊以來。王公之家。凡有書記。參校官簿。更爲七錄。一曰經典錄。紀六藝。二曰記傳錄。紀史傳。三曰子兵錄。紀子書兵書。四曰文集錄。紀詩賦。五曰技術錄。紀數術。六曰佛錄。七曰道錄。其分部題目。頗有次序。割析辭義。淺薄不經。梁武敦悅詩書。下化其上。四境之內。家有文史。元帝克平侯景。收文德之書及公私經籍。歸於江陵。大凡七萬餘卷。周師入郢。咸自焚之。陳天嘉中。又更鳩集。考其篇目。遺闕尚多。其中原則戰爭相尋。干戈是務。文教之盛。苻姚而已。宋武入關。收其圖籍。府藏所有。纔四千卷。赤軸青紙。文字古拙。後魏始都燕代。南略中原。粗收經史。未能全具。孝文徙都洛邑。借書於齊。祕府之中。稍以充實。暨於爾朱之亂。散落人間。後齊遷鄴。頗更搜聚。迄於天統武平。校寫不輟。後周始基關右。外逼彊鄰。戎馬生郊。日不暇給。保定之始。書止八千。後稍加增。方盈萬卷。周武平齊。先封書府。所加舊本。纔至五千。隋開皇三年。祕書監牛弘。表請分遣使人。搜訪異本。每書一卷。賞絹一匹。校寫既定。本卽歸主。於是民間異書。往往間出。及平陳以後。經籍漸備。檢其所得。多太建時書。紙墨不精。書亦拙惡。於是總集編次。存爲古本。召天下工書之士。京兆韋霈南陽杜頵等。於祕書內補續殘缺。爲正副二本。藏於宮中。其餘以實祕書內外之閣。凡三萬餘卷。煬帝卽位。祕閣之書。限寫五十副本。分爲三品。上品紅琉璃軸。中品紺琉璃軸。下品漆軸。於東都觀文殿東西廂構屋以貯之。東屋藏甲乙。西屋藏景丁。又聚魏以來古跡名畫。於殿後起二臺。東曰妙楷臺。藏古跡。西曰寶臺。藏古畫。又於內道場集道佛經。別撰目錄。大唐武德五年。克平僞鄭。盡收其圖書及古跡焉。命司農少卿宋遵貴載之以船。泝河西上。將致京師。行經底柱。多被漂沒。其所存者。十不一二。其目錄亦爲所漸濡。時有殘缺。今考見存。分爲四部。合條爲一萬四千四百六十六部。有八萬九千六百六十六卷。其舊錄所取。文義淺俗。無益敎理者。並刪去之。其舊錄所遺。辭義可采。有所弘益者。咸附入之。遠覽馬史班書。近觀王阮志錄。挹其風流體制。削其浮雜鄙俚。離其疏遠。合其近密。約文緒義。凡五十五篇。各列本條之下。以備經籍志。雖未能研幾探賾。窮極幽隱。庶乎弘道設敎。可以無遺闕焉。夫仁義禮智。所以治國也。方技數術。所以治身也。諸子爲經籍之鼓吹。文章乃政化之黼黻。皆爲治之具也。故列之於此志云。

歸藏十三卷(晉太尉參軍薛貞撰、)　周易二卷(魏文侯師卜子夏傳、殘缺、梁六卷、)　周易十卷(漢魏郡太守京房章句、)　周易八卷(漢曲臺長孟喜章句、殘缺、梁十卷、又有漢單父長費直注周易四卷、亡、)　周易九卷(後漢大司農鄭玄注、梁又有漢南郡太守馬融注周易一卷、亡、)　周易

五卷漢荊州牧劉表章句、梁有漢荊州五業從事宋忠注周易十卷、亡、　周易十一卷漢司空荀爽注、　周易十卷魏衞將軍王肅注、　周
易十卷魏尚書郎王弼注六十四卦六卷、韓康伯注繫辭以下三卷、王弼又撰易略例一卷、梁有魏大司農卿董遇注周易十卷、魏散騎常侍荀煇注周易十卷、亡、　周
易十卷吳大常姚信注、　周易四卷晉儒林從事黃穎注、梁有十卷、今殘缺、　周易九卷吳侍御史虞翻注、　周易十五卷吳鬱
林太守陸績注、　周易十卷晉散騎常侍干寶注、　周易三卷晉驃騎將軍王廙注、殘缺、梁有十卷、　周易八卷晉著作郎張璠注、殘缺、梁有十
卷、　周易馬鄭二王四家集解十卷　周易荀爽九家注十卷　周易楊氏集二王注五卷
梁有集馬鄭二王解十卷、亡、　周易十卷蜀才注、梁有齊安參軍費元珪注周易九卷、謝氏注周易八卷、尹濤注周易六卷、亡、　周易十卷後魏司徒崔浩
注、　周易十卷梁處士何胤注、梁有臨海令伏曼容注周易八卷、侍中朱异集注周易一百卷、又周易集注三十卷、亡、　周易七卷姚規注、　周
易十三卷崔覲注、　周易十三卷傅氏注、　周易一帙十卷盧氏注、　周易繫辭二卷晉桓玄注、　周易
繫辭二卷晉西中郎將謝萬等注、　周易繫辭二卷晉太常韓康伯注、　周易繫辭二卷梁太中大夫宋褰注、又有宋東陽太守卞
伯玉注繫辭二卷、亡、　周易繫辭二卷荀柔之注、　周易集注繫辭二卷梁有宋太中大夫徐爰注繫辭二卷、亡、　周易音一
卷東晉太子前率徐邈撰、　周易音一卷東晉尚書郎李軌弘範撰、　周易音一卷范氏撰、　周易幷注音七卷秘書學士
陸德明撰、　周易盡神論一卷魏司空鍾會撰、梁有周易無互體論三卷、鍾會撰、亡、　周易象論三卷晉尚書郎欒肇撰、　周易卦
序論一卷晉司徒右長史楊乂撰、　周易統略五卷晉少府卿鄒湛撰、　周易論二卷晉馮翊太守阮渾撰、　周易論一
卷晉荊州刺史宋岱撰、梁有擬周易八卷、范氏撰、周易宗塗四卷、干寶撰、周易問難二卷、王氏撰、周易問答一卷、揚州從事徐伯珍撰、周易難王輔嗣義一卷、晉揚州刺史顧夷等撰、
周易雜論十四卷、亡、　周易義一卷宋陳令范歆撰　周易玄品二卷　周易論十卷齊中書郎周顒撰、梁有三十卷、亡、　周

易論四卷（范氏撰、）　周易統例十卷（崔覲撰、）　周易爻義一卷（干寶撰、）　周易乾坤義一卷（齊步兵校尉劉瓛撰、梁又有齊臨沂令李玉之梁釋法通等乾坤義各一卷、亡、）　周易大義二十一卷（梁武帝撰、）　周易幾義一卷（梁南平王撰、梁有周易疑通五卷、宋中散大夫何諲之撰、亡、周易四德例一卷、劉瓛撰、亡、）　周易大義一卷（梁有周易錯八卷、京房撰、周易日月變例六卷、虞翻陸績撰、周易卦象數旨六卷、東晉樂安亭侯李顒撰、周易爻一卷、馬楷撰、亡、）　周易大義二卷（陸德明撰、）　周易釋序義三卷　周易開題義十卷（梁蕃撰、）　周易問二十卷　周易義疏十九卷（宋明帝集羣臣講、梁又有國子講易議六卷、宋明帝集羣臣講易義疏二十卷、齊永明國學講周易講疏二十六卷、又周易義三卷、沈林撰、亡、）　周易講疏三十五卷（梁武帝撰、）　周易講疏十六卷（梁五經博士褚仲都撰、）　周易義疏十四卷（梁都官尚書蕭子政撰、）　周易繫辭義疏三卷（蕭子政撰、）　周易講疏三十卷（陳諮議參軍張譏撰、）　周易文句義二十卷（梁有擬周易義疏十三卷、）　周易義疏十六卷（陳尚書左僕射周弘正撰、）　周易私記二十卷　周易講疏十三卷（國子祭酒何妥撰、）　周易繫辭義疏二卷（劉瓛撰、）　周易繫辭義疏一卷（梁武帝撰、）　周易繫辭義疏二卷（蕭子政撰、梁有周易乾坤三象、周易新圖各一卷、又周易普玄圖八卷、薛景和撰、周易大演通統一卷、顏氏撰、）　周易譜一卷

右六十九部五百五十一卷（通計亡書、合九十四部、八百二十九卷、）

昔宓羲氏始畫八卦。以通神明之德。以類萬物之情。蓋因而重之。爲六十四卦。及乎三代。實爲三易。夏曰連山。殷曰歸藏。周文王作卦辭。謂之周易。周公又作爻辭。孔子爲彖象繫辭文言序卦說卦雜卦。而子夏爲之傳。及秦焚書。周易獨以卜筮得存。唯失說卦三篇。後河內女子得之。漢初傳易者。有田何。何授丁寬。寬授田王孫。王孫授沛人施讎。東海孟喜。瑯邪梁丘

賀。由是有施孟梁丘之學。又有東郡京房自云受易於梁國焦延壽。別爲京氏學。嘗立。後罷。後漢施孟梁丘京氏。凡四家並立。而傳者甚衆。漢初又有東萊費直傳易。其本皆古字。號曰古文易。以授琅邪王璜。璜授沛人高相。相以授子康及蘭陵毋將永。故有費氏之學。行於人間。而未得立。後漢陳元鄭衆。皆傳費氏之學。馬融又爲其傳。以授鄭玄。玄作易注。荀爽又作易傳。魏代王肅王弼並爲之注。自是費氏大興。高氏遂衰。梁丘施氏高氏亡於西晉。孟氏京氏有書無師。梁陳鄭玄王弼二注。列於國學。齊代唯傳鄭義。至隋王注盛行。鄭學浸微。今殆絕矣。歸藏漢初已亡。案晉中經有之。唯載卜筮。不似聖人之旨。以本卦尚存。故取貫於周易之首。以備殷易之缺。

古文尚書十三卷 漢臨淮太守孔安國傳、 今字尚書十四卷 孔安國傳、 尚書十一卷 馬融注、 尚書九卷 鄭玄注、 尚書十一卷 王肅注、 尚書十五卷 晉祠部郎謝沈撰、 集解尚書十一卷 李顒注、 集釋尚書十一卷 宋給事中姜道盛注、 古文尚書舜典一卷 晉豫章太守范甯注、梁有尚書十卷、范甯注、亡、 尚書亡篇序一卷 梁五經博士劉叔嗣注、梁有尚書二十一卷、劉叔嗣注、又有尚書新集序一卷、亡、 尚書逸篇二卷 古文尚書音一卷 徐邈撰、梁有尚書音五卷、孔安國鄭玄李軌徐邈等撰、 今文尚書音一卷 祕書學士顧彪撰、 尚書大傳三卷 鄭玄注、 大傳音二卷 顧彪撰、 尚書洪範五行傳論十一卷 漢光祿大夫劉向注、 尚書駁議五卷 王肅撰、梁有尚書義問三卷、鄭玄王肅及晉五經博士孔晁撰、尚書釋問四卷、魏侍中王粲撰、尚書王氏傳問二卷、尚書義二卷、范順問、吳太尉劉毅答、亡、 尚書新釋二卷 李顒撰、 尚書百問一卷 齊大學博士顧歡撰、尚書大義二十卷（梁武帝撰、）尚書百釋三卷（梁國子助教巢猗撰、）尚書義三卷（巢猗撰、）尚書義疏十卷（梁國子助教費甝撰、梁有尚書義疏四卷、晉樂安王友伊說撰、亡、）尚書義疏三十卷（蕭詧司徒蔡大寶撰、）尚書義注三卷（呂文優撰、）尚書義疏七卷　尚書述義二十卷（國子助教劉炫撰、）尚書疏二十卷（顧彪撰、）尚書閏義一卷　尚書義三卷（劉先生撰、）尚書釋問一卷（虞氏撰、）尚書文外義一卷（顧彪撰、）

右三十二部二百四十七卷（通計亡書、合四十一部、共二百九十六卷、）

書之所興。蓋與文字俱起。孔子觀書周室。得虞夏商周四代之典。刪其善者。上自虞下至周。爲百篇。編而序之。遭秦滅學。至漢唯濟南伏生口傳二十八篇。又河內女子得泰誓一篇獻之。伏生作尚書傳四十一篇。以授同郡張生。張生授千乘歐陽生。歐陽生授同郡兒寬。寬授歐陽生之子。世世傳之。至曾孫歐陽高。謂之尚書歐陽之學。又有夏侯都尉。受業於張生。以授族子始昌。始昌傳族子勝。爲大夏侯之學。勝傳從子建。別爲小夏侯之學。故有歐陽大小夏侯三家。並立。訖漢東京。相傳不絕。而歐陽最盛。初漢武帝時。魯恭王壞孔子舊宅。得其末孫惠所藏之書。字皆古文。孔安國以今文校之。得二十五篇。其泰誓與河內女子所獻不同。又濟南伏生所誦。有五篇相合。安國並依古文。開其篇第。以隸古字寫之。合成五十八篇。其餘篇簡錯亂。不可復讀。並送之官府。安國又爲五十八篇作傳。會巫蠱事起。不得奏上。私傳其業於都尉朝。朝授膠東庸生。謂之尚書古文之學。而未得立。後漢扶風杜林傳古文尚書。

同郡賈逵爲之作訓。馬融作傳。鄭玄亦爲之注。然其所傳。唯二十九篇。又雜以今文。非孔舊本。自餘絕無師說。晉世祕府所存。有古文尙書經文。今無有傳者。及永嘉之亂。歐陽大小夏侯尙書並亡。濟南伏生之傳。唯劉向父子所著五行傳是其本法。而又多乖戾。至東晉豫章內史梅賾。始得安國之傳。奏之。時又闕舜典一篇。齊建武中。吳姚興方於大桁市得其書奏上。比馬鄭所注。多二十八字。於是始列國學。梁陳所講。有孔鄭二家。齊代唯傳鄭義。至隋孔鄭並行。而鄭氏甚微自餘所存。無復師說。又有尙書逸篇。出於齊梁之間。考其篇目。似孔壁中書之殘缺者。故附尙書之末。

韓詩二十二卷 漢常山太傅韓嬰薛氏章句、　韓詩翼要十卷 漢侯芭傳、　韓詩外傳十卷 梁有韓詩譜二卷、詩神泉一卷、漢有道徵士趙曄撰、亡、

毛詩二十卷 漢河間太守毛萇撰、鄭氏箋、梁有毛詩十卷、馬融注、亡、　毛詩二十卷 王肅注、梁有毛詩二十卷、鄭玄王肅合注、毛詩二十卷、謝沈注、毛詩二十卷、晉兗州別駕江熙注、亡、

集注毛詩二十四卷 梁桂州刺史崔靈恩注、梁有毛詩序一卷、梁隱居先生陶弘景注、亡、　毛詩箋音證十卷 後魏太常卿劉芳撰、梁有毛詩音十六卷、徐邈等撰、毛詩音二卷、徐邈撰、毛詩音隱一卷、干氏撰、亡、　毛詩并注音八卷 祕書學士魯世達撰、

毛詩譜三卷 吳太常卿徐整撰、　毛詩譜二卷 太叔求及劉炫注、　謝氏毛詩譜鈔一卷 梁有毛詩雜議難十卷、漢侍中賈逵撰、亡、

毛詩義問十卷 魏太子文學劉楨撰、　毛詩義駁八卷 王肅撰、　毛詩奏事一卷 王肅撰、梁有毛詩問難二卷、王肅撰、亡、

毛詩駁一卷 魏司空王基撰、殘缺、梁五卷、又有毛詩答問駁譜合八卷、又毛詩釋義十卷、謝沈撰、毛詩義四卷、毛詩箋傳是非二卷、並魏祕書郎劉璠撰、毛詩答雜問七卷、吳侍中韋昭侍中朱育等撰、毛詩義注四卷、亡、

毛詩異同評十卷 晉長沙太守孫毓撰、　難孫氏毛詩評四卷

晉徐州從事陳統撰、梁有毛詩表隱二卷、陳統撰、亡、　毛詩拾遺一卷郭璞撰、梁又有毛詩略四卷、亡、　毛詩辯異三卷晉給事郎楊乂撰、梁有毛詩背隱義二卷、宋中散大夫徐廣撰、毛詩引辨一卷、宋奉朝請孫暢之撰、毛詩釋一卷、宋金紫光祿大夫何偃撰、毛詩檢漏義二卷、梁給事郎謝曇濟撰、毛詩總集六卷、毛詩隱義十卷、並梁處士何胤撰、亡、　毛詩異義二卷楊乂撰、梁有毛詩雜義五卷、楊乂撰、毛詩義疏十卷、謝沈撰、毛詩雜義四卷、晉江州刺史殷仲堪撰、毛詩義疏五卷、張氏撰、亡、　毛詩集解敍義一卷顧歡等撰、　毛詩序義二卷宋通直郎雷次宗撰、梁有毛詩義一卷、雷次宗撰、毛詩序注一卷、宋交州刺史阮珍之撰、毛詩序義七卷、孫暢之撰、亡、　毛詩集小序一卷劉炫注、　毛詩序義疏一卷劉瓛等撰、殘缺、梁三卷、梁有毛詩篇次義一卷、劉瓛撰、毛詩雜義注三卷、亡、　毛詩發題序義一卷梁武帝撰、　毛詩大義十一卷梁武帝撰、梁有毛詩十五國風義二十卷、梁簡文撰、　毛詩大義十三卷　毛詩草木蟲魚疏二卷烏程令吳郡陸璣撰、　毛詩義疏二十卷舒援撰、　毛詩誼府十卷後魏安豐王元延明撰、　毛詩義疏二十八卷蕭巋散騎常侍沈重撰、　毛詩義疏二十卷　毛詩義疏二三九卷　毛詩義疏十卷　毛詩義疏十一卷　毛詩義疏二十八卷　毛詩述義四十卷國子助敎劉炫撰、　毛詩章句義疏四十卷魯世達撰、　毛詩釋疑一卷梁有毛詩圖三卷、毛詩孔子經圖十二卷、毛詩古聖賢圖二卷、亡、　業詩二十卷宋奉朝請業遵注、

右三十九部四百四十二卷通計亡書、合七十六部、六百八十三卷、

詩者。所以導達心靈。歌詠情志者也。故曰在心爲志。發言爲詩。上古人淳俗樸。情志未惑。其後君尊於上。臣卑於下。面稱爲諂。目諫爲謗。故誦美譏惡。以諷刺之。初但歌詠而已。後之君子。因被管絃。以存勸戒。夏殷已上詩多不存。周氏始自后稷。而公劉克篤前烈。太王肇基王

迹。文王光昭前緒。武王克平殷亂。成王周公化至太平。誦美盛德。踵武相繼。幽厲板蕩。怨刺並興。其後王澤竭而詩亡。魯太師摯次而錄之。孔子刪詩。上采商。下取魯。凡三百篇。至秦。獨以為諷誦不滅。漢初。有魯人申公受詩於浮丘伯。作詁訓。是為魯詩。齊人轅固生亦傳詩。是為齊詩。燕人韓嬰亦傳詩。是為韓詩。終於後漢。三家並立。漢初。又有趙人毛萇善詩。自云子夏所傳。作詁訓傳。是為毛詩古學。而未得立。後漢有九江謝曼卿善毛詩。又為之訓。東海衞敬仲受學於曼卿。先儒相承。謂之毛詩序。子夏所創。毛公及敬仲又加潤益。鄭衆賈逵馬融並作毛詩傳。鄭玄作毛詩箋。齊詩魏代已亡。魯詩亡於西晉。韓詩雖存。無傳之者。唯毛詩鄭箋。至今獨立。又有業詩。宋奉朝請業遵所注。立義多異。世所不行。

周官禮十二卷 馬融注、 周官禮十二卷 鄭玄注、 周官禮十二卷 王肅注、 周官禮十二卷 伊說注、 周官禮十二卷 干寶注、梁又有周官寧朔新書八卷、晉燕王師王懋約撰、亡、 集注周官禮二十卷 崔靈恩注、 禮音三卷 劉昌宗撰、 周官禮異同評十二卷 晉司空長史陳劭撰、 周官禮駁難四卷 孫略撰、梁有周官駁難三卷、孫琦問、干寶駁、晉散騎常侍虞喜撰、 周官禮義疏四十卷 沈重撰、 周官禮義疏十九卷 周官禮義疏十卷 周官禮義疏九卷 周官分職四卷 周官禮圖十四卷 梁有郊祀圖二卷、亡、 儀禮十七卷 鄭玄注、 禮儀十七卷 王肅注、梁有李軌、劉昌宗音各一卷、鄭玄音二卷、亡、 儀禮義疏見二卷 儀禮義疏六卷 喪服經傳一卷 馬融注、 喪服經傳一卷 鄭玄注、 喪服經傳一卷 王肅注、 喪服經傳一卷 晉給事中袁準注、 集注喪服經

傳一卷晉廬陵太守孔倫注、
喪服經傳一卷陳銓注、
集注喪服經傳一卷宋太中大夫裴松之撰、
略注喪服經傳一卷雷次宗注、
集注喪服經傳二卷宋丞相諮議參軍蔡超宗注、梁又有喪服經傳一卷、宋徵士劉道拔注、亡、
集解喪服經傳二卷齊東平太守田僧紹解、
喪服義疏二卷梁步兵校尉五經博士賀瑒撰、梁又有喪服經傳義疏五卷、齊散騎郎司馬瓛撰、喪服經傳義疏二卷、齊給事中樓幼瑜撰、喪服經傳義疏一卷、劉瓛撰、喪服經傳義疏一卷、齊徵士沈麟士撰、
喪服經傳義疏一卷梁尚書左丞何佟之撰、亡、
喪服傳一卷梁通直郎裴子野撰、
喪服文句義疏十卷陳國子助敎皇侃撰、
喪服義十卷陳國子祭酒謝嶠撰、
喪服義鈔三卷梁有喪服經隱義一卷、亡、
喪服要記一卷王肅注、
喪服要記一卷蜀丞相蔣琬撰、梁有喪服變除圖五卷、吳齊王傅射慈撰、亡、
喪服要集二卷晉征南將軍杜預撰、又有喪服要記二卷、晉侍中劉逵撰、亡、
喪服儀一卷晉太保衞瓘撰、梁有喪服要六卷、晉司空賀循撰、喪服要問六卷、劉德明撰、喪服三十一卷、宋員外郎散騎庾蔚之撰、喪服要問二卷、張耀撰、喪服難問六卷、崔凱撰、喪服雜記二十卷、伊氏撰、喪服釋疑二十卷、孔智撰、亡、
漢荊州刺史劉表新定禮一卷
喪服要略一卷晉太學博士環濟撰、
喪服要略二卷
喪服制要一卷徐氏撰、
喪服譜一卷鄭玄注、
喪服譜一卷晉開府儀同三司蔡謨撰、
喪服譜一卷賀循撰、
喪服變除一卷晉散騎常侍葛洪撰、
凶禮一卷晉廣陵相孔衍撰、
喪服要記十卷賀循撰、梁有喪服要記、宋員外常侍庾蔚之注、又喪服世要一卷、庾蔚之撰、喪服集議十卷、宋撫軍司馬費沈撰、
喪服古今集記三卷齊太尉王儉撰、
喪服世行要記十卷齊光祿大夫王逸撰、
喪服答要難一卷袁祈撰、
喪服記十卷王氏撰、
喪服五要一卷嚴氏撰、
駁喪服經傳一卷卜氏傳、
喪服疑問一卷樊氏撰、
喪服圖一卷王儉撰、
喪服圖一卷賀游撰、
喪服圖一卷崔逸撰、梁有喪服祥禫雜議二十九卷、喪服雜議故事二十一卷、又戴氏喪服五家要記圖譜五卷、喪服君臣圖儀一卷、亡、
五服圖一卷
五服圖儀一卷
喪服禮

圖一卷　五服略例一卷　喪服要問一卷　喪服問答目十三卷皇侃撰、　喪服假寧制三卷大將軍袁憲撰、　論喪服決一卷　喪禮鈔三卷王隆伯撰、　大戴禮記十三卷漢信部王太傅戴德撰、梁有謚法三卷、後漢安南太守劉熙注、亡、　夏小正一卷戴德撰、　禮記十卷漢北中郎將盧植注、　禮記二十卷漢九江太守戴聖撰、鄭玄注、　禮記三十卷王肅注、梁有禮記十二卷、業遵注、亡、　禮記寧朔新書八卷王樊約注、梁有二十卷、　月令章句十二卷漢左中郎將蔡邕撰、　禮記音義隱一卷謝氏撰、　禮記音二卷宋中散大夫徐爰撰、梁有鄭玄王肅射慈射貞孫毓繆炳音各一卷、蔡謨東晉安北諮議參軍曹耽國子助教尹毅李軌員外郎范宣音各二卷、徐邈音三卷、劉昌宗音五卷、亡、　禮記音義隱七卷　禮記三十卷魏祕書監孫炎注、　禮略二卷　禮記要鈔十卷緱氏撰、梁有禮義四卷、魏侍中鄭小同撰、摭遺別記一卷、樓幼瑜撰、亡、　禮記新義疏二十卷賀瑒撰、梁有義疏三卷、宋豫章郡丞雷肅之撰、亡、　禮記義疏九十九卷皇侃撰、　禮記講疏四十八卷皇侃撰、　禮記義疏四十卷沈重撰、　禮記義十卷何氏撰、　禮記義疏三十八卷　禮記疏十一卷　禮記大義十卷梁武帝撰、　禮記文外大義二卷祕書學士褚暉撰、　禮大義十卷　禮記義證十卷劉芳撰、　禮大義章七卷　喪禮雜義三卷　禮記中庸傳二卷宋散騎常侍戴顒撰、　中庸講疏一卷梁武帝撰、　私記制旨中庸義五卷　禮記略解十卷庾氏撰、　禮記評十一卷劉儁撰、　石渠禮論四卷戴聖撰、梁有羣儒疑義十二卷、戴聖撰、　禮論三百卷宋御史中丞何承天撰、　禮論條牒十卷宋太尉參軍任預撰、　禮論帖三卷任預撰、梁四卷、　禮論鈔二十卷庾蔚之撰、　禮論要鈔十卷王儉撰、梁三卷、　禮論要鈔一百卷賀瑒撰、　禮論鈔六十九卷　禮論要鈔十卷梁有齊御史中丞荀萬秋鈔略二卷、尚書儀曹郎丘季彬論五十八卷、議一百三十

禮論答問八卷宋中散大夫徐廣撰、　禮論答問十三卷徐廣撰、　禮答問二卷徐廣撰、殘缺、梁十一卷、統六卷、亡、　禮答問六卷庾蔚之撰、　禮答問三卷王儉撰、梁有晉益壽令吳商禮難十二卷、雜議十二卷、又禮議雜記故事十三卷、喪雜事二十卷、宋光祿大夫傳隆議二卷、祭法五卷、亡、　禮答問十二卷　禮雜問十卷范寧撰、　禮答問十卷何佟之撰、梁二十卷、　禮雜問十卷　禮雜答問八卷　禮雜答問六卷　禮雜問答鈔一卷何佟之撰、　問禮俗十卷董勛撰、　問禮俗九卷董子弘撰、　答問雜儀二卷任預撰、　禮義答問八卷王儉撰、　禮疑義五十二卷梁護軍周捨撰、　制旨革牲大義三卷梁武帝撰、　禮樂義十卷　禮祕義三卷　三禮目錄一卷鄭玄撰、梁有陶弘景注一卷、亡、　三禮義宗三十卷崔靈恩撰、　三禮宗略二十卷元延明撰．　三禮大義十三卷　三禮大義四卷　三禮雜大義三卷梁有司馬法三卷、李氏訓記三卷、又郊丘議三卷、魏太尉蔣濟撰、祭法五卷、又明堂議三卷、王肅撰、雜祭法六卷、晉司空中郎盧諶撰、祭典三卷、晉安北將軍范汪撰、七廟議一卷、又後養議五卷、干寶撰、雜鄉射等議三卷、晉太尉庾亮撰、逆降義三卷、宋特進顏延之撰、逆降義一卷、田僧紹撰、分明土制三卷、何承天撰、釋疑二卷、郭鴻撰、答問四卷、徐廣撰、答問五十卷、何胤撰、又答問十卷、亡、　三禮圖九卷鄭玄及後漢侍中阮諶等撰、　周室王城明堂宗廟圖一卷祁諶撰、梁又有冠服圖一卷、五宗圖一卷、月令圖一卷、亡、

右一百三十六部一千六百二十二卷通計亡書、合二百一十一部、二千一百八十六卷、

自大道既隱。天下爲家。先王制其夫婦父子君臣上下親疏之節。至於三代。損益不同。周衰。諸侯僭忒。惡其害己。多被焚削。自孔子時。已不能具。至秦而頓滅。漢初有高堂生傳十七篇。又有古經出於淹中。而河間獻王好古愛學。收集餘燼。得而獻之。合五十六篇。並威儀之事。

而又得司馬穰苴兵法一百五十五篇。及明堂陰陽之記。並無敢傳之者。唯古經十七篇。與高堂生所傳不殊。而字多異。自高堂生至宣帝時。后蒼最明其業。乃為曲臺記。蒼授梁人戴德。及德從兄子聖。沛人慶普。於是有大戴小戴慶氏三家。並立。後漢唯曹元傳慶氏。以授其子襃。然三家雖存並微。相傳不絕。漢末鄭玄傳小戴之學。後以古經校之。取其於義長者作注。為鄭氏學。其喪服一篇。子夏先傳之。諸儒多為注解。今又別行。而漢時有李氏得周官。周官蓋周公所制官政之法。上於河間獻王。獨闕冬官一篇。獻王購以千金不得。遂取考工記以補其處。合成六篇奏之。至王莽時。劉歆始置博士。以行於世。河南緱氏及杜子春受業於歆。因以教授。是後馬融作周官傳。以授鄭玄。玄作周官注。漢初河間獻王又得仲尼弟子及後學者所記一百三十一篇獻之。時亦無傳之者。至劉向考校經籍。檢得一百三十篇。向因第而敘之。而又得明堂陰陽記三十三篇。孔子三朝記七篇。王氏史氏記二十一篇。樂記二十三篇。凡五種合二百十四篇。戴德刪其煩重。合而記之。為八十五篇。謂之大戴記。而戴聖又刪大戴之書。為四十六篇。謂之小戴記。漢末馬融遂傳小戴之學。融又足月令一篇。明堂位一篇。樂記一篇。合四十九篇。而鄭玄受業於融。又為之注。今周官六篇。古經十七篇。小戴記四十九篇。凡三種。唯鄭注立於國學。其餘並多散亡。又無師說。

樂社大義十卷（梁武帝撰、）　樂論三卷（梁武帝撰、梁有樂義十一卷武帝集朝臣撰、亡、）　樂論一卷（衛尉少卿蕭吉撰、）　古今樂錄十二卷陳沙門智匠撰、　樂書七卷後魏丞相士曹行參軍信都芳撰、　樂雜書三卷　樂元一卷魏僧撰、　管絃記十卷凌秀撰、　樂要一卷何妥撰、　樂部一卷　春官樂部五卷梁有宋元嘉正聲伎錄一卷、張鮮撰、亡、　樂府聲調六卷岐州刺史沛國公鄭譯撰、　樂府聲調三卷鄭譯撰、　樂經四卷　琴操三卷晉廣陵相孔衍撰、　琴操鈔二卷　琴操鈔一卷　琴譜四卷戴氏撰、　琴經一卷　琴說一卷　琴曆頭簿一卷　新雜漆調弦譜一卷　樂譜四卷　樂譜集十二卷蕭吉撰、　樂略四卷　樂律義四卷沈重撰、　鍾律義一卷　樂簿十卷　齊朝曲簿一卷　大隋總曲簿一卷　推七音二卷并尺法、　樂論事一卷　樂事一卷　正聲伎雜等曲簿一卷　太常寺曲名一卷　太常寺曲簿十一卷　歌曲名五卷　歷代樂名一卷　鍾磬志二卷公孫崇撰、　樂懸一卷何晏等撰議、　樂懸圖一卷　鍾律緯辯宗見一卷　當管七聲二卷魏僧撰、　黃鍾律一卷梁有鍾律緯六卷、梁武帝撰、亡、

右四十二部一百四十二卷通計亡書、合四十六部、二百六十三卷、

樂者。先王所以致神祇。和邦國。諧萬姓。安賓客。悅遠人。所從來久矣。周人存六代之樂。曰雲門咸池大韶大夏大濩大武。其後衰微崩壞。及秦而頓滅。漢初制氏雖紀其鏗鏘鼓儛。而不能通其義。其後竇公河間獻王常山王張禹咸獻樂書。魏晉已後。雖加損益。去正轉遠。事在聲樂志。今錄其見書。以補樂章之闕。

春秋經十一卷吳衛將軍士燮注、　春秋左氏長經二十卷漢侍中賈逵章句、　春秋左氏解詁三十卷賈逵

撰、　春秋左氏傳解誼三十一卷（漢九江太守服虔注）、春秋左氏傳三十卷（王肅注）、春秋左氏傳三十卷（董遇章句）、春秋左氏傳義注十八卷（孫毓注）、春秋左氏傳十二卷（魏司徒王朗撰）、春秋左氏經傳集解三十卷（杜預撰）　春秋杜氏服氏注春秋左傳十卷（殘缺）、春秋左氏傳音三卷（魏中散大夫嵇康撰、梁有服虔杜預音三卷、魏高貴鄉公春秋左氏傳音三卷、曹耽音、尚書左人郎荀訥等音四卷、亡、）春秋左氏傳音三卷（李軌撰）、春秋左氏傳音三卷（徐邈撰）、春秋釋訓一卷（賈逵撰）、春秋左氏經傳朱墨列一卷（賈逵撰）、春秋釋例十卷（漢公車徵士潁容撰、梁有春秋左氏傳條例九卷、漢大司農鄭衆撰、）春秋左氏膏肓釋痾十卷（服虔撰、梁有春秋漢議駁二卷、服虔撰、亡、）春秋駁何氏漢議二卷（鄭玄撰）、春秋成長說九卷（服虔撰、梁有春秋左氏達義一卷、漢司徒掾王玢撰、亡、）春秋塞難三卷（服虔撰、梁有春秋雜議難五卷、漢少府孔融撰、春秋左氏釋駁一卷、王朗撰、亡、）春秋說要十卷（魏樂平太守麋信撰）、春秋釋例十五卷（杜預撰、梁有春秋釋例引序一卷、齊正員郎杜乾光撰、亡、）春秋左氏傳評二卷（杜預撰）、春秋條例十一卷（晉太尉劉寔撰、梁有春秋公羊達義三卷、劉寔撰、亡、）春秋經例十二卷（晉方範撰、梁有春秋釋滯十卷、晉尚書左丞殷興撰、春秋釋難三卷、晉護軍范堅撰、亡、）春秋左氏傳條例二十五卷　春秋義例十卷　春秋左傳例苑十九卷（梁有春秋經傳說例疑隱一卷、吳略撰、春秋左氏分野一卷、春秋十二公名一卷、鄭玄撰、亡、）春秋左氏經傳通解四卷（王述之撰）、春秋左氏傳賈服異同略五卷（孫毓撰）、春秋左氏函傳義十五卷（干寶撰）、春秋左氏區別三十卷（宋尚書功論郎何賀眞撰）、春秋文苑六卷　春秋叢林十二卷　春秋叢林一卷　春秋大夫辭三卷　春秋嘉語六卷　春秋左氏諸大夫世譜十三卷　春秋五辯二卷（梁五經博士沈宏撰）、春秋辯證六卷　春秋旨通十卷（王述之撰）、春秋經傳解六卷崔靈恩撰、春秋申先儒傳論十卷崔靈恩撰、春秋左氏傳立義十卷崔靈恩撰、劉寔等集解春秋序一卷　春秋序論二卷干寶撰、春秋序一卷賀道養注、春秋序一卷崔靈恩撰、春秋序一卷田元休注、春秋左傳杜預序集解一卷劉炫注、春秋左氏經傳義略二十五卷陳國子博士沈文阿撰、　王元規續沈文阿春秋左氏傳義略十卷　春秋義略三十卷陳右軍將軍張沖撰、　春秋左氏義略八卷　春秋五十凡義疏二卷　春秋左氏傳述義四十卷東京太學博士劉炫撰、　春秋序義疏一卷梁有春秋發題一卷、梁簡文帝撰、春秋左氏圖十卷、漢太子太傅嚴彭祖撰、古今春秋盟會地圖一卷、亡、　春秋公羊傳十二卷嚴彭祖撰、　春秋公羊解詁十一卷漢諫議大夫何休注、　春秋公羊經傳十三卷晉散騎常侍王愆期注、梁有春秋公羊傳十二卷、晉河南太守高龍注、春秋公羊傳十四卷、孔衍集解、春秋公羊音、李軌晉徵士江淳撰各一卷、　春秋繁露十七卷漢膠西相董仲舒撰、　春秋決事十卷董仲舒撰、　春秋決疑論一卷　春秋左氏膏肓十卷何休撰、　春秋穀梁廢疾三卷何休撰、　春秋漢議十三卷何休撰、　駁何氏漢議二卷鄭玄撰、梁有漢議駁二卷、服虔撰、亡、　駁何氏漢議敍一卷　春秋公羊墨守十四卷何休撰、　春秋公羊例序五卷刁氏撰、　春秋公羊諡例一卷何休撰、梁有春秋公羊傳條例一卷、何休撰、春秋公羊傳問答九卷、荀爽問、魏安平太守徐欽答、春秋公羊論二卷、晉車騎將軍庾翼問、王愆期答、亡、　春秋公羊解序一卷鮮于公撰、　春秋公羊疏十二卷　春秋穀梁傳十三卷吳僕射唐固注、梁有春秋穀梁傳十五卷、漢諫議大夫尹更始撰、亡、　春秋穀梁傳十二卷魏平樂太守麋信注、　穀梁傳十卷晉堂邑太守張靖注、梁有春秋穀梁傳十三卷、晉給事郎徐乾注、春秋穀梁傳十卷、胡訥集解、亡、　春秋穀梁傳十六卷程闡撰、　春秋穀梁傳十四卷孔衍撰、　春秋穀梁傳十二卷徐邈撰、　春秋穀梁傳十四卷（段肅注，疑漢人，）春秋穀梁傳五卷（孔君措訓，殘缺，梁十四卷，）春秋穀梁傳十二卷（范寗集解，梁有穀梁音一卷，亡，）春秋穀梁傳四卷（殘缺，張程孫劉四家集解，）麋信理何氏漢議二卷（魏人撰，）春秋穀梁傳義十卷（徐邈撰，）春秋議十卷（何休撰，）徐邈答春秋穀梁義三卷　薄叔玄問穀梁義二卷（梁四卷，）春秋穀梁傳例一卷（范寗撰，）春秋公羊穀梁傳十二卷（晉博士劉兆撰，）春秋穀梁廢疾三卷（何休撰，鄭玄釋，張靖箋，）春秋公羊穀梁二傳評三卷　春秋三家經本訓詁十二卷（賈逵撰，宋有三家經二卷，亡，）春秋三傳論十卷（魏大長秋韓益撰，）春秋經合三傳十卷（潘叔度撰，）春秋成奪十卷（潘叔度撰，）春秋三傳評十卷（胡訥撰，梁有春秋集三師難三卷，春秋集三傳經解十卷，胡訥撰，今亡，）春秋土地名三卷（晉裴秀客京相璠等撰，）春秋外傳國語二十卷（賈逵注，）春秋外傳國語二十一卷（虞翻注，）春秋外傳章句一卷（王肅撰，梁二十二卷，）春秋外傳國語二十二卷（韋昭注，）春秋外傳國語二十卷（晉五經博士孔晁注，）。春秋外傳國語二十一卷（唐固注，梁有春秋古今盟會地圖一卷，亡，）

右九十七部九百八十三卷（通計亡書，合一百三十部，一千一百九十二卷，）

春秋者。魯史策書之名。昔成周微弱。典章淪廢。魯以周公之故。遺制尚存。仲尼因其舊史。裁而正之。或婉而成章。以存大順。或直書其事。以示首惡。故有求名而亡。欲蓋而彰。亂臣賊子。於是大懼。其所褒貶。不可具書。皆口授弟子。弟子退而異說。左丘明恐失其眞。乃爲之傳。遭秦滅學。口說尚存。漢初有公羊穀梁鄒氏夾氏。四家並行。王莽之亂。鄒氏無師。夾氏亡。初齊人胡子毋都傳公羊春秋。授東海嬴公。嬴公授東海孟卿。孟卿授魯人眭孟。眭孟授東海嚴彭祖。魯人顏安樂。故後漢公羊有嚴氏顏氏之學。與穀梁三家並立。漢末何休又作公羊解說。而左氏漢初出於張蒼之家。本無傳者。至文帝時。梁太傅賈誼爲訓詁。授趙人貫公。其後劉歆典校經籍。考而正之。欲立於學。諸儒莫應。至建武中。尚書令韓歆請立而未行。時陳元最明左傳。又上書訟之。於是乃以魏郡李封爲左氏博士。後羣儒蔽固者數廷爭之。及封卒。遂罷。然諸儒傳左氏者甚衆。永平中。能爲左氏者擢高第。爲講郎。其後賈逵服虔並爲訓解。至魏。遂行於世。晉時杜預又爲經傳集解。穀梁范甯注。公羊何休注。左氏服虔杜預注。俱立國學。然公羊穀梁但試讀文而不能通其義。後學三傳通講。而左氏唯傳服義。至隋杜氏盛行。服義及公羊穀梁浸微。今殆無師說。

古文孝經一卷　孔安國傳、梁末亡逸、今疑非古本、

孝經一卷　鄭氏注、梁有馬融、鄭衆注孝經二卷、亡、

孝經一卷　王肅解、梁有魏散騎常侍蘇林吏部尚書何晏光祿大夫劉邵孫氏等注孝經各一卷、亡、

孝經解讚一卷　韋昭解、

孝經嘿注一卷　徐整注、

集解孝經一卷　謝萬集、

集議孝經一卷　晉中書郎荀勗撰、亡、

集議孝經一卷　晉東陽太守袁敬仲集、梁有孝經皇義一卷、宋均撰、又有晉給事中楊泓處士虞槃佐孫氏東陽太守殷仲文晉陵太守殷叔道丹陽尹車胤孔光各注孝經一卷、荀勗注孝經二卷、宋何承天費沈齊光祿大夫王玄載國子博士明僧紹梁五經博士嚴榧之尚書功論郎曹思文羽林監江孫之江遜等注孝經各一卷、釋慧始注孝經一卷、陶弘景集注孝經一卷、諸葛循孝經序一卷、亡、

孝經一卷　釋慧琳注、梁有晉穆帝時晉孝經一卷、武帝時送總明館孝經講議各一卷、宋大明中東宮講齊永明三年東宮講齊永明中諸王講及賀楊講議孝經義疏各一卷、齊臨沂令李玉之爲始興王講孝

經義疏二卷、亡、

孝經義疏十八卷梁武帝撰、梁有皇太子講孝經義三卷、天監八年皇太子講孝經義一卷、梁簡文孝經義疏五卷、蕭子顯孝經義疏一卷、亡、

孝經敬愛義一卷梁吏部尚書蕭子顯撰、

孝經私記四卷無名先生撰、

孝經義一卷

孝經義疏一卷趙景韶撰、

孝經義疏三卷皇侃撰、

孝經私記二卷周弘正撰、

千文孝經述義五卷劉炫撰、

孝經講疏六卷徐孝克撰、

孝經義一卷梁揚州文學從事太史叔明撰、梁有孝經玄孝經圖各一卷、孝經孔子圖二卷、亡、

國語孝經一卷

右十八部合六十三卷通計亡書、合五十九部、一百一十四卷、

夫孝者。天之經。地之義。人之行。自天子達於庶人。雖尊卑有差。及乎行孝。其義一也。先王因之以治國家。化天下。故能不嚴而順。不肅而成。斯實生靈之至德。王者之要道。孔子既敍六經。題目不同。指意差別。恐斯道離散。故作孝經以總會之。明其枝流雖分。本萌於孝者也。遭秦焚書。爲河間人顔芝所藏。漢初。芝之子貞出之。凡十八章。而長孫氏博士江翁少府后蒼諫議大夫翼奉安昌侯張禹皆名其學。又有古文孝經。與古文尚書同出。而長孫有閨門一章。其餘經文。大較相似。篇簡缺解。又有衍出三章。幷前合爲二十二章。孔安國爲之傳。至劉向典校經籍。以顔本比古文。除其繁惑。以十八章爲定。鄭衆馬融並爲之注。又有鄭氏注。相傳或云鄭玄。其立義與玄所注餘書不同。故疑之。梁代安國及鄭氏二家。並立國學。而安國之本亡於梁亂。陳及周齊。唯傳鄭氏。至隋祕書監王邵。於京師訪得孔傳。送至河間劉炫。炫因序其得喪。述其議疏。講於人間。漸聞朝廷。後遂著令與鄭氏並立。儒者誼誼。皆云炫自作之。

非孔舊本。而祕府又先無其書。又云。魏氏遷洛。未達華語。孝文帝命侯伏侯可悉陵以夷言譯孝經之旨。教於國人。謂之國語孝經。今取以附此篇之末。

論語十卷 鄭玄注、梁有古文論語十卷、鄭玄注、又王肅虞翻譙周等注論語各十卷亡、

論語九卷 鄭玄注、晉散騎常侍虞喜讚、

集解論語十卷 何晏集、

集註論語六卷 晉八卷、晉太保衞瓘注、梁有論語補闕二卷、宋明帝補衞瓘闕、亡、

論語集義八卷 晉尚書左中兵郎崔豹集、梁十卷、

論語十卷 晉著作郎李充注、

集解論語十卷 晉廷尉孫綽解、梁有盈氏及孟釐注論語各十卷、亡、

集解論語十卷 晉兗州別駕江熙解、

論語七卷 盧氏注、梁有晉國子博士梁覬益州刺史袁喬尹毅司徒左長史張馮及楊惠明宋新安太守孔澄之齊員外郎虞遐及許容曹思文注釋、僧智略解、梁太史叔明集解、陶弘景集注論語各十卷、又論語音二卷、徐邈等撰、亡、

論語難鄭一卷 梁有古論語義注譜一卷、徐氏撰、論語隱義注三卷

論語義注三卷、亡、

論語難鄭一卷

論語標指一卷 司馬氏撰、

論語雜問一卷

論語孔子弟子目錄一卷 鄭玄撰、

論語體略二卷 晉太傅主簿郭象撰、

論語旨序三卷 晉衞尉繆播撰、

論語釋疑三卷 王弼撰、

論語釋一卷 張憑撰、

論語釋疑十卷 晉尚書郎欒肇撰、梁有論語釋駁三卷、王肅撰、論語駁序二卷、欒肇撰、論語隱一卷、郭象撰、論語藏集解一卷、應琛撰、論語釋一卷、曹毗撰、論語君子無所爭一卷、庾亮撰、論語釋一卷、李充撰、論語釋一卷、庾翼撰、論語義一卷、王濛撰、又蔡系論語釋一卷、張隱論語釋一卷、郄原通鄭一卷、王氏修鄭錯一卷、姜處道論釋一卷、亡、

論語別義十卷 范廙撰、梁有論語疏八卷、宋司空法曹張略等撰、新書對張論十卷、虞喜撰、

論語義疏十卷 褚仲都撰、

論語義疏十卷 皇侃撰、

論語述義十卷 劉炫撰、

論語義疏八卷

論議講疏文句義五卷 徐孝克撰、殘缺、

論語義疏二卷 張沖撰、梁有論語義注圖十二卷、亡、

孔叢七卷 陳勝博士孔鮒撰、梁有孔志十卷、梁太尉參軍劉被撰、亡、

孔子家語二十一卷 王肅解、梁有當家語二卷、魏博士張融撰、亡、

孔子正言二十卷 梁武帝撰、

爾雅三卷

漢中散大夫樊光注、梁有漢劉歆犍為文學中黃門李巡爾雅各三卷、亡、爾雅七卷孫炎注、爾雅五卷郭璞注、集注爾雅十卷梁黃門郎沈璇注、爾雅八卷秘書學士江灌撰、梁有爾雅音二卷、孫炎郭璞撰、爾雅圖十卷郭璞撰、梁有爾雅圖讚二卷、郭璞撰、亡、廣雅三卷魏博士張揖撰、梁有四卷、廣雅音四卷秘書學士曹憲撰、小爾雅一卷李軌略解、方言十三卷漢揚雄撰、郭璞注、釋名八卷劉熙撰、辯釋名一卷韋昭撰、五經音十卷徐邈撰、五經正名十二卷劉炫撰、白虎通六卷　五經異義十卷後漢太尉祭酒許慎撰、五經然否論五卷晉散騎常侍譙周撰、五經拘沈十卷晉高涼太守楊方撰、五經大義三卷戴逵撰、梁有通五經五卷、王氏撰、五經咨疑八卷、周楊撰、五經異同評一卷、賀瑒撰、五經秘表要三卷、亡、五經大義十卷後周縣伯中大夫樊文深撰、經典大義十二卷沈文阿撰、五經大義五卷何妥撰、五經通義八卷梁九卷、五經義六卷梁七卷、梁又有五經義略一卷、亡、五經要義五卷梁十七卷、雷氏撰、五經析疑二十八卷邯鄲綽撰、五經宗略二十三卷元延明撰、五經雜義六卷孫暢之撰、長春義記一百卷梁簡文帝撰、大義九卷　遊玄桂林九卷張機撰、六經通數十卷梁舍人鮑泉撰、七經義綱二十九卷樊文深撰、七經論三卷樊文深撰、質疑五卷樊文深撰、經典玄儒大義序錄二卷沈文阿撰、玄義問答二卷　六藝論一卷鄭玄撰、聖證論十二卷王肅撰、鄭志十一卷魏侍中鄭小同撰、鄭記六卷鄭玄弟子撰、諡法三卷劉熙撰、諡法十卷特進中軍將軍沈約撰、諡法五卷梁太府賀瑒撰、江都集禮一百二十六卷

右七十三部七百八十一卷。通計亡書、合一百一十六部、一千二十七卷。

論語者。孔子弟子所錄。孔子既敘六經。講於洙泗之上。門徒三千。達者七十。其與夫子應答

及私相講肄。言合於道。或書之於紳。或事之無厭。仲尼既沒。遂緝而論之。謂之論語。漢初有齊魯之說。其齊人傳者二十二篇。魯人傳者二十篇。齊則昌邑中尉王吉。少府宗畸。御史大夫。貢禹。尙書令五鹿充宗。膠東庸生。魯則常山都尉龔奮。長信少府夏侯勝。韋丞相節侯父子。魯扶卿。前將軍蕭望之。安昌侯張禹。並名其學。張禹本授魯論。晚講齊論。後遂合而考之。刪其煩惑。除去齊論問王知道二篇。從魯論二十篇爲定。號張侯論。當世重之。周氏包氏爲之章句。馬融又爲之訓。又有古論語。與古文尙書同出。章句煩省。與魯論不異。唯分子張爲二篇。故有二十一篇。孔安國爲之傳。漢末鄭玄以張侯論爲本。參考齊論古論而爲之注。魏司空陳羣。太常王肅。博士周生烈。皆爲義說。吏部尙書何晏又爲集解。是後諸儒多爲之注。齊論遂亡。古論先無師說。梁陳之時。唯鄭玄何晏立於國學。而鄭氏甚微。周齊鄭學獨立。至隋何鄭並行。鄭氏盛於人間。其孔叢家語。並孔氏所傳仲尼之旨。爾雅諸書。解古今之意。并五經總義。附於此篇。

河圖二十卷梁河圖洛書二十四卷、目錄一卷、亡、　河圖龍文一卷　易緯八卷鄭玄注、梁有九卷、　尙書緯三卷鄭玄注、梁六卷、　尙書中候五卷鄭玄注、梁有八卷、今殘缺、　詩緯十八卷魏博士宋均注、梁十卷、　禮緯三卷鄭玄注、亡、　禮記默房二卷宋均注、梁有三卷、鄭玄注、亡、　樂緯三卷宋均注、梁有樂五鳥圖一卷、亡、　春秋災異十五卷郗萌撰、梁有春秋緯三十卷、宋均注、春秋內事四卷、春秋包命二卷、春秋祕事十一卷、書易詩孝經春秋河洛緯祕要一卷、五帝鉤命決圖一卷、亡、　孝經勾命決六卷宋均注、　孝經援神契七卷宋均注、孝經內事一卷梁有孝經雜緯十卷、宋均注、孝經元命包一卷、孝經古祕援神二卷、孝經古祕圖一卷、孝經左右握二卷、孝經左右契圖一卷、孝經雌雄圖三卷、孝經異本雌雄圖二卷、孝經分野圖一卷、孝經內事圖二卷、孝經內事星宿講堂七十二弟子圖一卷、又口授圖一卷、又論語讖八卷、宋均注、孔老讖十二卷、老子河洛讖一卷、尹公讖四卷、劉向讖二卷、雜讖書二十九卷、堯戒舜禹一卷、孔子王明鏡一卷、郭文金雄記一卷、王子年歌一卷、嵩高道士歌一卷、亡、

右十三部合九十二卷通計亡書、合三十二部、共一百三十二卷、

易曰。河出圖。洛出書。然則聖人之受命也。必因積德累業。豐功厚利。誠著天地。澤被生人。萬物之所歸往。神明之所福饗。則有天命之應。蓋龜龍銜負。出於河洛。以紀易代之徵。其理幽昧。究極神道。先王恐其惑人。祕而不傳。說者又云。孔子既敍六經。以明天人之道。知後世不能稽同其意。故別立緯及讖。以遺來世。其書出於前漢。有河圖九篇。洛書六篇。云自黃帝至周文王所受本文。又別有三十篇。云自初起至於孔子。九聖之所增演。以廣其意。又有七經緯三十六篇。並云孔子所作。并前合爲八十一篇。而又有尚書中候。洛罪級。五行傳。詩推度災。氾曆樞。含神務。孝經勾命決。援神契。雜讖等書。漢代有郗氏。袁氏說。漢末郎中郗萌。集圖緯讖雜占。爲五十篇。謂之春秋災異。宋均。鄭玄。並爲讖緯之注。然其文辭淺俗。顛倒舛謬。不類聖人之旨。相傳疑世人造爲之後。或者又加點竄。非其實錄。起王莽好符命。光武以圖讖興。遂盛行於世。漢時。又詔東平王蒼。正五經章句。皆命從讖。俗儒趨時。益爲其學。篇卷第目。轉加增廣。言五經者。皆憑讖爲說。唯孔安國。毛公。王璜。賈逵之徒。獨非之。相承以爲妖妄。亂

中庸之典。故因漢魯恭王河間獻王所得古文。參而考之。以成其義。謂之古學。當世之儒。又非毀之。竟不得行。魏代王肅推引古學。以難其義。王弼杜預。從而明之。自是古學稍立。至宋大明中。始禁圖讖。梁天監已後。又重其制。及高祖受禪。禁之踰切。煬帝卽位。乃發使四出。搜天下書籍與讖緯相涉者。皆焚之。爲吏所糾者至死。自是無復其學。祕府之內。亦多散亡。今錄其見存。列於六經之下。以備異說。

三蒼三卷郭璞注、秦相李斯作蒼頡篇、漢揚雄作訓纂篇、後漢郎中賈魴作滂喜篇、故曰三蒼、梁有蒼頡二卷、後漢司空杜林注、亡、　埤蒼三卷張揖撰、梁有廣蒼一卷、樊恭撰、亡、　急就章一卷漢黃門令史游撰、　急就章二卷崔浩撰、　急就章三卷豆盧氏撰、　吳章二卷陸機撰、　小學篇一卷晉下邳內史王義撰、　少學九卷楊方撰、　始學一卷　勸學一卷蔡邕撰、有司馬相如凡將篇、班固太甲篇、在昔篇、崔瑗飛龍篇、蔡邕聖皇篇、黃初篇、吳章篇、蔡邕女史篇、合八卷、又幼學二卷、朱育撰、始學十二卷、吳郎中項峻撰、又月儀十二卷、亡、　發蒙記一卷晉著作郎束皙撰、　啟蒙記三卷晉散騎常侍顧愷之撰、　啟疑記三卷顧愷之撰、　千字文一卷梁給事郎周興嗣撰、　千字文一卷梁國子祭酒蕭子雲注、　千字文一卷胡肅注、　篆書千字文一卷　演千字文五卷　草書千字文一卷　古今字詁三卷張揖撰、梁有難事一卷、錯誤字一卷並張揖撰、異字二卷、朱育撰、字屬一卷、賈魴撰、亡、　雜字解詁四卷魏掖庭右丞周氏撰、梁有解文字七卷、周成撰、字義訓音六卷、古今字苑十卷、曹侯彥撰、亡、　雜字指一卷後漢太子中庶子郭顯卿撰、　字指二卷晉朝議大夫李彤撰、梁有單行字四卷、李彤撰、又字偶五卷、亡、　說文十五卷許愼撰、梁有演說文一卷、庾儼默注、亡、　說文音隱四卷　字林七卷晉弦令呂忱撰　字林音義五卷宋揚州督護吳恭撰、　古今字書十卷　字書三卷　字書十卷字統二十一卷楊承慶撰、　玉篇三十一卷陳左將軍顧野王撰、　字類敍許三卷侯洪伯撰、　要字苑一卷宋豫章太守謝康樂撰、梁有常用字訓一卷、殷仲堪撰、要用字對誤四卷、梁輕車參軍鄒誕生撰、亡、　要用雜字三卷鄒里撰、梁有文字要記三卷、王義撰、亡、　俗語難字一卷祕書少監王劭撰、　雜字要三卷密州行參軍李少通撰、　文字整疑一卷　正名一卷　文字集略六卷梁文貞處士阮孝緒撰、　今字辯疑三卷李少通撰、　異字同音一卷梁有釋字同音三卷、宋散騎常侍吉文甫撰、　字宗三卷薛立撰、　文字譜一卷梁有古今文字序一卷、劉歆撰、文字通略一卷、焦子明撰、亡、　文字辯嫌一卷彭立撰、　辯字一卷戴規撰、　雜字音一卷　借音字一卷　音書考源一卷　聲韻四十一卷周研撰、　聲類十卷魏左校令李登撰、　韻集十卷　韻集六卷晉安復令呂靜撰、　四聲韻林二十八卷張諒撰、　韻集八卷段弘撰、　羣玉典韻五卷梁有文章音韻二卷、王該撰、又五音韻五卷、亡、　韻略一卷楊休之撰、　修續音韻決疑十四卷李槩撰、　纂韻鈔十卷　四聲指歸一卷劉善經撰、　四聲一卷梁太子少傅沈約撰、　四聲韻略十三卷夏侯詠撰、　音譜四卷李槩撰、　韻英三卷釋靜洪撰、　通俗文一卷服虔撰、　訓俗文字略一卷後齊黃門郎顏之推撰、　證俗音字略六卷梁有詁幼二卷、顏延之撰、廣詁幼一卷、宋給事中荀楷撰、亡、　文字音七卷晉蕩昌長王延撰、梁有纂文三卷、亡、　翻眞語一卷王延撰、　眞言鑒誡一卷　字書音同異一卷　敍同音義三卷　河洛語音一卷王長孫撰、　國語十五卷　國語十卷　鮮卑語五卷　國語物名四卷後魏侯伏侯可悉陵撰、　國語眞歌十卷　國語雜物名三卷侯伏侯可悉陵撰、　國語十八傳一卷　國語御歌十一卷　鮮卑語十卷　國語號令四卷　國語雜文十五卷　鮮卑號令一卷周武帝撰、　雜號令

一卷　古文官書一卷（後漢議郎衛敬仲撰、）古今奇字一卷（郭顯卿撰、）六文書一卷　四體書勢一卷（晉長水校尉衛恆撰、）雜體書九卷（釋正度撰、）古今八體六文書法一卷　古今篆隸雜字體一卷（蕭子政撰、）古今文等書一卷　篆隸雜體書二卷　文字圖二卷　古今字圖雜錄一卷（祕書學士曹憲撰、）婆羅門書一卷（梁有扶南胡書一卷、）外國書四卷　秦皇東巡會稽刻石文一卷　一字石經周易一卷（梁有三卷、）一字石經尚書六卷（梁有今字石經鄭氏尚書八卷、亡、）一字石經魯詩六卷（梁有毛詩二卷、亡、）一字石經儀禮九卷　一字石經春秋一卷（梁有一卷、）一字石經公羊傳九卷　一字石經論語一卷（梁有二卷、）一字石經典論一卷　三字石經尚書九卷（梁有十三卷、）三字石經尚書五卷　三字石經春秋三卷（梁有十二卷、）

右一百八部四百四十七卷（通計亡書、合一百三十五部、五百六十九卷、）

孔子曰。必也正名乎。名謂書字。名不正則言不順。言不順則事不成。說者以爲書之所起。起自黃帝。蒼頡比類象形謂之文。形聲相益謂之字。著於竹帛謂之書。故有象形。諧聲。會意。轉注。假借。處事。六義之別。古者童子示而不誑。六年教之數與方名。十歲入小學。學書計。二十而冠。始習先王之道。故能成其德而任事。然自蒼頡訖於漢初。書經五變。一曰古文。即蒼頡所作。二曰大篆。周宣王時史籀所作。三曰小篆。秦時李斯所作。四曰隸書。程邈所作。五曰草書。漢初作。秦世旣廢古文。始用八體。有大篆。小篆。刻符。摹印。蟲書。署書。殳書。隸書。漢時以六體教學童有古文奇字篆書隸書繆篆蟲鳥幷藁書楷書懸針垂露飛白等二十餘種之勢。皆出於上六書因事生變也。魏世又有八分書。其字義訓讀。有史籀篇。蒼頡篇。三蒼。埤蒼。廣蒼等諸篇章。訓詁。說文。字林。音義。聲韻。體勢等諸書。自後漢佛法行於中國。又得西域胡書。能以十四字貫一切音。文省而義廣。謂之婆羅門書。與八體六文之義殊別。今取以附體勢之下。又後魏初定中原。軍容號令。皆以夷語。後染華俗。多不能通。故錄其本言。相傳教習。爲之國語。今取以附音韻之末。又後漢鐫刻七經。著於石碑。皆蔡邕所書。魏正始中。又立一字石經。相承以爲七經正字。後魏之末。齊神武執政。自洛陽徙於鄴都。行至河陽。値岸崩。遂沒於水。其得至鄴者。不盈太半。至隋開皇六年。又自鄴京載入長安。置於祕書內省。議欲補緝。立於國學。尋屬隋亂。事遂寢廢。營造之司。因用爲柱礎。貞觀初。祕書監臣魏徵。始收聚之。十不存一。其相承傳拓之本。猶在祕府。幷秦帝刻石。附於此篇。以備小學。

凡六藝經緯六百二十七部。五千三百七十一卷。通計亡書。合九百五十部。七千二百九十卷。

傳曰。玉不琢。不成器。人不學。不知道。古之君子。多識而不窮。畜疑以待問。學不躐等。敎不陵節。言約而易曉。師逸而功倍。且耕且養。三年而成一藝。自孔子沒而微言絕。七十子喪而大義乖。學者離羣索居。各爲異說。至於戰國。典文遺棄。六經之儒。不能究其宗旨。多立小數。一經至數百萬言。致令學者難曉。虛誦問答。脣腐齒落而不知益。且先王設教。以防人欲。必本於人事折之中道上天之命略而罕言方外之理固所未說至後漢好圖讖晉世重玄言穿鑿妄作日以滋生先王正典雜之以祆妄大雅之論汩之以放誕陵夷至於近代去正轉疏無復師資之法學不心解專以浮華相尚豫造雜難擬爲讎對遂有芟角反對互從等諸翻競之說馳騁煩言以紊彝敍譊譊成俗而不知變此學者之蔽也班固列六藝爲九種或以緯書解經合爲十種

史記一百三十卷目錄一卷、漢中書令司馬遷撰、　史記八十卷宋南中郎外兵參軍裴駰注、　史記音義十二卷宋中散大夫徐野民撰、　史記音三卷梁輕車錄事參軍鄒誕生撰、　古史考二十五卷晉義陽亭侯譙周撰、　漢書一百一十五卷漢護軍班固撰、太山太守應劭集解、　漢書集解音義二十四卷應劭撰、　漢書音訓一卷服虔撰、　漢書音義七卷韋昭撰、　漢書音二卷梁尋陽太守劉顯撰、　漢書音二卷夏侯詠撰、　漢書音義十二卷國子博士蕭該撰、　漢書音十二卷廢太子勇命包愷等撰、　漢書集注十三卷晉灼撰、　漢書注一卷齊金紫光祿大夫陸澄撰、　漢書續訓三卷梁北平諮議參軍韋稜撰、　漢書訓纂三十卷陳吏部尚書姚察撰、　漢書集解一卷姚察撰、　論前漢事一卷蜀丞相諸葛亮撰、　漢書駁議二卷晉安北將軍劉寶撰、　定漢書疑二卷姚察撰、　漢書敍傳五卷項岱撰、　漢疏四卷梁有漢書孟康音九卷、劉孝標注漢書一百四十卷、陸澄注漢書一百二卷、梁元帝注漢書一百一十五卷、並亡、　東觀漢記一百四十三卷起光武紀、至靈帝、長水校尉劉珍等撰、　後漢書一百三十卷無帝紀、吳武陵太守謝承撰、　後漢記六十五卷本一百卷、梁有、今殘缺、晉散騎常侍薛瑩撰、　續漢書八十三卷晉祕書監司馬彪撰、　後漢書十七卷本九十七卷、今殘缺、晉少府卿華嶠撰、

後漢書八十五卷本一百二十二卷、晉祠部郎謝沈撰、
後漢南記四十五卷本五十五卷、今殘缺、晉江州從事張瑩撰、
後漢書九十五卷本一百卷、晉秘書監袁山松撰、
後漢書九十七卷宋太子詹事范曄撰、
後漢書一百二十五卷范曄本、梁剡令劉昭注、
後漢書音一卷後魏太常劉芳撰、
范漢音訓三卷陳宗道先生臧競撰、
范漢音三卷蕭該撰、
後漢書讚論四卷范曄撰、
漢書讚十八卷范曄撰、梁有蕭子顯後漢書一百卷、王韶後漢林二百卷、章闡後漢音二卷、亡、
魏書四十八卷晉司空王沈撰、
吳書二十五卷韋昭撰、本五十五卷、梁有、今殘缺、
吳紀九卷晉太學博士環濟撰、晉有張勃吳錄三十卷、亡、
三國志六十五卷敍錄一卷、晉太子中庶子陳壽撰、宋太中大夫裴松之注、
魏志音義一卷盧宗道撰、
論三國志九卷何常侍撰、
三國志評三卷徐爰撰、梁有三國志序評三卷、晉著作佐郎王濤撰、亡、
晉書八十六卷本九十三卷、今殘缺、晉著作郎王隱撰、
晉書二十六卷本四十四卷、訖明帝、今殘缺、晉散騎常侍虞預撰、
晉書十卷未成、本十四卷、今殘缺、晉中書郎朱鳳撰、訖元帝、
晉中興書七十八卷起東晉、宋湘東太守何法盛撰、
晉書三十六卷宋臨川內史謝靈運撰、
晉書一百一十卷齊徐州主簿臧榮緒撰、
晉書十一卷本一百二卷、梁有、今殘缺、蕭子雲撰、
晉史草三十卷梁蕭子顯撰、梁有鄭忠晉書七卷、沈約晉書一百一十一卷、庾銑東晉新書七卷、亡、
宋書六十五卷宋中散大夫徐爰撰、
宋書六十五卷齊冠軍錄事參軍孫嚴撰、
宋書一百卷梁尚書僕射沈約撰、梁有宋文明中所撰宋書六十一卷、亡、
齊書六十卷梁吏部尚書蕭子顯撰、
齊紀十卷劉銑撰、
齊紀二十卷沈約撰、梁有江淹齊史十三卷、亡、
梁書四十九卷梁中書郎謝吳撰、本一百卷、
梁史五十三卷陳領軍大著作郎許亨撰、
梁書帝紀七卷姚察撰、
通史四百八十卷梁武帝撰、起三皇訖梁、
後魏書一百三十卷後齊僕射魏收撰、
後魏書一百卷著作郎魏彥深撰、
陳書四十二卷訖宣帝、陳吏部尚書陸瓊撰、
周史十八卷未成、吏部尚書牛弘撰、

右六十七部三千八十三卷。通計亡書，合八十部，四千三十卷。

古者。天子諸侯必有國史。以紀言行。後世多務。其道彌繁。夏殷已上。左史記言。右史記事。周則太史。小史。內史。外史。御史。分掌其事。而諸侯之國。亦置史官。又春秋國語。引周志鄭書之說。推尋事迹。似當時記事。各有職司。後又合而撰之。總成書記。其後陵夷衰亂。史官放絕。秦滅先王之典。遺制莫存。至漢武帝時。始置太史公。命司馬談爲之。以掌其職。時天下計書。皆先上太史。副上丞相。遺文古事。靡不畢臻。談乃據左氏國語世本戰國策楚漢春秋。接其後事。成一家之言。談卒。其子遷又爲太史令。嗣成其志。上自黃帝。訖於炎漢。合十二本紀十表八書三十世家七十列傳。謂之史記。遷卒以後。好事者亦頗著述。然多鄙淺。不足相繼。至後漢扶風班彪。綴後漢傳數十篇。幷譏正前失。彪卒。明帝命其子固續成其志。以爲唐虞三代。世有典籍。史遷所記。乃以漢氏繼於百王之末。非其義也。故斷自高祖。終於孝平王莽之誅。爲十二紀八表十志六十九傳。潛心積思二十餘年。建初中始奏表及紀傳。其十志竟不能就。固卒後。始命曹大家續成之。先是明帝召固爲蘭臺令史。與諸先輩陳宗尹敏孟冀等共成光武本紀。擢固爲郎。典校祕書。固撰後漢事。作列傳載記二十八篇。其後劉珍劉毅劉陶伏無忌等。相次著述東觀。謂之漢記。及三國鼎峙。魏氏及吳。並有史官。晉時巴西陳壽刪集三國之事。唯魏帝爲紀。其功臣及吳蜀之主。並皆爲傳。仍各依其國部類相從。謂之三國志。

書卒。後梁州大中正范顥表奏其事。帝詔河南尹洛陽令就壽家寫之。自是世有著述。皆擬班馬。以爲正史。作者尤廣。一代之史。至數十家。唯史記漢書師法相傳。並有解釋。三國志及范曄後漢。雖有音注。既近世之作。並讀之可知。梁時明漢書有劉顯韋稜。陳時有姚察。隋代有包愷蕭該。並爲名家。史記傳者甚微。今依其世代。聚而編之。以備正史。

紀年十二卷汲冢書、并竹書同異一卷、　漢紀三十卷魏秘書監荀悅撰、　後漢紀三十卷袁彥伯撰、　後漢紀三十卷張璠撰、　獻帝春秋十卷袁曄撰、　魏氏春秋二十卷孫盛撰、　魏紀十二卷左將軍陰澹撰、　漢魏春秋九卷孔舒元撰、　晉紀四卷陸機撰、　晉紀二十三卷干寶撰、訖愍帝、　晉紀十卷晉前軍諮議曹嘉之撰、　漢晉陽秋四十七卷訖愍帝、晉滎陽太守習鑿齒撰、　晉紀十一卷訖明帝、晉荊州別駕鄧粲撰、　晉陽秋三十二卷訖哀帝、孫盛撰、　晉紀二十三卷宋中散大夫劉謙之撰、　晉紀十卷宋吳興太守王韶之撰、　晉紀四十五卷宋中散大夫徐廣撰、　續晉陽秋二十卷宋永嘉太守檀道鸞撰、　續晉紀五卷宋新興太守郭季產撰、　宋略二十卷梁通直郎裴子野撰、　宋春秋二十卷宋吳興令王琰撰、　齊春秋三十卷梁奉朝請吳均撰、　齊典五卷王逸撰　齊典十卷　三十國春秋三十一卷梁湘東世子蕭萬等撰、　戰國春秋二十卷李槩撰、　梁典三十卷劉璠撰、　梁典三十卷陳始興王諮議何之元撰、　梁撮要三十卷陳征南諮議陰僧仁撰、　梁後略十卷姚最撰、　梁太清紀十卷梁長沙蕃王蕭韶撰、　淮海亂離志四卷蕭世怡撰、敍梁末侯景之亂、　齊紀三十卷紀後齊事、崔子發撰、　齊志十卷後齊事、王劭撰、

右三十四部六百六十六卷

自史官放絕。作者相承。皆以班馬爲準。起漢獻帝。雅好典籍。以班固漢書文繁難省。命潁川荀悅作春秋左傳之體。爲漢紀三十篇。言約而事詳。辯論多美。大行於世。至晉太康元年。汲郡人發魏襄王冢。得古竹簡書。字皆科斗。發冢者不以爲意。往往散亂。帝命中書監荀勗令和嶠撰次爲十五部。八十七卷。多雜碎怪妄。不可訓知。唯周易紀年。最爲分了。其周易上下篇。與今正同。紀年皆用夏正建寅之月爲歲首。起自夏殷周三代王事。無諸侯國別。唯特記晉國。起自殤叔。次文侯昭侯。以至曲沃莊伯。盡晉國滅。獨記魏事。下至魏哀王。謂之今王。蓋魏國之史記也。其著書皆編年相次。文意大似春秋經。諸所記事。多與春秋左氏扶同。學者因之以爲春秋則古史記之正法。有所著述。多依春秋之體。今依其世代。編而敘之。以見作者之別。謂之古史。

周書十卷（汲冢書、似仲尼刪書之餘、）　古文瑣語四卷（汲冢書、）　春秋前傳十卷（何承天撰、）　春秋前雜傳九卷（何承天撰、）　春秋後傳三十一卷（晉著作郎樂資撰、）　戰國策三十二卷（劉向錄、）　戰國策二十一卷（高誘撰注、）　戰國策論一卷（漢京兆尹延篤撰、）　楚漢春秋九卷（陸賈撰、）　古今注八卷（伏無忌撰、）　越絕記十六卷（子貢撰、）　吳越春秋十二卷（趙曄撰、）　吳越春秋削繁五卷（楊方撰、）　吳越春秋十卷（皇甫遵撰、）　吳越記六卷　南越志八卷（沈氏撰、）　小史八卷　漢靈獻二帝紀三卷（漢侍中劉芳撰、殘缺、梁有六卷、）　山陽公載記十卷（樂資撰、）　漢末英雄記八卷（王粲撰、殘缺、梁有十卷、）　九州春秋十卷（司馬彪撰、記漢末事、）　魏武本紀四卷梁并曆五卷、并魏氏大事六卷、亡、　魏尙書八卷孔衍撰、梁十卷成、　魏晉世語十卷晉襄陽令郭頒撰、　魏末傳二卷梁又有魏末傳　呂布本事一卷毛范撰、　晉諸公讚二十一卷晉秘書監傅暢撰、　晉後略記五卷晉下邳太守荀綽撰、　晉書鈔三十卷梁豫章內史張緬撰、　晉書鴻烈六卷張氏撰、　宋中興伐逆事二卷　宋拾遺十卷梁少府卿謝綽撰、　左史六卷李槩撰、　魏國紀二十卷梁祚撰、　梁帝紀七卷　梁太淸錄八卷　梁承聖中興略十卷劉仲威撰、　梁末代紀一卷　梁皇帝實錄三卷周興嗣撰、記武帝事、　梁皇帝實錄五卷梁中書郎謝吳撰、記元帝事、　棲鳳春秋五卷臧嚴撰、　陳王業曆一卷陳中書郎趙齊旦撰、　史要十卷漢桂陽太守衞颯撰、約史記要言、以類相從、　典略八十九卷魏郎中魚豢撰、　史記要集二卷晉祠部郎王蔑撰、鈔史記入春秋者、不錄、　三史略二十九卷吳太子太傅張溫撰、　史記正傳九卷張瑩撰、　後漢略二十五卷張緬撰、　漢皇德紀三十卷漢有道徵士侯瑾撰、起光武至沖帝、　洞記四卷韋昭撰、記庖犧已來至漢建安二十七年、　續洞記一卷臧榮緒撰、　帝王世紀十卷皇甫謐撰、起三皇盡漢魏、　帝王世紀音四卷盧綽撰、　帝王本紀十卷來奧撰、　續帝王世紀十卷何茂材撰　十五代略一卷吉文甫撰、起庖犧至晉、　帝王要略十二卷環濟撰、紀帝王及天官地理喪服、　周載八卷東晉臨賀太守孟儀撰、略記前代下至秦、本三十卷、今亡、　漢書鈔三十卷晉散騎常侍葛洪撰、　拾遺錄二卷偽秦姚萇方士王子年撰、　王子年拾遺記十卷蕭綺撰、　華夷帝王世紀三十卷楊曄撰、　正史削繁九十四卷阮孝緒撰、　童悟十二卷　帝王世錄一卷甄鸞撰、　先聖本紀十卷劉縚撰、　年曆帝紀三十卷姚恭撰、　帝王諸侯世略十一卷　王霸記三卷潘傑撰、　歷代記三十二卷　隋書六十卷未成、秘書監王劭撰、

右七十二部九百一十七卷通計亡書、七十三部、九百三十九卷、

自秦撥去古文。篇籍遺散。漢初得戰國策。蓋戰國遊士記其策謀。其後陸賈作楚漢春秋。以述誅鋤秦項之事。又有越絕。相承以爲子貢所作。後漢趙曄又爲吳越春秋。其屬辭比事。皆不與春秋史記漢書相似。蓋率爾而作。非史策之正也。靈獻之世。天下大亂。史官失其常守。博達之士。愍其廢絕。各記聞見。以備遺亡。是後羣才景慕。作者甚衆。又自後漢已來。學者多鈔撮舊史。自爲一書。或起自人皇。或斷之近代。亦各其志。而體制不經。又有委巷之說。迂怪妄誕。眞虛莫測。然其大抵皆帝王之事。通人君子。必博采廣覽。以酌其要。故備而存之。謂之雜史。

趙書十卷一曰二石集、記石勒事、偽燕太傅長史田融撰、　二石傳二卷晉北中郎參軍王度撰、　二石偽治時事二卷王度撰、

漢之書十卷常璩撰、　華陽國志十二卷常璩撰、梁有蜀平記十卷、蜀漢偽官故事一卷、亡、　燕書二十卷記慕容儁事、偽

燕尚書范亨撰、　南燕錄五卷記慕容德事、偽燕尚書郎張詮撰、　南燕錄六卷記慕容德事、偽燕中書郎王景暉撰、　南燕書七卷

遊覽先生撰、　燕志十卷記馮跋事、魏侍中高閭撰、　秦書八卷何仲熙撰、記苻健事、　秦記十一卷宋殿中將軍裴景仁撰、梁雍州主簿

席惠明注、　秦紀十卷記姚萇事、魏左民尚書姚和都撰、　涼記八卷記張軌事、偽燕右僕射張諮撰、　涼書十卷記張軌事、偽涼大將軍從

事中郎劉景撰、　西河記二卷記張重華事、晉侍御史喻歸撰、　涼記十卷記呂光事、偽涼著作佐郎段龜龍撰、　涼書十卷高道讓撰、

涼書十卷沮渠國史、　托跋涼錄十卷　敦煌實錄十卷劉景撰、　十六國春秋一百卷魏崔鴻撰、　纂

錄一十卷　戰國春秋二十卷（李槩撰、）　漢趙記十卷（和苞撰、）　吐谷渾記二卷（宋新亭侯段國撰、梁有翟遼書二卷、諸國略紀二卷、永嘉後纂年記二卷、段業傳一卷、亡、）　天啟紀十卷（記梁元帝子譽據湘州事、）

右二十七部三百三十五卷（通計亡書、合三十三部、三百四十六卷、）

傳曰。不有君子。其能國乎。自晉永嘉之亂。皇綱失馭。九州君長。據有中原者甚衆。或推奉正朔。或假名竊號。然其君臣忠義之節。經國字民之務。蓋亦勤矣。而當時臣子。亦各記錄。後魏克平諸國。據有嵩華。始命司徒崔浩。博采舊聞。綴述國史。諸國記注。盡集祕閣。爾朱之亂。並皆散亡。今舉其見在。謂之霸史。

穆天子傳六卷（汲冢書、郭璞注、）　漢獻帝起居注五卷　晉泰始起居注二十卷（李軌撰、）　晉咸寧起居注十卷（李軌撰、）　晉泰康起居注二十一卷（李軌撰、）　晉元康起居注一卷（梁有永平元康永寧起居注六卷、又有惠帝起居注二卷、永嘉建興起居注十三卷、亡、）　晉建武大興永昌起居注九卷（梁有二十卷、）　晉元康起居注一卷　晉咸和起居注十六卷（李軌撰、）　晉咸康起居注二十二卷　晉建元起居注四卷　晉永和起居注十七卷（梁有十二十四卷、）　晉升平起居注十卷　晉隆和興寧起居注五卷　晉咸安起居注三卷　晉泰和起居注六卷（梁十卷、）　晉寧康起居注六卷　晉泰元起居注二十五卷（梁五十四卷、）　晉隆安起居注十卷　晉元興起居注九卷　晉義熙起居注十七卷（梁三十四卷、）　晉元熙起居注二卷　晉起居注三百一十七卷（宋北徐州主簿劉道會撰、梁有三百二十二卷、）　流別起居注三十七卷（梁有晉宋起居注鈔五十一卷、晉宋先朝起居注二十卷、亡、）　宋永初起居注十卷　宋景平起居注三卷　宋元嘉起居注五十五卷（梁六十卷、）　宋孝建起居注十二卷　宋大明起居注十五卷（梁三十四卷、又有景和起居注四卷、明帝在藩注三卷、亡、）　宋泰始起居注十九卷（梁二十三卷、）　宋泰豫起居注四卷（梁有宋成徽起居注二十卷、昇明起居注六卷、亡、）　齊永明起居注二十五卷（梁有三十四卷、又有建元起居注十二卷、隆昌延興建武起居注四卷、中興起居注四卷、亡、）　梁大同起居注十卷　後魏起居注三百三十六卷　陳永定起居注八卷　陳天嘉起居注二十三卷　陳天康光大起居注十卷　陳太建起居注五十六卷　陳至德起居注四卷　後周太祖號令三卷　隋開皇起居注六十卷　南燕起居注一卷

右四十四部一千一百八十九卷

起居注者。錄紀人君言行動止之事。春秋傳曰。君舉必書。書而不法。後嗣何觀。周官內史掌王之命。遂書其副而藏之。是其職也。漢武帝有禁中起居注。後漢明德馬后撰明帝起居注。然則漢時起居。似在宮中。爲女史之職。然皆零落不可復知。今之存者有漢獻帝及晉代已來起居注。皆近侍之臣所錄。晉時又得汲冢書。有穆天子傳。體制與今起居正同。蓋周時內史所記。王命之副也。近代已來。別有其職。事在百官志。今依其先後。編而次之。其僞國起居。唯南燕一卷。不可別出。附之於此。

漢武帝故事二卷　西京雜記二卷　漢魏吳蜀舊事八卷　晉朝雜事三卷　晉宋舊事

一百三十五卷　晉要事三卷　晉故事四十三卷　晉建武故事一卷　晉咸和咸康故事四卷（晉孔愉撰、）　晉修復山陵故事五卷（車灌撰、）　交州雜事九卷（記士燮及陶璜事）　晉八王故事十卷　晉四王起事四卷（晉廷尉盧綝撰、）　大司馬陶公故事三卷　郗太尉爲尚書令故事三卷　桓玄僞事三卷　晉東宮舊事十卷　秦漢已來舊事十卷　尚書大事二十卷（范汪撰、）　沔南故事三卷（應思遠撰、）　天正舊事三卷（釋撰亡名）　皇儲故事二卷　梁舊事三十卷（內史侍郎蕭大圜撰、）　東宮典記七十卷（左庶子宇文愷撰、）　開業平陳記二十卷

右二十五部四百四卷

古者。朝廷之政。發號施令。百司奉之。藏於官府。各修其職守。而弗忘。春秋傳曰。吾視諸故府。則其事也。周官。御史掌治朝之法。太史掌萬民之約契與質劑。以逆邦國之治。然則百司庶府。各藏其事。太史之職。又總而掌之。漢時。蕭何定律令。張蒼制章程。叔孫通定儀法。條流派別。制度漸廣。晉初甲令已下。至九百餘卷。晉武帝命車騎將軍賈充。博引羣儒。刪采其要。增律十篇。其餘不足經遠者。爲法令。施行制度者。爲令。品式章程者。爲故事。各還其官府。縉紳之士。撰而錄之。遂成篇卷。然亦隨代遺失。今據其見存。謂之舊事篇。

漢官解詁三篇（漢新汲令王隆撰、胡廣注、）　漢官五卷（應劭注）　漢官儀十卷（應劭撰、）　漢官典職儀式選用二卷（漢衛尉蔡質撰、梁有荀攸魏官儀一卷、韋昭官儀職訓一卷亡）　晉公卿禮秩故事九卷（傅暢撰、）　晉新定儀注十四卷

（梁有徐宣瑜晉官品一卷、荀綽百官表注十六卷、干寶司徒儀一卷、宋職官記九卷、晉百官儀服錄五卷、大興二年定官品事五卷、百官品九卷、亡、）百官階次一卷　齊職儀五十卷（齊長水校尉王珪之撰、梁有王珪之齊儀四十九卷、亡、）齊職儀五卷　梁選簿三卷（徐勉撰、）梁勳選格一卷　職官要錄三十卷（陶藻撰、）梁官品格一卷　百官階次三卷　新定將軍名一卷　吏部用人格一卷　官族傳十四卷（何晏撰、）百官春秋五十卷（王秀道撰、）百官春秋二十卷　魏晉百官名五卷　晉百官名三十卷　晉官屬名四卷　陳百官簿狀二卷　陳將軍簿一卷　新定官品二十卷（梁沈約撰、）梁尚書職制儀注四十一卷　職令古今百官注十卷（郭演撰、）

右二十七部三百三十六卷（通計亡書、合三十六部、四百三十三卷、）

古之仕者名書於所臣之策。各有分職以相統治。周官冢宰掌建邦之六典。而御史數凡從正者。然則冢宰總六卿之屬。以治其政。御史掌其在位名數先後之次焉。今漢書百官表列衆職之事。記在位之次。蓋亦古之制也。漢末王隆應劭等以百官表不具。乃作漢官解詁。漢官議等書。是後相因。正史表志。無復百僚在官之名矣。縉紳之徒。或取官曹名品之書。撰而錄之。別行於世。宋齊已後。其書益繁。而篇卷零疊。易為亡散。又多瑣細。不足可紀。故刪其見存可觀者。編為職官篇。

舊漢儀四卷（衛敬仲撰、梁有衛敬仲漢中興儀一卷、亡、）晉新定儀注四十卷（晉安成太守傅瑗撰、）晉雜儀注十一卷

晉尚書儀十卷 甲辰儀五卷江左撰、 封禪儀六卷 宋儀注十卷 宋儀注二十卷 宋尚書雜注十八卷本二十卷、 宋東宮儀記二十三卷宋新安太守張鏡撰、 徐爰家儀一卷 東宮新記二十卷蕭子雲撰、 梁吉禮儀注十卷明山賓撰、 梁賓禮儀注九卷賀瑒撰、案梁明山賓撰吉儀注二百六卷、錄六卷、嚴植之撰凶儀注四百七十九卷、錄四十五卷、陸璉撰軍儀注一百九十卷、錄二卷、司馬褧撰嘉儀注一百一十二卷、錄三卷、並亡、存者唯士吉及賓合十九卷、 皇典二十卷梁豫章太守丘仲孚撰、 雜凶禮四十二卷 政禮十卷何胤撰、梁有何胤士喪儀注九卷、亡、 雜儀注一百八十卷 陳尚書雜儀注五百五十卷 陳吉禮一百七十一卷 陳賓禮六十五卷 陳軍禮六卷 陳嘉禮一百二卷 後魏儀注五十卷 後齊儀注二百九十卷 雜嘉禮三十八卷 國親皇太子序親簿一卷 隋朝儀禮一百卷牛弘撰、 大漢輿服志一卷魏博士董巴撰、 魏晉謚議十三卷何晏撰、 汝南君諱議二卷 決疑要注一卷摯虞撰、 車服雜注一卷徐廣撰、 禮儀制度十三卷王逡之撰、 古今輿服雜事二十卷梁周遷撰、 晉鹵簿圖一卷 鹵簿儀一卷 陳鹵簿圖一卷 齊鹵簿儀一卷 諸衞左右廂旗圖様十五卷 內外書儀四卷謝元撰、 書儀二卷蔡超撰、 書筆儀二十一卷謝朏撰、 宋長沙檀太妃薨弔答書十二卷 弔答儀十卷王儉撰、 新儀書儀十卷王弘撰、 皇室儀十三卷鮑行卿撰、 吉書儀二卷王儉撰、 書儀疏一卷周捨撰 新儀三十卷鮑泉撰、 文儀二卷梁修端撰、 趙李家儀十卷錄一卷、李穆叔撰、 書儀十卷唐瑾撰、 言語儀一卷 嚴植之儀二卷 邇儀四卷馬樞撰、 婦人書儀八卷 僧家書儀五卷釋曇瑗撰、 要典雜

事五十卷

右五十九部，二千二十九卷。通計亡書，合六十九部，三千九十四卷。

儀注之興。其所由來久矣。自君臣父子六親九族。各有上下親疏之別。養生送死。弔恤賀慶。則有進止威儀之數。唐虞以上。分之爲三。在周因而爲五。周官宗伯所掌吉凶賓軍嘉。以佐王安邦國。親萬民、而太史執書以協事之類是也。是時典章皆具。可履而行。周衰。諸侯削除其籍。至秦又焚而去之。漢興。叔孫通定朝儀。武帝時始祀汾陰后土。成帝時初定南北之郊。節文漸具。後漢又使曹褒定漢儀。是後相承。世有制作。然猶以舊章殘缺。各遵所見。彼此紛爭。盈篇滿牘。而後世多故。事在通變。或一時之制。非長久之道。載筆之士。刪其大綱。編於史志。而或傷於淺近。或失於未達。不能盡其旨要。遺文餘事。亦多散亡。今聚其見存。以爲儀注篇。

律本二十一卷杜預撰、　漢晉律序注一卷晉僮長張斐撰、　雜律解二十一卷張斐撰、案梁有杜預雜律七卷、亡、　晉宋齊梁律二十卷蔡法度撰、　梁律二十卷梁義興太守蔡法度撰、　後魏律二十卷　北齊律十二卷目一卷、　陳律九卷范泉撰、　周律二十五卷　周大統式三卷　隋律十二卷　隋大業律十一卷　晉令四十卷　梁令三十卷錄一卷、　梁科三十卷　北齊令五十卷　北齊權令二卷　陳令三十卷范泉撰、　陳科三十卷范泉撰、　隋開皇令三十卷目一卷、　隋大業令三十卷漢朝議駁三十卷（應劭撰、案梁建武律令故事二卷、應劭律略論五卷、亡、）晉雜議十卷　晉彈事十卷　南臺奏事二十二卷　漢名臣奏事三十卷　魏主奏事十卷　魏名臣奏事四十卷（目一卷、陳壽撰、）魏臺雜訪議三卷（高堂隆撰、）魏廷尉決事十卷　晉駁事四卷　晉雜制六十卷　晉刺史六條制一卷　齊五服制一卷　陳新制六十卷

右三十五部七百一十二卷（通計亡書、合三十八部、七百二十六卷、）

刑法者。先王所以懲罪惡。齊不軌者也。書述唐虞之世。五刑有服。而夏后氏正刑有五。科條三千。周官司寇掌三典。以刑邦國。司刑掌五刑之法。麗萬民之罪。太史又以典法逆於邦國。內史執國法以考政事。春秋傳曰。在九刑不忘。然則刑書之作久矣。蓋藏於官府。懼人之知爭端。而輕於犯。及其末也。肆情越法。刑罰僭濫。至秦重之以苛虐。先王之政刑滅矣。漢初蕭何定律九章。其後漸更增益。令甲已下。盈溢架藏。晉初賈充杜預。刪而定之。有律有令有故事。梁時有取故事之宜於時者。為梁科。後齊武帝時。又於麟趾殿刪正刑典。謂之麟趾格。後周太祖又命蘇綽撰大統式。隋則律令格式並行。自律已下。世有改作。事在刑法志。漢律久亡。故事駁議。又多零失。今錄其見存可觀者。編為刑法篇。

三輔決錄七卷（漢太僕趙岐撰、摯虞注、）海內先賢傳四卷（魏明帝時撰、）四海耆舊傳一卷　海內士品一卷　先賢集三卷　兗州先賢傳一卷　徐州先賢傳一卷　徐州先賢傳贊九卷（劉義慶撰）

海岱志二十卷（齊前將軍記室崔蔚祖撰）、交州先賢傳三卷（晉范瑗撰）、益部耆舊傳十四卷（陳長壽撰）、續益部耆舊傳二卷　諸國清賢傳一卷　魯國先賢傳二卷（晉大司農白褒撰）、楚國先賢傳贊十二卷（晉張方撰）、汝南先賢傳五卷（魏周斐撰）、陳留耆舊傳二卷（漢議郎圈稱撰）、陳留耆舊傳一卷（魏散騎侍郎蘇林撰）、陳留先賢像贊一卷（陳英宗撰）、陳留志十五卷（東晉剡令江敞撰）、濟北先賢傳一卷　盧江七賢傳二卷　東萊耆舊傳一卷（王基撰）、襄陽耆舊記五卷（晉習鑿齒撰）、會稽先賢傳七卷（謝承撰）、會稽後賢傳記二卷（鍾離岫撰）、會稽典錄二十四卷（虞豫撰）、會稽先賢像贊五卷　漢世要記一卷　吳先賢傳四卷（吳左丞相陸凱撰）、東陽朝堂像讚一卷（晉南平太守留叔先撰）、豫章烈士傳三卷（徐整撰）、豫章舊志三卷（晉會稽太守熊默撰）、豫章舊志後撰一卷（熊欣撰）、零陵先賢傳一卷　長沙舊傳讚三卷（晉臨川王郎中劉彧撰）、桂陽先賢傳贊一卷（吳左中郎張勝撰）、武昌先賢志二卷（宋天門太守郭緣生撰）、蜀文翁學堂像題記二卷　聖賢高士傳贊三卷（嵇康撰、周續之注）、高士傳六卷（皇甫謐撰）、逸士傳一卷（皇甫謐撰）、逸民傳七卷（張顯撰）、高士傳二卷（虞槃佐撰）、至人高士傳讚二卷（晉廷尉卿孫綽撰）、高隱傳十卷（阮孝緒撰）、高隱傳十卷　高僧傳六卷（虞孝敬撰）、止足傳十卷　續高士傳七卷（周弘讓撰）、孝子傳讚三卷（王昭之撰）、孝子傳十五卷（晉輔國將軍蕭廣濟撰）、孝子傳十卷（宋員外郎鄭緝之撰）、孝子傳八卷（師覺授撰）、孝子傳二十卷（宋躬撰）、孝子傳略二卷　孝德傳三十卷（梁元帝撰）、孝友傳八卷　曾參傳一卷　忠臣傳三十卷（梁元帝撰）、顯忠錄二十卷（梁元帝撰）、丹陽尹傳十卷（梁元

帝撰、英蕃可錄二卷張萬賢撰，邵武侯新注、高才不遇傳四卷後齊劉晝撰、良吏傳十卷鍾岏撰、海內
名士傳一卷　正始名士傳三卷袁敬仲撰、江左名士傳一卷劉義慶撰、竹林七賢論二卷晉太子中
庶子戴逵撰、七賢傳五卷孟氏撰、文士傳五十卷張隱撰、列士傳二卷劉向撰、陰德傳二卷宋光
祿大夫范晏撰、悼善傳十一卷　雜傳三十六卷任昉撰，本一百四十七卷，亡、東方朔傳八卷　毋丘儉記
三卷　管輅傳三卷管辰撰、雜傳四十卷賀蹤撰，本七十卷，亡、雜傳十九卷陸澄撰、雜傳十一卷
玄晏春秋三卷皇甫謐撰、孔子弟子先儒傳十卷　李氏家傳一卷　桓任家傳一卷　王朗
王肅家傳一卷　太原王氏家傳二十三卷　褚氏家傳一卷褚覬等撰、薛常侍家傳一卷
江氏家傳七卷江祚等撰、庾氏家傳一卷庾斐撰、裴氏家傳四卷裴松之撰、虞氏家記五卷虞覽撰、
曹氏家傳一卷曹毗撰、范氏世傳一卷范汪撰、紀氏家紀一卷紀友撰、韋氏家傳一卷
何顒使君家傳一卷　明氏家訓一卷僞燕衞尉明岌撰、明氏世錄六卷梁信武記室明粲撰、陸史十五
卷　王氏江左世家傳二十卷王褒撰、孔氏家傳五卷　崔氏五門家傳一卷崔氏撰、暨氏
家傳一卷　周齊王家傳一卷姚氏撰、爾朱家傳二卷王氏撰、周氏家傳一卷　令狐氏家
傳一卷　新舊傳四卷　漢南家傳三卷　何氏家傳三卷　童子傳二卷王瑱之撰、幼童傳
十卷劉昭撰、訪來傳十卷來奥撰　懷舊志九卷梁元帝撰、知己傳一卷盧思道撰、全德志一卷梁元
帝撰、同姓名錄一卷梁元帝撰、列女傳十五卷劉向撰，曹大家注、列女傳七卷趙母注、列女傳八卷

高氏撰、　列女傳頌一卷劉歆撰、　列女傳頌一卷曹植撰、　列女傳讚一卷繆襲撰、　列女後傳十卷項原撰、　列女傳六卷皇甫謐撰、　列女傳七卷綦毋邃撰、　列女傳要錄三卷　女記十卷杜預撰、　美婦人傳六卷　妬記二卷虞通之撰、　道人善道開傳一卷康泓撰、　名僧傳三十卷釋寶唱撰、　高僧傳十四卷釋僧祐撰、　江東名德傳三卷釋法進撰、　法師傳十卷王巾撰、　衆僧傳二十卷裴子野撰、　薩婆多部傳五卷釋僧祐撰、　梁故草堂法師傳一卷　尼傳二卷釋法皎撰、　法顯傳二卷　法顯行傳一卷　梁武皇帝大捨三卷嚴昺撰、　列仙傳讚三卷劉向撰、鬷續孫綽讚、　列仙傳讚二卷劉向撰、晉郭元祖讚、　神仙傳十卷葛洪撰、　說仙傳一卷朱思祖撰、　養性傳二卷　漢武內傳三卷　太元眞人東鄉司命茅君內傳一卷弟子李遵撰、　清虛眞人王君內傳一卷弟子華存撰、　清虛眞人裴君內傳一卷　正一眞人三天法師張君內傳一卷　太極左仙公葛君內傳一卷　仙人馬君陰君內傳一卷　仙人許遠遊傳一卷　靈人辛玄子自序一卷　劉君內記一卷王珍撰、　陸先生傳一卷孔稚珪撰、　列仙讚序一卷郭元祖撰、　集仙傳十卷　洞仙傳十卷　王喬傳一卷　關令內傳一卷鬼谷先生撰、　南嶽夫人內傳一卷　蘇君記一卷周季通撰、　嵩高寇天師傳一卷　華陽子自序一卷　太上眞人內記一卷李氏撰、　道學傳二十卷　宣驗記十三卷劉義慶撰、　應驗記一卷宋光祿大夫傅亮撰、　冥祥記十卷王琰撰、　列異傳三卷魏文帝撰、　感應傳八卷王延秀撰、　古異傳三卷宋永嘉太守袁王壽撰、　甄異傳三卷晉西戎主簿戴祚撰、　述異記十卷祖沖之撰、　異苑十卷

宋給事劉敬叔撰、

續異苑十卷　搜神記三十卷干寶撰、　搜神後記十卷陶潛撰、　靈鬼志三卷荀氏撰、

志怪二卷祖台之撰、　志怪四卷孔氏撰、　神錄五卷劉之遴撰、　齊諧記七卷宋散騎侍郎東陽无疑撰、　續齊諧記一卷吳均撰、　幽明錄二十卷劉義慶撰、　補續冥祥記一卷王曼穎撰、　漢武洞冥記一卷郭氏撰、

嘉瑞記三卷陸瓊撰、　祥瑞記三卷　符瑞記十卷許善心撰、　靈異錄十卷　靈異記一卷

研神記十卷蕭繹撰、　旌異記十五卷侯君素撰、　近異錄二卷劉質撰、　鬼神列傳一卷謝氏撰、

志怪記三卷殖氏撰、　舍利感應記三卷王劭撰、　眞應記十卷　周氏冥通記一卷　集靈記二十卷顏之推撰、　冤鬼志三卷顏之推撰、

右二百一十七部一千二百八十六卷通計亡書、合二百一十九部、一千五百三卷、

古之史官。必廣其所記。非獨人君之舉。周官外史掌四方之志。則諸侯史記。兼而有之。春秋傳曰。虢仲虢叔王季之穆。勳在王室。藏於盟府。臧紇之叛。季孫命太史召掌惡臣而盟之。周官司寇凡大盟約。莅其盟書。登於天府。太史內史司會六官。皆受其貳而藏之。是則王者誅賞具錄其事。昭告人民。百官史臣。皆藏其書。故自公卿諸侯至於羣士。善惡之迹。畢集史職而又閭胥之政。凡聚衆庶。書其敬敏任卹者。族師每月書其孝悌睦婣有學者。黨正歲書其德行道藝者。而入之於鄉大夫。鄉大夫三年大比。考其德行道藝。舉其賢者能者。而獻其書王再拜受之。登於天府。內史貳之。是以窮居側陋之士。言行必達。皆有史傳。自史官曠絕。其

道廢壞。漢初始有丹書之約。白馬之盟。武帝從董仲舒之言。始舉賢良文學。天下計書。先上太史。善惡之事。靡不畢集。司馬遷班固撰而成之。股肱輔弼之臣。扶義俶儻之士。皆有記錄。而操行高潔。不涉於世者。史記獨傳夷齊。漢書但述楊王孫之儔。其餘皆略而不記。又漢時阮倉作列仙圖。劉向典校經籍。始作列仙列士列女之傳。皆因其志尚。率爾而作。不在正史。後漢光武。始詔南陽。撰作風俗。故沛三輔有耆舊節士之序。魯廬江有名德先賢之讚。郡國之書。由是而作。魏文帝又作列異。以序鬼物奇怪之事。嵇康作高士傳。以敘聖賢之風。因其事類。相繼而作者甚衆。名目轉廣。而又雜以虛誕怪妄之說。推其本源。蓋亦史官之末事也。載筆之士。删采其要焉。魯沛三輔序贊並亡。後之作者。亦多零失。今取其見存。部而類之。謂之雜傳。

山海經二十三卷（郭璞注、）　水經三卷（郭璞注、）　黃圖一卷（記三輔宮觀陵廟明堂辟雍郊時等事、）　洛陽記四卷

洛陽記一卷（陸機撰、）　洛陽宮殿簿一卷　洛陽圖一卷（晉懷州刺史楊佺期撰、）　述征記二卷（郭緣生撰、）

西征記二卷（戴延之撰、）　婁地記一卷（吳顧啟期撰、）　風土記三卷（晉平西將軍周處撰、）　吳興記三卷（山謙之撰、）

吳郡記一卷（顧夷撰、）　京口記二卷（宋太常卿劉損撰、）　南徐州記二卷（山謙之撰、）　會稽土地記一卷（朱育撰、）

會稽記一卷（賀循撰、）　隋王入沔記六卷（宋侍中沈懷文撰、）　荊州記三卷（宋臨川王侍郎盛弘之撰、）　神壞記一卷（記滎陽山水黃閔撰、）

豫章記一卷（雷次宗撰、）　蜀王本記一卷（揚雄撰、）　三巴記一卷（譙周撰、）　珠

崖傳一卷偽燕聘晉使蓋泓撰、　陳留風俗傳三卷圈稱撰、　鄴中記二卷晉國子助教陸翽撰、　春秋土地名三卷晉裴秀客京相璠撰、　衡山記一卷宋居士撰、　遊名山志一卷謝靈運撰、　聖賢冢墓記一卷李彤撰、　佛國記一卷沙門釋法顯撰、　遊行外國傳一卷沙門釋智猛撰.　交州以南外國傳一卷　十洲記一卷東方朔撰、　蜀志一卷東京武平太守常寬撰、　神異經一卷東方朔撰、張華注、　異物志一卷後漢議郎楊孚撰、　南州異物志一卷吳丹陽太守萬震撰.　發蒙記一卷束晳撰載物產之異、　地理書一百四十九卷錄一卷、陸澄合山海經已來一百六十家以爲此書、澄本之外、其舊事並多零失、見存別部自行者、唯四十二家、今列之於上、　三輔故事二卷晉世撰、　湘州記二卷庾仲雍撰、　吳郡記二卷晉本州主簿顧夷撰、　日南傳一卷　江記五卷庾仲雍撰、　漢水記五卷庾仲雍撰、　居名山志一卷謝靈運撰、　西征記一卷戴祚撰、　廬山南陵雲精舍記一卷　永初山川古今記二十卷齊都官尚書劉澄之撰、　元康三年地記六卷　司州記二卷　并帖省置諸郡舊事一卷　地記二百五十二卷梁任昉增陸澄之書八十四家、以爲此記、其所增舊書、亦多零失、見存別部行者、唯十二家、今列之於上、　山海經圖讚二卷郭璞注、　山海經音二卷　水經四十卷酈善長注、　廟記一卷　地理書鈔二十卷陸澄撰、　地理書抄九卷任昉撰、　地理書鈔十卷劉黃門撰、　洛陽伽藍記五卷後魏楊衒之撰、　荊南地志二卷蕭世誠撰、　巴蜀記一卷　交州異物志一卷楊孚撰、　元康六年戶口簿記三卷　元嘉六年地記三卷　九州郡縣名九卷　扶南異物志一卷朱應撰、　臨海水土物志一卷沈瑩撰、　益州記三卷李氏撰、　湘州記一卷郭仲彥撰、　湘州圖副記一卷　四海百川水源記一卷釋道安撰、　京師寺塔記十卷錄一卷劉璆撰、 華山精舍記一卷張光祿撰、 南雍州記六卷鮑至撰、 京師寺塔記二卷釋曇景撰、 張騫出關志一卷 外國傳五卷釋曇景撰、 歷國傳二卷釋法盛撰、 西京記三卷 京師錄七卷 尋江源記一卷 後園記一卷 江表行記一卷 淮南記一卷 古來國名二卷 十三州志十卷闞駰撰、 慧生行傳一卷 宋武北征記一卷戴氏撰、 林邑國記一卷 涼州異物志一卷 闞象傳二卷閻先生撰、 司州山川古今記三卷劉澄之撰、 江圖一卷張氏撰、 江圖二卷劉氏撰、 廣梁南徐州記五卷虞孝敬撰、 水飾圖二十卷 甌閩傳一卷 北荒風俗記二卷 諸蕃風俗記二卷 男女二國傳一卷 突厥所出風俗事一卷 古今地譜二卷 輿地志三十卷陳顧野王撰、 序行記十卷姚最撰、 魏永安記三卷溫子昇撰、 國都城記二卷 周地圖記一百九卷 冀州圖經一卷 齊州圖經一卷 齊州記四卷李叔布撰、 幽州圖經一卷 魏聘使行記六卷 聘北道理記三卷江德藻撰、 李諧行記一卷 聘遊記三卷劉師知撰、 朝覲記六卷 封君義行記一卷李繪撰、 輿嘉東行記一卷薛泰撰、 北伐記七卷諸葛穎撰、 巡撫揚州記七卷諸葛穎撰、 大魏諸州記二十一卷 幷州入朝道里記一卷蔡允恭撰、 趙記十卷 代都略記三卷 世界記五卷釋僧祐撰、 州郡縣簿七卷 大隋翻經婆羅門法師外國傳五卷 隋區宇圖志一百二十九卷 隋西域圖三卷裴矩撰、 隋諸州圖經集一百卷郎蔚之撰、 隋諸郡土俗物產一百五十一卷 西域道里記一卷 諸蕃國記十七卷 方物志二十卷許善

心撰、

并州總管內諸州圖一卷

右一百三十九部一千四百三十二卷通計亡書、合一百四十部、一千四百三十四卷、

昔者先王之化民也。以五方土地風氣所生。剛柔輕重飲食衣服各有其性。不可遷變。是故疆理天下。物其土宜。知其利害。達其志而通其欲。齊其政而修其敎。故曰廣谷大川異制。人居其間異俗。書錄禹別九州。定其山川。分其圻界。條其物產。辨其貢賦。斯之謂也。周則夏官司險。掌建九州之圖。周知山林川澤之阻。達其道路。地官誦訓。掌方志以詔觀事。以知地俗。春官保章。以星土辨九州之地。所封之域。以觀祆祥。秋官職方。掌天下之圖地。辨四夷八蠻九貉五戎六狄之人。與其財用九穀六畜之數。周知利害。辨九州之國。使同其貫。司徒掌邦之土地之圖。與其人民之敎。以佐王擾邦國。周知九州之域。廣輪之數。辨其山林川澤丘陵墳衍原隰之名物。及土會之法。然則其事分在衆職。而冢宰掌建邦之六典。實總其事。太史以典逆冢宰之治。其書蓋亦總爲史官之職。漢初。蕭何得秦圖書。故知天下要害。後又得山海經。相傳以爲夏禹所記。武帝時。計書既上太史。郡國地志。固亦在焉。而史遷所記。但述河渠而已。其後劉向略言地域。丞相張禹使屬朱貢條記風俗。班固因之作地理志。其州國郡縣山川夷險時俗之異。經星之分。風氣所生。區域之廣。戶口之數。各有攸序。與古禹貢周官所記相埒。是後載筆之士。管窺末學。不能及遠。但記州縣之名而已。晉世摯虞依禹貢周官。

作義服經。其州郡及縣分野封略事業國邑山陵水泉鄉亭城郭道理土田民物風俗先賢舊好。靡不具悉。凡一百七十卷。今亡。而學者因其經歷。並有記載。然不能成一家之體。齊時陸澄聚一百六十家之說。依其前後遠近。編而爲部。謂之地理書。任昉又增陸澄之書八十四家。謂之地記。陳時顧野王鈔撰衆家之言。作輿地志。隋大業中。普詔天下諸郡條其風俗物產地圖。上於尚書。故隋代有諸郡物產土俗記一百三十一卷。區宇圖志一百二十九卷。諸州圖經集一百卷。其餘記注甚衆。今任陸二家所記之內而又別行者。各錄在其書之上。自餘次之於下。以備地理之記焉。

世本王大夫譜二卷　世本二卷（劉向撰、）　世本四卷（宋衷撰、）　漢氏帝王譜三卷（梁有宋譜四卷、劉湛百家譜二卷、亡、）　齊帝譜屬十卷　百家集譜十卷（王儉撰、梁有王逡之續儉百家譜四卷、南族譜二卷、百家譜拾遺一卷、又有齊梁帝譜四卷、梁帝譜十三卷、亡。）　百家譜三十卷（王僧孺撰、）　百家譜集鈔十五卷（王僧孺撰、）　百家譜二十卷（賈執撰、）　百家譜十五卷（傅昭撰、）　百家譜世統十卷　百家譜鈔五卷　姓氏英賢譜一百卷（賈執撰、梁有王司空新集諸州譜十一卷、又別有諸姓譜一百一十六卷、益州譜四十卷、關東關北譜三十三卷、梁武帝總責境內十八州譜六百九十卷、亡、）　後魏辯宗錄二卷（元暉業撰、）　後魏皇帝宗族譜四卷　魏孝文列姓族牒一卷　後齊宗譜一卷　益州譜三十卷　冀州姓族譜二卷　洪州諸姓譜九卷　吉州諸姓譜八卷　江州諸姓譜十一卷　諸州雜譜八卷　袁州諸姓譜八卷　揚州譜鈔五卷　京兆韋氏譜二卷　謝氏譜一十卷

楊氏血脈譜二卷　楊氏家譜狀并墓記一卷　楊氏枝分譜一卷　楊氏譜一卷　北地傅氏譜一卷　蘇氏譜一卷　述系傳一卷（姚最撰、）　氏族要狀十五卷　姓苑一卷（何氏撰、）　復姓苑一卷　齊永元中表簿五卷　竹譜一卷　錢譜一卷（顧烜撰、）　錢圖一卷

右四十一部三百六十卷（通計亡書、合五十三部、一千二百八十卷、）

氏姓之書其所由來遠矣。書稱別生分類。傳曰天子建德因生以賜姓。周家小史定繫世辨昭穆。則亦史之職也。秦兼天下。剗除舊迹。公侯子孫失其本繫。漢初得世本敘黃帝已來祖世所出。而漢又有帝王年譜。後漢有鄧氏官譜。晉世摯虞作族姓昭穆記十卷。齊梁之間其書轉廣。後魏遷洛有八氏十姓。咸出帝族。又有三十六族。則諸國之從魏者。九十二姓。世為部落大人者。並為河南洛陽人。其中國士人則第其門閥。有四海大姓郡姓州姓縣姓。及周太祖入關。諸姓子孫有功者。並令為其宗長。仍撰譜錄。紀其所承。又以關內諸州為其本望。其鄧氏官譜及族姓昭穆記。晉亂已亡。自餘亦多遺失。今錄其見存者以為譜系篇。

七略別錄二十卷（劉向撰、）　七略七卷（劉歆撰、）　晉中經四十卷（荀勗撰、）　晉義熙已來新集目錄三卷　宋元徽元年四部書目錄四卷（王儉撰、）　今書七志七十卷（王儉撰、）　梁天監六年四部書目錄四卷（殷鈞撰、）　梁東宮四部目錄四卷（劉遵撰、）　梁文德殿四部目錄四卷（劉孝標撰、）　七錄十二卷（阮孝緒撰、）　魏闕書目錄一卷　陳祕閣圖書法書目錄一卷　陳天嘉六年壽安殿四

部目錄四卷　陳德教殿四部目錄四卷　陳承香殿五經史記目錄二卷　開皇四年四部目錄四卷　開皇八年四部書目錄四卷　香廚四部目錄四卷　隋大業正御書目錄九卷　法書目錄六卷　雜儀注目錄四卷　雜撰文章家集敍十卷荀勗撰、　文章志四卷摯虞撰、　續文章志二卷傅亮撰、　晉江左文章志三卷宋明帝撰、　宋世文章志二卷沈約撰、　書品二卷　名手畫錄一卷　正流論一卷

右三十部二百一十四卷

古者史官既司典籍。蓋有目錄。以爲綱紀。體制湮滅。不可復知。孔子刪書。別爲之序。各陳作者所由。韓毛二詩。亦皆相類。漢時劉向別錄。劉歆七略。剖析條流。各有其部。推尋事迹。疑則古之制也。自是之後。不能辨其流別。但記書名而已。博覽之士。疾其渾漫。故王儉作七志。阮孝緒作七錄。並皆別行。大體雖準向歆。而遠不逮矣。其先代目錄。亦多散亡。今總其見存。編爲簿錄篇。

凡史之所記八百一十七部一萬三千二百六十四卷通計亡書合八百七十四部、一萬六千五百五十八卷、

夫史官者。必求博聞强識。疏通知遠之士。使居其位。百官衆職。咸所貳焉。是故前言往行。無不識也。天文地理。無不察也。人事之紀。無不達也。內掌八柄。以詔王治。外執六典。以逆官政。書美以彰善。記惡以垂戒。範圍神化。昭明令德。窮聖人之至賾。詳一代之亹亹。自史官廢絕

久矣。漢氏頗循其舊。班馬因之。魏晉已來。其道逾替。南董之位。以祿貴遊。政駿之司。罕因才授。故梁世諺曰。上車不落則著作。體中何如則祕書。於是尸素之儔。盱衡延閣之上。立言之士。揮翰蓬茨之下。一代之記。至數十家。傳說不同。聞見舛駁。理失中庸。辭乖體要。致令允恭之德。有闕於典墳。忠肅之才。不傳於簡策。斯所以爲蔽也。班固以史記附春秋。今開其事類。凡三十種。別爲史部。

晏子春秋七卷 齊大夫晏嬰撰、 曾子二卷 目一卷、魯國曾參撰、 子思子七卷 魯穆公師孔伋撰、 公孫尼子一卷 尼似孔子弟子、 孟子十四卷 齊卿孟軻撰、趙岐注、 孟子七卷 鄭玄注、 孟子七卷 劉熙注、梁有孟子九卷、綦毋邃撰、亡、 孫卿子十二卷 楚蘭陵令荀況撰、梁有王孫子一卷、亡、 董子一卷 戰國時董無心撰、 魯連子五卷錄一卷 魯連齊人、不仕、稱爲先生、 新語二卷 陸賈撰、 賈子十卷 錄一卷、漢梁太傅賈誼撰、 鹽鐵論十卷 漢廬江府丞桓寬撰、 新序三十卷 錄一卷、劉向撰、 說苑二十卷 劉向撰、 揚子法言十五卷解一卷 揚雄撰、李軌注、梁有揚子法言六卷、侯芭注、亡、 揚子法言十三卷 宋衷撰、 揚子太玄經九卷 宋衷注、梁有揚子太玄經九卷、揚雄自作章句、亡、 揚子太玄經十卷 陸績宋衷撰、 揚子太玄經十卷 蔡文邵注、梁有揚子太玄經十四卷、虞翻注、揚子太玄經十三卷、陸凱注、揚子太玄經七卷、王肅注、亡、 桓子新論十七卷 後漢六安丞桓譚撰、 潛夫論十卷 後漢處士王符撰、梁有王逸正部論八卷、後漢侍中王逸撰、後序十二卷、後漢司隸校尉應奉撰、周生子要論一卷、錄一卷、魏侍中周生烈撰、亡、 申鑒五卷 荀悅撰、 魏子三卷 後漢會稽人、魏朗撰、梁有文檢六卷、似後漢末人作、亡、 牟子二卷 後漢太尉牟融撰、 典論五卷 魏文帝撰 徐氏中論六卷 魏太子文學徐幹撰、梁目一卷、 王子正論十卷 王肅撰、梁有去伐論集三卷、王粲撰、亡、杜氏體論四卷魏幽州刺史杜恕撰，梁有新書五卷，王基撰，周子九卷，吳中書郎周昭撰，亡。　顧子新語十二卷吳太常顧譚撰，通語十卷，晉尚書左丞殷興撰，典語十卷，典語別二卷，並吳中夏督陸景撰，亡。　譙子法訓八卷譙周撰，梁有譙子五教志五卷，亡。　袁子正論十九卷袁準撰，梁有袁子正書二十五卷，袁準撰，孫氏敗志三卷，孫毓撰，古今通論二卷，松滋令王嬰撰，蔡氏化清經十卷，蔡洪撰，通經二卷，晉丞相從事中郎王長元撰，亡。　新論十卷晉散騎常侍夏侯湛撰，梁有揚子物理論十六卷，揚子太玄經十四卷，並晉徵士楊泉撰，新論十卷，晉金紫光祿大夫華譚撰，梅子新論一卷，亡。　志林新書三十卷虞喜撰，梁有廣林二十四卷，又後林十卷，虞喜撰，干子十八卷，干寶撰，閎論二卷，晉江州從事蔡詔撰，顧子十卷，晉揚州主簿顧夷撰，亡。　要覽十卷晉郡儒林祭酒呂竦撰，　正覽六卷梁太子詹事周拾撰，梁有三統五德論二卷，曹思文撰，亡。　諸葛武侯集誡二卷　衆賢誡十三卷

女篇一卷　女鑒一卷　婦人訓誡集十一卷　婦姒訓一卷　曹大家女誡一卷　貞順志一卷

右四十四部五百三十卷通計亡書，合六十七部，六百九卷。

儒者。所以助人君明教化者也。聖人之教。非家至而戶說。故有儒者宣而明之。其大抵本於仁義及五常之道。黃帝堯舜禹湯文武咸由此則。周官太宰以九兩繫邦國之人。其四曰儒。是也。其後陵夷衰亂。儒道廢闕。仲尼祖述前代。修正六經。三千之徒。並受其義。至於戰國。孟軻子思荀卿之流。宗而師之。各有著述。發明其指。所謂中庸之教。百王不易者也。俗儒爲之。不顧其本。苟欲譁衆。多設問難。便辭巧說。亂其大體。致令學者難曉。故曰博而寡要。

鬻子一卷周文王師鬻熊撰，　老子道德經二卷周柱下史李耳撰，漢文帝時河上公注，梁有戰國時河上丈人注老子經二卷，漢長陵三老母丘望

之注老子二卷、漢隱士嚴遵注老子二卷、虞翻注老子二卷、亡、

老子道德經二卷 王弼注、梁有老子道德經二卷、張嗣注、老子道德經二卷、蜀才注、亡、

老子道德經二卷 鍾會注、梁有老子道德經二卷、晉太傅羊祜解釋、老子經二卷、東晉江州刺史王尚述注、老子二卷、晉郞中程韶集解、老子二卷、鄴鄲氏注、老子二卷、常氏傳、老子二卷、孟氏注、老子二卷、盈氏注、亡、

老子道德經二卷音一卷 晉尚書郞孫登注、

老子道德經二卷 劉仲融注、梁有老子道德經二卷、匡生解、老子道德經二卷、晉西中郞將袁眞注、老子道德經二卷、張憑注、老子道德經二卷、釋惠琳注、老子道德經二卷、釋惠嚴注、老子道德經二卷、王玄載注、亡、

老子道德經二卷 盧景裕撰、

老子音一卷 李軌撰、梁有老子音一卷、晉散騎常侍戴逵撰、亡、

老子四卷 梁曠撰、

老子指歸十一卷 嚴遵注、

老子指趣三卷 毋丘望之撰、

老子義綱一卷 顧歡撰、梁有老子道德論二卷、何晏撰、老子序次一卷、葛僊公撰、老子雜論一卷、何王等注、老子私記十卷、梁簡文帝撰、老子玄示一卷、韓壯撰、老子玄譜一卷、晉柴桑令劉遺民撰、老子玄機三卷、宗塞撰、老子幽易五卷、文老子志一卷、山琮撰、亡、

老子義疏一卷 顧歡撰、梁有老子義疏一卷、釋慧觀撰、亡、

老子義疏五卷 孟智周私記、

老子義疏四卷 韋處玄撰、

老子講疏六卷 梁武帝撰、

老子義疏九卷 戴詵撰、

老子節解二卷

老子章門一卷

文子十二卷 文子、老子弟子、七略有九篇、梁七錄十卷、亡、

鶡冠子三卷 楚之隱人、

列子八卷 鄭之隱人列禦寇撰、東晉光祿勳張湛注、

莊子二十卷 梁漆園吏莊周撰、晉散騎常侍向秀注、本二十卷、今闕、梁有莊子十卷、東晉議郞崔譔注、亡、

莊子十六卷 司馬彪注、本二十一卷、今闕、

莊子三十卷目一卷 晉太傅主簿郭象注、梁七錄三十三卷、

集注莊子六卷 梁有莊子三十卷、晉丞相參軍李頤注、莊子十八卷、孟氏注、錄一卷、亡、

莊子音一卷 李軌撰、

莊子音三卷 徐邈撰、

莊子集音三卷 徐邈撰、

莊子註音一卷 司馬彪等撰、

莊子音三卷 郭象撰、梁有向秀莊子音一卷、

莊子外篇雜音一卷

莊子內篇音義一卷

莊子講疏十卷 梁簡文帝撰、本二十卷、今闕、

莊子講疏二卷 張機撰、亡、

莊子講疏八卷

莊子文句義二十八

卷本三十卷、今闕、梁有莊子義疏十卷、又莊子義疏三卷、宋處士李叔之撰、亡、　莊子內篇講疏八卷周弘正撰、　莊子義疏八卷戴詵撰、　南華論二十五卷梁曠撰、本三十卷、　南華論音三卷　莊成子十二卷梁有蹇子一卷、今亡、　玄言新記明莊部二卷梁澡撰、　守白論一卷　任子道論十卷魏河東太守任嘏撰、梁有渾輿經一卷、魏安成令桓威撰、亡、　唐子十卷吳唐滂撰、梁有蘇子七卷、晉北中郎參軍蘇彥撰、宣子二卷、晉宣城令宣聘撰、陸子十卷、陸雲撰、亡、　杜氏幽求新書二十卷杜夷撰、　抱朴子內篇二十一卷音一卷葛洪撰、梁有顧道士新書論經三卷、晉方士顧谷撰、亡、　孫子十二卷孫綽撰、　符子二十卷東晉員外郎符朗撰、梁有賀子述言十卷、宋太學博士賀道養撰、少子五卷、齊司徒左長史張融撰、梁有養生論三卷、嵇康撰、攝生論二卷、晉河內太守阮侃撰、無宗論四卷、聖人無情論六卷、亡、　夷夏論一卷顧歡撰、梁二卷、梁又有談衆三卷、亡、　簡文談疏六卷晉簡文帝撰、　無名子一卷張太衡撰、　玄子五卷　遊玄桂林二十一卷目一卷張機撰、　廣成子十三卷商洛公撰、張太衡注、疑近人作、

右七十八部合五百二十五卷

道者。蓋爲萬物之奧。聖人之至賾也。易曰。一陰一陽之謂道。又曰。仁者見之謂之仁。智者見之謂之智。百姓日用而不知。夫陰陽者。天地之謂也。天地變化。萬物蠢生。則有經營之迹。至於道者。精微淳粹。而莫知其體。處陰與陰爲一。在陽與陽不二。仁者資道以成仁。道非仁之謂也。智者資道以爲智。道非智之謂也。百姓資道而日用。而不知其用也。聖人體道成性。清虛自守。爲而不恃。長而不宰。故能不勞聰明而人自化。不假修營而功自成。其玄德深遠。言象不測。先王懼人之惑。置於方外。六經之義。是所罕言。周官九兩。其三曰師。蓋近之矣。然自

黃帝以下聖哲之士所言道者。傳之其人。世無師說。漢時曹參始薦蓋公能言黃老。文帝宗之。自是相傳道學衆矣。下士為之。不推其本。苟以異俗為高。狂狷為尚。迂誕譎怪而失其眞。

管子十九卷（齊相管夷吾撰、）商君書五卷（秦相衛鞅撰、梁有申子三卷、韓相申不害撰、亡、）愼子十卷（戰國時處士愼到撰、）韓子二十卷目一卷（韓非撰、梁有韓氏新書三卷、漢御史大夫鼂錯撰、亡、）正論六卷（漢大尚書崔寔撰、梁有法論十卷、劉邵撰、政論五卷、魏侍中劉廙撰、阮子正論五卷、魏清河太守阮武撰、亡、）世要論十二卷（魏大司農桓範撰、梁有二十卷、又有陳子要言十四卷、吳豫章太守陳融撰、蔡司徒難論五卷、晉三公令史黃命撰、亡、）

右六部合七十二卷

法者。人君所以禁淫慝。齊不軌。而輔於治者也。易著先王明罰飭法。書美明於五刑。以弼五教。周官司寇掌建國之三典。以佐王刑邦國。詰四方。司刑以五刑之法。麗萬民之罪是也。刻者為之。則杜哀矜。絕仁愛。欲以威劫為化。殘忍為治。乃至傷恩害親。

鄧析子一卷（析、鄭大夫、）尹文子二卷（尹文、周之處士、遊齊稷下、）士操一卷（魏文帝撰、梁有刑聲論一卷、亡、）人物志三卷（劉邵撰、梁有士緯新書十卷、姚信撰、又姚氏新書二卷、與士緯相似、九州人士論一卷、魏司空盧毓撰、通古人論一卷、亡、）

右四部合七卷

名者。所以正百物。敍尊卑。列貴賤。各控名而責實。無相僭濫者也。春秋傳曰。古者名位不同。節文異數。孔子曰。名不正則言不順。言不順則事不成。周官宗伯以九儀之命。正邦國之位。

辨其名物之類是也。拘者爲之。則苛察繳繞。滯於析辭。而失大體。

墨子十五卷目一卷宋大夫墨翟撰、隨巢子一卷巢似墨翟弟子、胡非子一卷非似墨翟弟子、梁有田休子一卷、亡、

右三部合一十七卷

墨者。強本節用之術也。上述堯舜夏禹之行。茅茨不翦。糲粱之食。桐棺三寸。貴儉兼愛。嚴父上德。以孝示天下。右鬼神而非命。漢書以爲本出清廟之守。然則周官宗伯掌建邦之天神地祇人鬼。肆師掌立國祀及兆中廟中之禁令。是其職也。愚者爲之。則守於節儉。不達時變。推心兼愛。而混於親疏也。

鬼谷子三卷皇甫謐注、鬼谷子周世隱於鬼谷、梁有補闕子十卷、湘東鴻烈十卷、並元帝撰、亡、鬼谷子三卷樂一注、

右二部合六卷

從橫者。所以明辯說。善辭令。以通上下之志者也。漢書以爲本出行人之官。受命出疆。臨事而制。故曰誦詩三百。使于四方。不能專對。雖多亦奚以爲。周官掌交以節與幣巡邦國之諸侯。及萬姓之聚。導王之德意志慮。使辟行之。而和諸侯之好。達萬民之說。諭以九稅之利。九儀之親。九牧之維。九禁之難。九戎之威。是也。佞人爲之。則便辭利口。傾危變詐。至於賊害忠信。覆邦亂家。

尉繚子五卷梁有錄六卷、尉繚梁惠王時人、尸子二十卷目一卷梁十九卷、秦相衛鞅上客尸佼撰、其九篇亡、魏黃初中續、呂氏春

秋二十六卷秦相呂不韋撰、高誘注、　淮南子二十一卷漢淮南王劉安撰、許慎注、　淮南子二十一卷高誘注、　論
衡二十九卷後漢徵士王充撰、梁有洞序九卷、錄一卷、應奉撰、亡、　風俗通義三十一卷錄一卷、應劭撰、梁三十卷、　仲長子昌言
十二卷錄一卷、漢尚書郎仲長統撰、　蔣子萬機論八卷蔣濟撰、梁有篤論四卷、杜恕撰、蒭蕘論五卷、鍾會撰、梁有諸葛子五卷、吳太傅諸葛恪撰、亡、　立
傅子百二十卷晉司隸校尉傅玄撰、嘿記三卷、吳大鴻臚張儼撰、裴氏新言五卷、吳大鴻臚袠玄撰、梁有新義十八卷、吳太子中庶子劉廞撰、析言論二十卷、晉議
郎張顯撰、桑丘先生書二卷、晉征南軍師楊偉撰、亡、　時務論十二卷楊偉撰、梁有古書論十七卷、桓子一卷、秦子三卷、吳秦菁撰、劉子十卷、何子五卷、亡、
言六卷蘇道撰、梁有孔氏說林二卷、孔衍撰、亡、　抱朴子外篇三十卷葛洪撰、梁有五十一卷、　金樓子二十卷梁元帝撰、
博物志十卷張華撰、　張公雜記一卷張華撰、梁有五卷、與博物志相似、小小不同、又有雜記十卷、何氏撰、亡、　雜記十一卷張華
撰、梁有子沐二十卷、孟儀撰、亡、　廣志二卷郭儀恭撰、　部略十五卷　博覽十三卷　諫林五卷齊晉陵令何望之撰、
述政論十三卷陸澄撰、　古今注三卷崔豹撰、亡、　古今訓十一卷張顯撰、　古今善言三十卷宋車騎將
軍范泰撰、　善諫二卷宋領軍長史虞通之撰、　缺文十三卷陸澄撰、　政論十三卷陸澄撰、　記聞二卷宋後軍參
軍徐益壽撰、　新舊傳四卷　釋俗語八卷劉霽撰、　稱謂五卷後周大將軍盧辯撰、　備遺記三卷　纂要
一卷戴安道撰、亦云顏延之撰、　方類六卷　俗說三卷沈約撰、梁五卷、　雜說二卷沈約撰、　袖中記二卷沈約撰、
袖中略集一卷沈約撰、　珠叢一卷沈約撰、　採璧三卷梁中書舍人庾肩吾撰、　物始十卷謝吳撰、　宜
覽二十二卷　玉府集八卷　鴻寶十卷　顯用九卷　墳典三十卷盧辯撰、　玉燭寶典十
二卷著作郎杜臺卿撰、　典言四卷後魏人李穆叔撰、　典言四卷後齊中書郎荀士遜撰、　補文六卷　四時錄十

二卷　正訓二十卷　內訓二十卷　雜略十三卷　清神三卷　前言八卷　會林五卷
對林十卷　道言六卷(叱羅羨撰、)　道術志三卷　洮伎藝一卷　諸書要略一卷(魏彥深撰、)　文
府五卷(梁有文章義府三十卷、)　語對十卷(朱澹遠撰、)　語麗十卷(朱澹遠撰、)　對要三卷　雜語三卷　衆書
事對三卷　廊廟五格二卷(王彬撰、)　名數八卷　新言四卷(裴立撰、)　善說五卷　君臣相起
發事三卷　物重名五卷　眞注要錄一卷　天地體二卷　雜事鈔二十四卷　雜書鈔
四十四卷　子鈔三十卷(梁黟令庾仲容撰、)　子鈔二十卷(梁有子鈔十五卷沈約撰、亡、)　論集八十六卷(殷仲堪撰、
梁有九十六卷、梁又有雜論五十八卷、雜論十三卷、亡、)　皇覽一百二十卷(繆卜等撰、梁有六百八十卷、梁又有皇覽一百二十三卷、何承天合皇覽五十卷、徐
爰合皇覽目四卷、又有皇覽鈔二十卷、梁特進蕭琛鈔、亡、)　帝王集要三十卷(崔安撰、)　類苑一百二十卷(梁征虜刑獄參軍劉孝標撰、梁
七錄八十二卷、)　華林遍略六百二十卷(梁綏安令徐僧權等撰、)　要錄六十卷　壽光書苑二百卷(梁尚書左丞劉
香撰、)　科錄七十卷(元暉撰、)　書圖泉海二十卷(陳張式撰、)　聖壽堂御覽三百六十卷　長洲玉鏡
二百三十八卷　書鈔一百七十四卷　釋氏譜十五卷　內典博要三十卷　淨住子二
十卷(齊竟陵王蕭子良撰、)　因果記十卷　歷代三寶記三卷(費長房撰、)　眞言要集十卷　義記二十卷
(蕭子良撰、)　感應傳八卷(晉尚書郎王延秀撰、)　衆僧傳二十卷(裴子野撰、)　高僧傳六卷(虞孝敬撰、)　皇帝菩薩清
淨大捨記三卷(謝吳撰、亡、)　寶臺四法藏目錄一百卷(大業中撰、)　玄門寶海一百二十卷(大業中撰、)
右九十七部合二千七百二十卷

雜者。兼儒墨之道。通衆家之意。以見王者之化。無所不冠者也。古者司史歷記前言往行。禍福存亡之道。然則雜者。蓋出史官之職也。放者爲之。不求其本。材少而多學。言非而博。是以雜錯漫羨。而無所指歸。

氾勝之書二卷 漢議郎氾勝之撰、 四人月令一卷 後漢大尚書崔寔撰、 禁苑實錄一卷 齊民要術十卷 賈思勰撰、 春秋濟世六常擬議五卷 楊瑾撰、梁有陶朱公養魚法、卜式養羊法、養猪法、月政畜牧栽種法、各一卷、亡、

右五部一十九卷

農者。所以播五穀。藝桑麻。以供衣食者也。書敍八政。其一曰食。二曰貨。孔子曰。所重民食。周官冢宰以九職任萬民。其一曰三農。生九穀。地官司稼。掌巡邦野之稼。而辨穜稑之種。周知其名與其所宜地。以爲法。而縣於邑閭。是也。鄙者爲之。則棄君臣之徇。義耕稼之利。而亂上下之序。

燕丹子一卷 丹燕王喜太子、梁有青史子一卷、又宋玉子一卷、錄一卷、楚大夫宋玉撰、羣英論一卷、郭頒撰、語林十卷、東晉處士裴啟撰、亡、 雜論五卷 郭子三卷 東晉中郎郭澄之撰、 雜對語三卷 要用語對四卷 文對三卷 瑣語一卷 梁金紫光祿大夫顧協撰、 笑林三卷 後漢給事中邯鄲淳撰、 笑苑四卷 解頤二卷 楊松玢撰、 世說八卷 宋臨川王義慶撰、 世說十卷 劉孝標注、梁有俗說一卷、亡、 小說十卷 梁武帝勅安右長史殷芸撰、梁目三十卷、 小說五卷 邇說一卷 梁南臺治書伏梃撰、 辯林二十卷 蕭賁撰、 辯林二卷 席希秀撰、 瓊林七卷 周獸門學士陰顥撰、 古今藝術二十卷 雜書

鈔十三卷　座右方八卷庾元威撰、　座右法一卷　魯史欹器圖一卷儀同劉徽注、　器準圖三卷後魏丞相士曹行參軍信都芳撰、　水飾一卷

右二十五部合一百五十五卷

小說者。街談巷語之說也。傳載輿人之誦。詩美詢於芻蕘。古者聖人在上。史爲書。瞽爲詩。工誦箴諫。大夫規誨。士傳言而庶人謗。孟春徇木鐸以求歌謠。巡省觀人詩以知風俗。過則正之。失則改之。道聽塗說。靡不畢紀。周官誦訓掌道方志以詔觀事。道方慝以詔辟忌。以知地俗。而訓方氏掌道四方之政事。與其上下之志。誦四方之傳道而觀衣物。是也。孔子曰。雖小道必有可觀者焉。致遠恐泥。

司馬兵法三卷齊將司馬穰苴撰、　孫子兵法二卷吳將孫武撰、魏武帝注、梁三卷、　孫子兵法一卷魏武王凌集解、　孫武兵經二卷張子尚注、　鈔孫子兵法一卷魏太尉賈詡鈔、梁有孫子兵法二卷、孟氏解詁、孫子兵法二卷、吳處士沈友撰、又孫子八陣圖一卷、亡、

吳起兵法一卷賈詡注、　吳孫子牝八變陣圖二卷　續孫子兵法二卷魏武帝撰、　孫子兵法雜占四卷梁有諸葛亮兵法五卷、又慕容氏兵法一卷、亡、　皇帝兵法一卷宋武帝所傳神人書、梁有雜兵注二十四卷、兵法序二卷、亡、　太公六韜五卷梁六卷、周文王師姜望撰、　太公陰謀一卷梁六卷、梁又有太公陰謀三卷、魏武帝解、　太公陰符鈐錄一卷　太公金匱二卷　太公兵法二卷梁三卷、　太公兵法六卷梁又有太公雜兵書六卷、　太公伏符陰陽謀一卷

黃帝兵法孤虛雜記一卷　太公三宮兵法一卷梁有太乙三宮兵法立成圖二卷、　太公書禁忌立成

集二卷　太公枕中記一卷　周書陰符九卷　周呂書一卷　黃石公內記敵法一卷　黃石公三略三卷（下邳神人撰、成氏注、梁又有黃石公記三卷、黃石公略注三卷、）　黃石公三奇法一卷（梁有兵書一卷、張良經與三略往往同、亡、）　黃石公五壘圖一卷　黃石公陰謀行軍祕法一卷（梁有黃石公祕經二卷、）　大將軍兵法一卷　黃石公兵書三卷　兵書接要十卷（魏武帝撰、梁有兵書接要別本五卷、又有兵書要論七卷、亡、）　兵法接要三卷（魏武帝撰、）　三宮用兵法一卷　兵書略要九卷（魏武帝撰、梁有兵要二卷、）　魏武帝兵法一卷（魏有魏時羣臣表伐吳策一卷、諸州策四卷、軍令八卷、尉繚子兵書一卷、）　兵林六卷（東晉江都相孔衍撰、）　兵林一卷　玄女戰經一卷　武林一卷（王略撰、）　黃帝問玄女兵法四卷（梁三卷、）　秦戰鬪一卷　梁主兵法一卷　梁武帝兵書鈔一卷　梁武帝兵書要鈔一卷　玉韜十卷（梁元帝撰、）　金韜十卷　金策十九卷　兵書要略五卷（後周齊王字文憲撰、）　兵書七卷　兵書要術四卷（伍景志撰、）　兵記八卷（司馬彪撰、一本二十卷、）　兵書要序十卷（趙氏撰、）　兵法五卷　雜兵書十卷（梁有雜兵書八卷、三家兵法要集三卷、戎略機品二卷、亡、）　大將軍一卷　雜兵圖二卷　兵略五卷　軍勝見十卷（許昉撰、）　戎決十三卷（許昉撰、）　陣圖一卷　陰策二十二卷（大都督劉祐撰、）　陰策林一卷　承神兵書二十卷　眞人水鏡十卷　戰略二十六卷（金城公趙煚撰、）　金海三十卷（蕭吉撰、）　兵書二十五卷　雜撰陰陽兵書五卷（莫珍寶撰、）　黃帝兵法雜要決一卷　黃帝軍出大師年命立成一卷　黃帝複姓符二卷（許昉撰、梁有辟兵法一卷、）　黃帝太一兵曆一卷　黃帝蚩尤風后行軍祕術二卷（梁有黃帝蚩尤兵法一卷、亡、）　老子兵書一卷　吳有道占出軍決勝負事一卷梁二卷、又黃帝出軍雜用訣十二卷、風氣占軍決勝戰二卷、太史令全範撰、　對敵權變一卷吳氏撰、　對敵占風一卷梁有黃帝夏氏占氣六卷、兵法風氣等占三卷亡、　對敵權變逆順一卷　兵法權儀一卷　六甲孤虛雜訣一卷梁有孫子戰鬬六甲兵法一卷、　六甲孤虛兵法一卷　孤虛法十卷梁有兵法遁甲孤虛斗中域法九卷、　兵書雜占十卷梁有兵法日月風雲背向雜占十二卷、兵法三卷、虛占三卷、京氏征伐軍候八卷、　兵書雜歷八卷　太一兵書一十一卷梁二十卷、　兵法內術二卷、　兵法要訣九卷闕一卷　軍國要略一卷　兵法要錄二卷　用兵撮要二卷　用兵要術一卷　用兵祕法雲氣占一卷　五家兵法一卷　兵法三家軍占祕要一卷李行撰、　氣經上部占一卷　天大芒霧氣占一卷　鬼谷先生占氣一卷　五行候氣占災一卷　乾坤氣法一卷　雜匈奴占一卷漢武帝王朔注、　對敵占一卷　雜占八卷梁有推元嘉十二年日時兵法二卷、逆推元嘉二十年太歲計用兵法一卷、　兵殺歷一卷　馬槊譜一卷梁二卷、梁有騎馬都格一卷、騎馬變圖一卷、馬射譜一卷、亡、　碁勢四卷梁有術藝略序五卷、孫暢之撰、圍碁勢七卷、湘東太守徐泓撰、齊高碁圖二卷、圍碁九品序錄五卷、范汪等撰、圍碁勢二十九卷、晉趙王倫舍人馬朗等撰、碁品敘略三卷、建元永明碁品二卷、宋員外殿中將軍褚思莊撰、天監碁品一卷、梁尚書僕射柳惲撰、亡、　雜博戲五卷　投壺經一卷　梁東宮撰　太一博法一卷　雙博法一卷　皇博法一卷梁有大小博法一卷、投壺經四卷、投壺變一卷、晉左光祿大夫虞譚撰、投壺道一卷、郝沖撰擊壤經一卷、亡、　象經一卷周武帝撰、　博塞經一卷邵綱撰、　碁勢十卷沈敞撰、　碁勢十卷二卷成、　碁勢十卷王子沖撰、　碁勢八卷　碁圖勢十卷　碁九品序錄一卷范汪等注、　碁後九品序一卷袁遵撰、　圍碁品一卷梁武帝撰、　碁品序一卷陸雲撰、　碁法一卷梁武帝撰、　彈碁譜一卷徐廣撰、　二儀

十博經一卷　象經一卷王褒撰、　象經三卷王裕注、　象經一卷何妥注、　象經發題義一卷

右一百三十三部五百一十二卷

兵者所以禁暴靜亂者也。易曰古者弦木爲弧。剡木爲矢。弧矢之利。以威天下。孔子曰不教人戰。是謂棄之。周官大司馬掌九法九伐。以正邦國。是也。然皆動之以仁。行之以義。故能誅暴靜亂。以濟百姓。下至三季。恣情逞欲。爭伐尋常。不撫其人。設變詐而滅仁義。至乃百姓離叛。以致於亂。

周髀一卷趙嬰注、　周髀一卷甄鸞重述、　周髀圖一卷　靈憲一卷張衡撰、　渾天象注一卷吳散騎常侍王蕃撰、　渾天儀二卷　渾天圖一卷石氏、　渾天圖一卷　渾天圖記一卷梁有昕天論一卷、姚信撰安天論六卷、虞喜圖天圖一卷、原天論一卷、神光內鈔一卷、　定天論三卷　天儀說要一卷陶弘景撰、　玄圖一卷　石氏星簿經讚一卷　星經二卷　甘氏四七法一卷　巫咸五星占一卷　天儀說要一卷陶弘景撰、

錄軌象以頌其章一卷內有圖、　天文集占十卷晉太史令陳卓定、　天文要集四十卷晉太史令韓楊撰、

天文要集四卷　天文要集三卷　天文集占十卷梁百卷、梁有石氏甘氏天文占各八卷、　天文占六卷李暹撰、　天文占一卷　天文占氣書一卷　天文集要鈔二卷　天文書二卷梁有雜天文書二十五卷、

雜天文橫占一卷　天文橫圖一卷高文洪撰、　天文集占圖十一卷梁有天文五行圖十二卷、天文雜占十六卷、亡、

天文錄三十卷梁奉朝請祖暅撰、　天文志十二卷吳雲撰、　天文志雜占一卷吳雲撰、梁有天文雜占十五卷、亡、

天文十二卷史崇注、　天文十二次圖一卷梁有天宮宿野圖一卷、亡、　婆羅門天文經二十一卷婆羅門捨仙人
所說、　婆羅門竭伽仙人天文說三十卷　婆羅門天文一卷　陳卓四方宿占一卷梁四卷、
黃帝五星占一卷　五星占一卷丁巡撰、　五星占一卷梁有五星集占六卷、日月五星集占十卷、　五星占一卷
陳卓撰、　五星犯列宿占六卷　雜星書一卷　星占二十八卷孫僧化等撰、　星占一卷梁有石氏星經
七卷、陳卓記、又石氏星官十九卷、又星經七卷、郭歷撰、亡、　天官星占十卷陳卓撰、梁天官星占二十卷、吳襲撰、　星占八卷梁又有星占十八卷、
中星經簿十五卷梁有星官簿贊十三卷、又有一星書三十四卷、雜家星占六卷、論星一卷、亡、　著明集十卷　雜星圖五卷　天
文外宮占八卷　雜星占七卷　雜星占十卷　海中星占一卷梁有論星一卷、　星圖海中占一
卷　解天命星宿要訣一卷　摩登伽經說星圖一卷　星圖二卷梁有星書圖七卷、　彗星占一
卷　妖星流星形名占一卷　太白占一卷　流星占一卷　石氏星占一卷吳襲撰、　候雲
氣一卷　星官次占一卷　彗孛占一卷　二十八宿二百八十三官圖一卷　荊州占二
十卷宋通直郎劉嚴撰、梁二十二卷、　翼氏占風一卷　日月暈三卷梁日月暈圖二卷、　孝經內記二卷　京氏
釋五星災異傳一卷　京氏日占圖三卷　夏氏日旁氣一卷許氏撰、梁四卷、　日食莿候占一卷
魏氏日旁氣圖一卷　日旁雲氣圖五卷　天文占雲氣圖一卷梁有雜望氣經八卷、候氣占一卷、章賢十二時
雲氣圖二卷、　天文洪範日月變一卷　洪範占二卷梁有洪範五行星曆四卷、　黃道晷景占一卷梁有晷景記二
卷、　月行黃道圖一卷梁有日月交會圖、鄭玄注、一卷、又日月本次位圖一卷、　月暈占一卷　日月食暈占四卷

日食占一卷　日月薄蝕圖一卷　日變異食占一卷　日月暈珥雲氣圖占一卷 梁有君失政大雲雨日月占二卷、 二十八宿十二次一卷　二十八宿分野圖一卷　五緯合雜一卷　五星合雜說一卷　垂象志一百四十八卷　太史注記六卷　靈臺祕苑一百一十五卷 太史令庾季才撰

右九十七部合六百七十五卷

天文者。所以察星辰之變。而參於政者也。易曰。天垂象。見吉凶。書稱天視自我人視。天聽自我人聽。故曰。王政不修。謫見於天。日爲之蝕。后德不修。謫見於天。月爲之蝕。其餘孛彗飛流見休陵犯。各有其應。周官馮相掌十有二歲。十有二月。十有二辰。十日。二十有八星之位。辨其敘事。以會天位是也。小人爲之。則指凶爲吉。謂惡爲善。是以數術錯亂而難明。

四分曆三卷 梁四分曆三卷、漢修曆人李梵撰、梁又有三統曆法三卷、劉歆撰、亡、 趙隱居四分曆一卷　魏甲子元三統曆一卷　姜氏三紀曆一卷　曆序一卷 姜氏撰、 乾象曆三卷 吳太子太傅闞澤撰、梁有乾象曆五卷、漢會稽都尉劉洪等注、又有闞澤注五卷、又乾象五星幻術一卷、亡、 曆術一卷 吳太史令吳範撰、 景初曆三卷 晉楊偉撰、梁有景初曆術二卷、景初曆法三卷、又一本五卷、並楊偉撰、亦景初曆略要二卷、亡、 景初壬辰元曆一卷 楊沖撰、 正曆四卷 晉太常劉智撰 河西甲寅元曆一卷 涼太史趙𢾺撰 甲寅元曆序一卷 趙𢾺撰、 宋元嘉曆二卷 何承天撰、梁又有元嘉曆統二卷、元嘉中論曆事六卷、元嘉曆疏一卷、元嘉二十六年度日景數一卷、亡、 曆術一卷 何承天撰、梁有驗日食法三卷、何承天撰、又有論頻月合朔法五卷、雜曆七卷、曆法集十卷、又曆術十卷、京氏要集曆術四卷、姜岌

撰、亡、曆術一卷崔浩撰、神龜壬子元曆一卷後魏護軍將軍祖瑩撰、魏後元年甲子曆一卷　壬子元曆一卷後魏校書郎李業興撰、甲寅元曆序一卷趙敺撰、魏武定曆一卷　齊甲子元曆一卷宋氏撰、宋景業曆一卷景業後齊散騎常侍、周天和年曆一卷甄鸞撰、甲子元曆一卷李業興撰、周大象年曆一卷王琛撰、曆術一卷王琛撰、壬辰元曆一卷　甲午紀曆術一卷　新造曆法一卷　開皇甲子元曆一卷　曆術一卷華州刺史張賓撰、七曜本起三卷後魏甄叔遵撰、七曜小甲子元曆一卷　七曜曆術一卷梁七曜曆法四卷、七曜要術一卷　七曜曆法一卷　推七曜曆一卷　五星曆術一卷　天圖曆術一卷　陳永定七曜曆四卷　陳天嘉七曜曆七卷　陳天康二年七曜曆一卷　陳光大元年七曜曆二卷　陳光大二年七曜曆一卷　陳太建年七曜曆十三卷　陳至德年七曜曆二卷　陳禎明年七曜曆二卷　開皇七曜年曆一卷　仁壽二年七曜曆一卷　七曜曆經四卷張賓撰、春秋去交分曆一卷　曆日義說一卷　律曆注解一卷　龍曆草一卷　推漢書律曆志術一卷　推曆法一卷崔隱居撰、曆疑質讞序二卷　興和曆疏二卷　七曜曆數算經一卷趙敺撰、算元嘉曆術一卷　七曜曆疏一卷李業興撰、七曜義疏一卷李業興撰、七曜術算二卷甄鸞撰、七曜曆疏五卷太史令張胄玄撰、陰陽曆術一卷趙敺撰、梁有朔氣長曆二卷、皇甫謐撰、曆章句二卷、月令七十二候一卷、三五曆說圖一卷、亡、雜注一卷　曆注一卷　曆紀一卷　雜曆二卷　雜曆術一卷梁三棊推法一卷、太史注記六卷　太史記注六卷　見行曆

一卷　八家曆一卷　漏刻經一卷何承天撰、梁有後漢待詔太史霍融何承天楊偉等撰三卷、亡。　漏刻經一卷祖暅撰、
漏刻經一卷梁中書舍人朱史撰、　漏刻經一卷梁伏撰、梁有天監五年修漏刻事一卷、亡。　漏刻經一卷陳太史令宋景撰、　雜
漏刻法十一卷皇甫洪澤撰、　晷漏經一卷　九章術義序一卷　九章算術十卷劉徽撰、　九章
算術二卷徐岳甄鸞重述、　九章算術一卷李遵義疏、　九九算術二卷楊淑撰、　九章別術二卷　九章
算經二十九卷徐岳甄鸞等撰、　九章算經二卷徐岳注、　九章六曹算經一卷　九章重差圖一卷
劉徽撰、　九章推圖經法一卷張峻撰、　綴術六卷　孫子算經二卷　趙毆算經一卷　夏侯
陽算經二卷　張丘建算經二卷　五經算術錄遺一卷　五經算術一卷　算經異義一
卷張纘撰、　張去斤算疏一卷　算法一卷　黃鍾算法三十八卷　算律呂法一卷　衆家
算陰陽法一卷　婆羅門算法三卷　婆羅門陰陽算曆一卷　婆羅門算經三卷

右一百八部二百六十三卷

曆數者。所以揆天道。察昏明。以定時日。以處百事。以辨三統。以知阸會。吉隆終始。窮理盡性。而至於命者也。易曰。先王以治曆明時。書敍朞三百有六旬有六日。以閏月定四時成歲。春秋傳曰。先王之正時也。履端於始。舉正於中。歸餘於終。又曰。閏以正時。時以序事。事以厚生。生民之道。其在周官。則亦太史之職。小人爲之。則壞大爲小。削遠爲近。是以道術破碎而難知。

黃帝飛鳥曆一卷張衡撰、　黃帝四神曆一卷吳範撰、　黃帝地曆一卷　黃帝斗曆一卷　黃石公北斗三奇法一卷　風角集要占十二卷　風角要占三卷梁八卷京房撰、　風角占三卷梁有侯公領中風角占四卷、亡、　風角總占要訣十一卷梁有風角總集一卷、風角雜占要訣十二卷、亡、　風角雜占四卷梁有風角雜占十卷、亡、　風角要集十卷　風角要集六卷梁十一卷、　風角要集一卷　風角要候十一卷翼奉撰、　風角書十二卷梁十卷、　風角七卷章仇太翼撰、　風角占候四卷梁有風角雜兵候十三卷、亡、　風角鏡歷占二卷呂氏撰、　風角要候一卷章仇太翼撰、　兵法風角式一卷　戰鬪風角鳥情三卷梁有風角五音六情經十三卷、風角兵候十二卷、亡；　風角鳥情一卷翼氏撰、　風角鳥情二卷儀同臨孝恭撰、　陰陽風角相動法一卷梁有風角迴風卒起占五卷、風角地辰一卷、風角望氣八卷、風雷集占一卷、　五音相動法二卷　五音相動法一卷梁有風角五音占五卷、京房撰、亡、　風角五音圖二卷　風角雜占五音圖五卷翼氏撰、梁十三卷、京房撰、翼奉撰、亡、　黃帝九宮經一卷　九宮經三卷鄭玄注、梁有黃帝四部九宮五卷、亡、　九宮行棊經三卷鄭玄注、　九宮行棊經三卷　九宮行棊法一卷房氏撰、　九州行棊立成法一卷王琛撰、　九宮行棊雜法二卷　九宮行棊法一卷　行棊新術一卷　九宮行棊鈔一卷　九宮推法一卷　三元九宮立成二卷　九宮要集一卷豆盧晁撰、　九宮經解二卷李氏注、　九宮圖一卷　九宮變圖一卷　九宮八卦式蟠龍圖一卷　九宮郡縣錄一卷　九宮雜書十卷梁有太一九宮雜占十二卷、亡、　射候二卷　太一飛鳥曆一卷王琛撰、　太一飛鳥曆一卷　太一飛鳥曆二卷　太一十精飛鳥曆一卷　太一飛

鳥立成一卷　太一飛鳥雜訣捕盜賊法一卷　太一三合五元要訣一卷（梁有黃帝太一雜書十六卷、黃
帝太一度厄祕術八卷、太一帝記法八卷、太一雜用十四卷、太一雜要七卷、雜太一經八卷、亡、）太一龍首式經一卷（董氏注、梁三卷、梁又有式經三十三卷、亡、）
太一經二卷（宋琨撰、）　太一式雜占十卷（梁二十卷、）　太一九宮雜占十卷　黃帝飛鳥曆一卷
黃帝集靈三卷　黃帝絳圖一卷　黃帝龍首經二卷　黃帝式經三十六用一卷（曹氏撰、）
黃帝式用當陽經二卷　黃帝奄心圖一卷　玄女式經要法一卷　黃帝陰陽遯甲六
卷　遯甲訣一卷（吳相伍子胥撰、）　遯甲文一卷（伍子胥撰、）　遯甲經要鈔一卷　遯甲萬一訣二卷
遯甲九元九局立成法一卷　遯甲肘後立成囊中祕一卷（葛洪撰、）　遯甲囊中經一卷　遯
甲囊中經疏一卷　遯中立成六卷　遯甲敍三元玉曆立成一卷（郭弘遠撰、）　遯甲立成一卷
遯甲立成法一卷（臨孝恭撰、）　遯甲穴隱祕處經一卷　黃帝九元遯甲一卷（王琛撰、）　黃帝出
軍遯甲式法一卷　遯甲法一卷　遯甲術一卷　陽遯甲用局法一卷（臨孝恭撰、）　雜遯甲鈔
四卷　三元遯甲上圖一卷　三元遯甲圖三卷　遯甲九宮八門圖一卷　遯甲開山圖
三卷（榮氏撰、）　遯甲返覆圖一卷（葛洪撰、）　遯甲年錄一卷　遯甲支手決一卷　遯甲肘後立
成一卷　遯甲行日時一卷　遯甲孤虛記一卷（伍子胥撰、）　遯甲孤虛注一卷　東方朔歲占
一卷　斗中孤虛圖一卷　孤虛占一卷　遯甲九宮亭亭白姦書一卷　戰鬬博戲等法
一卷　玉女反閉局法三卷　逆刺一卷（京房撰、）　逆刺占一卷　逆刺總決一卷　壬子決

一卷　鳥情占一卷王喬撰、　鳥情逆占一卷　鳥情書一卷　鳥情雜占禽獸語一卷　占
鳥情二卷　六情決一卷王琛撰、　六情鳥音內祕一卷焦氏撰、　孝經元辰決二卷　孝經元
辰二卷　元辰本屬經一卷　推元辰厄會一卷　元辰事一卷　元辰救生削死法一卷
推元辰要祕次序一卷　元辰章用二卷　雜推元辰要祕立成六卷　元辰立成譜一
卷　方正百對一卷京房撰、　晉災祥一卷京房撰、　災祥集七十六卷　地形志八十七卷庚季
才撰、　海中仙人占災祥書三卷　周易占事十二卷漢魏郡太守京房撰、　遯甲三卷梁有遯甲經十卷、遯甲正經五
卷、太一遯甲一卷、亡、　遯甲要用四卷葛洪撰、　遯甲祕要一卷葛洪撰、　遯甲要一卷葛洪撰、　遯甲三十
三卷後魏信都芳撰、　三元遯甲六卷許昉撰、　三元遯甲六卷陳員外散騎常侍劉毗撰、　三元遯甲二卷梁太一遯
甲卷、遯甲三元三卷、　三元九宮遯甲二卷梁有遯甲三元三卷、亡、　三正遯甲一卷杜仲撰、　遯甲三十五卷
遯甲時下決三十三卷　陰陽遯甲十四卷　遯甲正經三卷梁五卷、　遯甲經十卷　遯
甲開山圖一卷梁遯甲開山經圖一卷、　遯甲九星曆一卷　遯甲三奇三卷　遯甲推時要一卷
遯甲三元九甲立成一卷　雜遯甲五卷梁九卷、遯甲經外篇一百卷、六甲隱圖幷遯甲圖二卷、亡、　陽遯甲九卷釋智海撰、
陰遯甲九卷　武王須臾二卷　六壬式經雜占九卷梁有六壬式經三卷、亡、　六壬釋兆六卷
破字要決一卷　桓安吳式經一卷梁有雜式占五卷、式經雜要決式立成各九卷、式王曆伍子胥式經章句起射覆式越相范蠡玉筩式各二卷
亡、　光明符十二卷錄一卷、梁簡文帝撰、　龜經一卷晉掌卜大夫史蘇撰、有史蘇龜經十卷、梁龜決二卷、葛洪撰、管郭近要決龜音色九宮蓍龜序

各一卷、龜卜要決、龜圖五行九親各四卷、又龜親經三十卷、周子曜撰、亡、　史蘇沈思經一卷　龜卜五兆動搖決一卷　周易
占十二卷京房撰、梁周易妖占十三卷、京房撰、　周易守林三卷京房撰、　周易集林十二卷京房撰、七錄云、伏萬壽撰、　周
易飛候九卷京房撰、梁有周易飛候六日七分八卷、亡、　周易飛候六卷京房撰、　周易四時候四卷京房撰、　周易
錯卦七卷京房撰、　周易混沌四卷京房撰、　周易委化四卷京房撰、　周易逆刺占災異十二卷
京房撰、　周易占一卷張浩撰、　周易雜占十三卷　周易雜占十一卷　周易雜占九卷尙廣撰、梁
有周易雜占八卷、武靖撰、亡、　易林十六卷焦贛撰、梁又本三十二卷、　易林變占十六卷焦贛撰、　易林二卷費直撰、梁五卷、
易內神筮二卷費直撰、梁有周易筮占林五卷、費直撰、亡、　易新林一卷後漢方士許峻等撰、梁十卷、　易災條二卷許峻撰、
易決一卷許峻撰、梁有易雜占七卷、許峻撰、又易要決三卷、亡、　周易通靈決二卷魏少府丞管輅撰、　周易通靈要決一
卷管輅撰、　周易集林律曆一卷虞翻撰、梁有周易筮占二十四卷、晉徵士徐苗撰、亡、　周易新林四卷郭璞撰、梁有周易雜占十卷葛
洪撰、亡、　周易新林九卷郭璞撰、梁有周易林五卷、郭璞撰、亡、　易洞林三卷郭璞撰、　周易新林一卷　周易新
林二卷　易林三卷魯洪度撰、　周易林十卷梁周易林三十三卷、錄一卷、　易讚林二卷　易立成林二卷
郭氏撰、　易立成四卷　易立成一卷　周易立成占三卷顏氏撰、　神農重卦經二卷　文王
幡音一卷　易三備三卷　易三備一卷　易占三卷　易射覆二卷　易射覆一卷　周
易孔子通覆決三卷顏氏撰、　易林要決一卷　易要決二卷梁有周易曆周易初學筮要法各一卷、　周易髓
腦二卷　易腦經一卷鄭氏撰、　周易玄品二卷　易律曆一卷虞翻撰、　易曆七卷　易曆決

疑二卷　周易卦林一卷　洞林三卷梁元帝撰、　連山三十卷梁元帝撰、　雜筮占四卷　五兆算經一卷　十二靈棊卜經一卷梁有管公明等占書一卷、五行雜卜經十卷、亡、　京君明推偸盜書一卷　天皇大神氣君注曆一卷　太史公萬歲曆一卷　千歲曆祠一卷任氏撰、　萬歲曆祠二卷　萬年曆二十八宿人神一卷　六甲周天曆一卷孫僧化撰、　六十甲子曆八卷　曆祀一卷　田家曆十二卷　三合紀饑穰一卷　師曠書三卷　海中仙人占災祥書三卷　東方朔占二卷　東方朔書二卷　東方朔書鈔二卷　東方朔曆一卷　東方朔占候水旱下人善惡一卷梁有擇日書十卷、太歲所在占善惡書一卷、亡、　雜忌曆二卷魏光祿勳高堂隆撰、　百忌大曆要鈔一卷　百忌曆術一卷　百忌通曆法一卷梁有雜百忌五卷、亡、　曆忌新書十二卷　太史百忌曆圖一卷梁有太史百忌一卷、亡、　雜殺曆九卷梁有秦災異一卷、後漢中郞郗萌撰、後漢災異十五卷、晉災異簿二卷、宋災異簿四卷、雜凶妖一卷、破書玄武書契各一卷、亡、　二儀曆頭堪餘一卷　堪餘曆二卷　注曆堪餘一卷　地節堪餘二卷　堪餘曆注一卷　堪餘四卷　大小堪餘曆術一卷梁大小堪餘三卷、　四序堪餘二卷般紹撰、梁堪餘天赦有書七卷、雜堪餘四卷、亡、　八會堪餘一卷　雜要堪餘一卷　元辰五羅算一卷　孝經元辰四卷梁有五行元辰厄會十三卷、孝經元辰會九卷、孝經元辰決一卷、亡、　元辰曆一卷　雜元辰祿命二卷　湴河祿命三卷梁有五行祿命厄會十卷、亡、　乾坤氣法一卷許辯撰、　易通統卦驗玄圖一卷　易通統圖二卷　易新圖序一卷　易通統圖一卷　易八卦命錄斗內圖一卷郭璞撰、　易斗圖一卷郭璞撰、　易八卦斗內圖二卷　八卦斗內

圖二卷梁有周易八卦五行圖、周易斗中八卦絕命圖、周易斗中八卦推遊年圖各一卷、亡、　周易分野星圖一卷　舉百事略一卷　五姓歲月禁忌一卷　舉百事要一卷　嫁娶經四卷　陰陽婚嫁書四卷　雜陰陽婚嫁書三卷　婚嫁書二卷　婚嫁黃籍科一卷　六合婚嫁曆一卷梁六合婚嫁書及圖各一卷、　嫁娶迎書四卷　雜婚嫁書六卷　嫁娶陰陽圖二卷　陰陽嫁娶圖二卷　雜嫁娶房內圖術四卷　九天嫁娶圖一卷　六甲貫胎書一卷　產乳書二卷　產經一卷　推產婦何時產法一卷王琛撰、　推產法一卷　雜產書六卷　生產符儀一卷　產圖二卷　雜產圖四卷　拜官書三卷　臨官冠帶書一卷　仙人務子傳神通黃帝登壇經一卷　壇經一卷四等撰、　登壇經三卷　五姓登壇圖一卷　登壇文一卷梁有二公地基一卷雜地基立成五卷、八神圖二卷十二屬神圖一卷、亡、　沐浴書一卷梁有裁衣書一卷、亡、　占夢書三卷京房撰、　占夢書一卷崔元撰、　竭伽仙人占夢書一卷　占夢書一卷周宣等撰、　新撰占夢書十七卷并目錄、　夢書十卷　解夢書二卷　海中仙人占體瞤及雜吉凶書三卷　海中仙人占吉凶要略二卷　雜占夢書一卷梁有師曠占五卷、東方朔占七卷、黃帝太一雜占十卷、和菟鳥鳴書王喬解鳥語經嚏書耳鳴書目瞤書各一卷、董仲舒請禱圖三卷、亡、　竈經十四卷梁簡文帝撰、梁又有祠竈書一卷、六甲祀書二卷、又有太玄禁經白獸七變經墨子枕中五行要記淮南萬畢經淮南變化術陶朱變化術各一卷、三五步剛三十卷、五行變化墨子五卷、淮南中經四卷、六甲隱形圖五卷太史公素王妙議二卷、亡、　瑞應圖二卷　瑞圖讚二卷梁有孫柔之瑞應圖記孫氏瑞應圖贊各三卷、亡、　祥瑞圖十一卷　祥瑞圖八卷侯亶撰、　芝英圖一卷　祥異圖十一卷　災異圖一卷　地動圖一卷　張掖

郡玄石圖一卷（高堂隆撰、）張掖郡玄石圖一卷（孟宗撰、梁有晉玄石圖一卷、晉德易天圖二卷、亡、）天鏡二卷　乾坤鏡二卷（梁天鏡地鏡日月鏡四規鏡經各一卷、地鏡圖六卷、亡、）望氣書七卷　雲氣占七卷（梁望氣相山川寶藏秘記一卷、仙寶劍經二卷亡、）地形志八十卷（庾季才撰、）宅吉凶論三卷　相宅圖八卷　五姓墓圖一卷（梁有冢書黃帝葬山圖各四卷、五音相墓書五卷、五音圖墓書九十一卷、五姓圖山龍及科墓葬不傳各一卷、雜相墓書四十五卷、亡、）相書四十六卷　相經要錄二卷（蕭吉撰、相經三十卷、鍾武隸撰、相書十一卷、樊許唐氏武王相書一卷、雜相書九卷、相書圖七卷、亡、）相手板經六卷（梁相手板經、受版圖、韋氏相板印法、指略鈔、魏征東將軍程申伯相印法各一卷、亡、）大智海四卷　白澤圖一卷　相馬經一卷（梁有伯樂相馬經、闕中銅馬法、周穆王八馬圖、齊侯大夫寧戚相牛經、王良相牛經、高堂隆相牛經、淮南八公相鵠經、浮丘公相鶴書、相鴨經、相雞經、相鵝經、相貝經、祖暅權衡記、稱物重率術各二卷、劉潛泉圖記三卷、亡、）

右二百七十二部合一千二十二卷

五行者。金木水火土。五常之形氣者也。在天爲五星、在人爲五藏。在目爲五色。在耳爲五音。在口爲五味。在鼻爲五臭。在上則出氣施變。在下則養人不倦。故傳曰。天生五材。廢一不可。是以聖人推其終始。以通神明之變。爲卜筮以考其吉凶。占百事以觀於來物。覩形法以辨其貴賤。周官則分在保章馮相卜師筮人占夢眡祲。而太史之職。實司總之。小數者、纔得其十觕。便以細事相亂。以惑於書。

黃帝素問九卷（梁八卷、）黃帝甲乙經十卷（音一卷、梁十二卷、）黃帝八十一難二卷（梁有黃帝衆難經一卷、呂博望注、亡、）黃帝鍼經九卷（梁有黃帝鍼灸經十二卷、徐悅龍衍素鍼并孔穴蝦蟇圖三卷、雜鍼經四卷、程天祚鍼經六卷、灸經五卷、曹氏灸方七卷、秦承祖偃側雜鍼灸

經三卷、亡、
徐叔嚮鍼灸要鈔一卷
玉匱鍼經一卷
赤烏神鍼經一卷
岐伯經十卷
脈經十卷 王叔和撰、
脈經二卷 梁脈經十四卷、又脈生死要訣二卷、又脈經二卷、黃公興撰、脈經六卷、秦承祖撰、脈經十卷、康普思撰、亡、
黃帝流注脈經一卷 梁有明堂流注六卷、亡、
明堂孔穴五卷 梁明堂孔穴二卷、新撰鍼灸經穴一卷、亡、
明堂孔穴圖三卷
明堂孔穴圖三卷 梁有偃側圖八卷、又偃側圖二卷、
神農本草八卷 梁有神農本草五卷、神農本草屬物二卷、神農明堂圖一卷、蔡邕本草七卷、華佗弟子吳普本草六卷、陶隱居本草十卷、隨費本草九卷、秦承祖本草六卷、王季璞本草經三卷、李譜之本草經談道術本草經鈔各一卷、宋大將軍參軍徐叔嚮本草病源合藥要鈔五卷、徐叔嚮等四家體療雜病本草要鈔十卷、王末鈔小兒用藥本草二卷、甘濬之癰疽耳眼本草要鈔九卷陶弘景本草經集注七卷、趙贊本草經一卷、本草經輕行、本草經利用各一卷亡、
神農本草四卷 雷公集注、
甄氏本草三卷
桐君藥錄三卷 梁有雲麾將軍徐滔新集藥錄四卷、李譜之藥錄六卷、藥法四十二卷、藥律三卷、藥性藥對各二卷、藥目三卷、神農採藥經二卷、藥忌一卷、亡、
太清草木集要二卷 陶隱居撰、
張仲景方十五卷 仲景後漢人、梁有黃素藥方二十五卷、亡、
華佗方十卷 吳普撰、佗後漢人、梁有華佗內事五卷、又耿奉方六卷、亡、
集略雜方十卷
雜藥方一卷 梁有雜藥方四十六卷、
雜藥方十卷
寒食散論二卷 梁有寒食散湯方二十卷、寒食散方一十卷、皇甫謐曹歙論寒食散方二卷、亡、
寒食散對療一卷 釋道洪撰、
解寒食散方二卷 釋智斌撰、梁解散論二卷、
解寒食散論三卷 梁有徐叔嚮解寒食散方六卷、釋慧義寒食解雜論七卷、亡、
雜散方八卷 梁有解散方解散論各十三卷、徐叔嚮解散消息節度八卷、范氏解散方七卷、解釋慧義解散方一卷、亡、
湯丸方十卷
雜丸方十卷 梁有百病膏方十卷、雜湯丸散酒煎薄帖膏湯婦人少小方九卷、羊中散雜湯丸散酒方一卷、療下湯丸散方十卷、
石論一卷
醫方論七卷 梁有張仲景辨傷寒十卷、療傷寒身驗方徐方伯辨傷寒各一卷、傷寒總要二卷、支法存申蘇方五卷、王叔和論病六卷、張仲景評病要方一卷、徐叔嚮談道述徐悅體療雜病疾源三卷、甘濬之癰疽部黨雜病疾源三卷、府藏要三卷、亡、
肘後方六卷 葛洪撰、梁二卷、陶弘景補闕肘後百一方九卷、亡、

姚大夫集驗方十二卷　范陽東方一百五卷錄一卷、范汪撰、梁一百七十六卷、梁又有阮河南藥方十六卷、阮文叔撰、釋僧深藥方三十卷、孔中郎雜藥方二十九卷、宋建平王典術一百二十卷、羊中散藥方三十卷、羊欣撰、褚澄雜藥方二十卷、齊吳郡太守褚澄撰、亡、　秦承祖藥方四十卷見三卷、梁有陽眄藥方二十八卷、夏侯氏藥方七卷、王季琰藥方一卷、徐叔嚮雜療方二十二卷、徐叔嚮雜病方六卷、李諡之藥方一卷、徐文伯藥方二卷、亡、　胡洽百病方二卷梁有治卒病方一卷、徐奘要方一卷、無錫令徐奘撰、遼東備急方三卷、都尉臣廣上殷荊州要方一卷、殷仲堪撰、亡、　俞氏療小兒方四卷梁有范氏療婦人藥方十一卷、徐叔嚮療少小百病雜方三十七卷、療少小雜方二十卷、療少小雜方二十九卷、范氏療小兒藥方一卷、王末療小兒雜方十七卷、亡、　徐嗣伯落年方三卷梁有叔徐嚮療脚弱雜方八卷、徐方伯辨腳弱方一卷、甘濬之療癰疽金創要方十四卷、甘濬之療癰疽毒惋雜病方三卷、甘伯齊療癰疽金創方十五卷、亡、　陶氏效驗方六卷梁五卷、梁又有療目方五卷、甘濬之療耳眼方十四卷、神枕方一卷、雜戎狄方一卷、宋武帝撰、摩訶出胡國方十卷、摩訶胡沙門撰、又范曄上雜香方一卷、雜香膏方一卷、亡、　彭祖養性經一卷　養生要集十卷張湛撰、　玉房祕決十卷　墨子枕內五行紀要一卷梁有神枕方一卷、疑此即是、　如意方十卷　練化術一卷　神仙服食經十卷　雜仙餌方八卷　服食諸雜方二卷梁有仙人水玉酒經一卷、　老子禁食經一卷　崔氏食經四卷　食經十四卷梁有食經二卷、又食經十九卷、劉休食方一卷、齊冠軍將軍劉休撰、亡、　食饌次第法一卷梁有黃帝雜飲食忌二卷、　四時御食經一卷梁有太官食經五卷、又太官食法二十卷、食法雜酒食要方白酒并作物法十二卷、家政方十二卷、食圖四時酒要方白酒方七日麫酒法雜酒食要法雜藏釀法雜酒食要法酒并飲食方鮭及鐺蟹方羹臛法鮓膢朐法北方生醬法各一卷、亡、　療馬方一卷梁有伯樂療馬經一卷、疑與此同、　黃帝素問八卷全元越注、　脈經二卷徐氏撰、　華佗觀形察色并三部脈經一卷　脈經決二卷徐氏新撰、　脈經鈔二卷許建吳撰、　黃帝素問女胎一卷　三部四時五藏辨診色決事脈一卷　脈經略一卷

辨病形證七卷　五藏決一卷　論病源候論五卷目一卷、吳景賢撰、　服石論一卷　癰疽論方一卷　五藏論五卷　癰論并方一卷　神農本草經三卷　本草經四卷蔡英撰、　藥目要用二卷　本草經略一卷　本草二卷徐大山撰、　本草經類用三卷　本草音義三卷姚最撰、　本草音義七卷甄立言撰、　本草集錄二卷　本草鈔四卷　本草雜要決一卷　本草要方三卷甘濬之撰、　依本草錄藥性三卷錄一卷、　靈秀本草圖六卷原平仲撰、　芝草圖一卷　入林採藥法二卷　太常採藥時月一卷　四時採藥及合目錄四卷　藥錄二卷李密撰、　諸藥異名八卷沙門行矩撰、本十卷、今闕、　諸藥要性二卷　種植藥法一卷　種神芝一卷　藥方二卷徐文伯撰、　解散經論并增損寒食節度一卷　張仲景療婦人方二卷　徐氏雜方一卷　少小方一卷　療小兒丹法一卷　徐大山試驗方二卷　徐文伯療婦人瘕一卷　徐大山巾箱中方三卷　藥方五卷徐嗣伯撰、　墮年方二卷徐大山撰、　效驗方三卷徐氏撰、　雜要方一卷　玉函煎方五卷葛洪撰、　小品方十二卷陳延之撰、　千金方三卷范世英撰、　徐王方五卷　徐王八世家傳效驗方十卷　徐氏家傳祕方二卷　藥方五十七卷後齊李思祖撰、本百一十卷、　稟丘公論一卷

太一護命石寒食散二卷宋尚撰、　皇甫士安依諸方撰一卷　序服食方一卷　服玉方法一卷　劉涓子鬼遺方十卷龔慶宣撰、　療癰經一卷　療三十六瘻方一卷　王世榮單方一卷　集驗方十卷姚僧坦撰、　集驗方十二卷　備急草要方三卷許證撰、　藥方二十一卷徐辨

卿撰、名醫集驗方六卷　名醫別錄三卷陶氏撰、　刪繁方十三卷謝士秦撰、　吳三居方三卷
新撰藥方五卷　療癰疽諸瘡方二卷秦政應撰、　單複要驗方二卷釋莫滿撰、　釋道洪方一卷
小兒經一卷　散方二卷　雜散方八卷　療百病雜丸方三卷釋曇鸞撰、　療百病散三卷
雜湯方十卷成毅撰、　雜療方十三卷　雜藥酒方十五卷　趙婆療瘭方一卷　議論備
豫方一卷于法開撰、　扁鵲陷冰丸方一卷　扁鵲肘後方三卷　療消渴衆方一卷謝南郡撰、　論
氣治療方一卷釋曇鸞撰　梁武帝所服雜藥方一卷　大略丸五卷　靈壽雜方二卷　經心
錄方八卷宋俠撰　黃帝養胎經一卷　療婦人產後雜方三卷　黃帝明堂偃人圖十二卷
黃帝鍼灸蝦蟆忌一卷　明堂蝦蟆圖一卷　鍼灸圖要決一卷　鍼灸圖經十一卷本十
八卷、　十二人圖一卷　鍼灸經一卷　扁鵲偃側鍼灸圖三卷　流注鍼經一卷　曹氏灸
經一卷　偃側人經二卷秦承祖撰、　華佗枕中灸刺經一卷　謝氏鍼經一卷　殷元鍼經一
卷　要用孔穴一卷　九部鍼經一卷　釋僧匡鍼灸經一卷　三奇六儀鍼要經一卷
黃帝十二經脈明堂五藏人圖一卷　老子石室蘭臺中治癩符一卷　龍樹菩薩藥方四
卷　西域諸仙所說藥方二十三卷目一卷、本二十五卷、　香山仙人藥方十卷　西錄波羅仙人方
三卷　西域名醫所集要方四卷本十二卷、　婆羅門諸仙藥方二十卷　婆羅門藥方五卷
耆婆所述仙人命論方二卷目一卷、本三卷、　乾陀利治鬼方十卷　新錄乾陀利治鬼方四卷本五

卷、闕、伯樂治馬雜病經一卷　治馬經三卷俞極撰、亡、　治馬經四卷　治馬經目一卷　治馬經圖二卷　馬經孔穴圖一卷　雜撰馬經一卷　治馬牛駝騾等經三卷目一卷、　香方一卷宋明帝撰、　雜香方五卷　龍樹菩薩和香法二卷　食經三卷馬琬撰、　會稽郡造海味法一卷　論服餌一卷　淮南王食經并目百六十五卷大業中撰、　膳羞養療二十卷　金匱錄二十三卷目一卷、京里先生撰、　練化雜術一卷陶隱居撰、　玉衡隱書七十卷目一卷、周弘讓撰、　太清諸丹集要四卷陶隱居撰、　雜神丹方九卷　合丹大師口訣一卷　合丹節度四卷陶隱居撰、　合丹要略序一卷孫文韜撰、　仙人金銀經并長生方一卷　狐剛子萬金決二卷葛仙公撰、　雜仙方一卷　神仙服食經十卷　神仙服食神祕方二卷　神仙服食藥方十卷抱朴子撰、　神仙餌金丹沙祕方一卷　衞叔卿服食雜方一卷　金丹藥方四卷　雜神仙丹經十卷　雜神仙黃白法十二卷　神仙雜方十五卷　神仙服食雜方十卷　神仙服食方五卷　服食諸雜方二卷　服餌方三卷陶隱居撰、　眞人九丹經一卷　太極眞人九轉還丹經一卷　練寶法二十五卷目三卷、本四十卷、闕、　太清璇璣文七卷沖子、　陵陽子說黃金祕法一卷　神方二卷　狐子雜決三卷　太山八景神丹經一卷　太清神丹中經一卷　養生注十一卷目一卷、　養生術一卷翟平撰、　龍樹菩薩養性方一卷　引氣圖一卷　道引圖三卷立一坐一臥一、　養生經一卷　養生要術一卷　養生服食禁忌一卷　養生傳二卷　帝王養生要方二卷蕭吉撰、　素女祕道經一卷（并玄女經、）　素女方一卷　彭祖養性一卷　郯子說陰陽經一卷　序房內祕術一卷（葛氏撰、）　玉房祕訣八卷　徐太山房內祕要一卷　新撰玉房祕訣九卷　四海類聚方二千六百卷　四海類聚單要方三百卷

右二百五十六部合四千五百一十卷

醫方者。所以除疾疢保性命之術者也。天有陰陽風雨晦明之氣。人有喜怒哀樂好惡之情。節而行之。則和平調理。專壹其情。則溺而生疢。是以聖人原血脈之本。因鍼石之用。假藥物之滋。調中養氣。通滯解結。而反之於素。其善者則原脈以知政。推疾以及國。周官醫師之職。掌聚諸藥物。凡有疾者治之。是其事也。鄙者爲之。則反本傷性。故曰有疾不治。恆得中醫

凡諸子合八百五十三部六千四百三十七卷

易曰。天下同歸而殊塗。一致而百慮。儒道小說。聖人之教也。而有所偏。兵及醫方。聖人之政也。所施各異。世之治也。列在衆職。下至衰亂。官失其守。或以其業遊說諸侯。各崇所習。分鑣並騖。若使總而不遺。折之中道。亦可以興化致治者矣。漢書有諸子兵書數術方伎之略。今合而敍之。爲十四種。謂之子部。

楚辭十二卷（并目錄、後漢校書郎王逸註、）　楚辭三卷（郭璞註、梁有楚辭十一卷、宋何偃删王逸註亡、）　楚辭九悼一卷（楊穆撰、）　參解楚辭七卷（皇甫遵訓撰、）　楚辭音一卷（徐邈撰、）　楚辭音一卷（宋處士諸葛氏撰、）　楚辭音一卷（孟奧撰、）

楚辭音一卷　楚辭音一卷釋道騫撰、　離騷草木疏二卷劉杳撰、

右十部二十九卷。通計亡書、合十一部四十卷、

楚辭者。屈原之所作也。自周室衰亂。詩人寢息。諂佞之道興。諷刺之辭廢。楚有賢臣屈原。被讒放逐。乃著離騷八篇。言己離別愁思。申抒其心。自明無罪。因以諷諫。冀君覺悟。卒不省察。遂赴汨羅死焉。弟子宋玉痛惜其師。傷而和之。其後賈誼東方朔劉向揚雄。嘉其文彩。擬之而作。蓋以原楚人也。謂之楚辭。然其氣質高麗。雅致清遠。後之文人。咸不能逮。始漢武帝命淮南王為之章句。旦受詔。食時而奏之。其書今亡。後漢校書郎王逸。集屈原已下。迄於劉向。逸又自為一篇。并敘而注之。今行於世。隋時有釋道騫。善讀之。能為楚聲。音韻清切。至今傳楚辭者。皆祖騫公之音。

楚蘭陵令荀況集一卷殘缺、梁二卷、　楚大夫宋玉集三卷　漢武帝集一卷梁二卷、　漢淮南王集一卷梁二卷、又有賈誼集四卷、晁錯集三卷、漢弘農都尉枚乘集二卷、錄各一卷、亡、　漢中書令司馬遷集一卷　漢太中大夫東方朔集二卷梁有漢光祿大夫吾丘壽王集二卷、亡、　漢文園令司馬相如集一卷　漢膠西相董仲舒一卷梁二卷、又有漢太常孔臧集二卷、亡、　漢騎都尉李陵集二卷梁有漢丞相魏相集二卷、錄一卷、左馮翊張敞集一卷、錄一卷、亡、　漢諫議大夫王褒集五卷　漢諫議大夫劉向集六卷梁有漢射聲校尉陳湯集二卷、丞相韋玄成集二卷、亡、　漢諫議大夫谷永集二卷梁有涼州刺史杜鄴集二卷、騎都尉李尋集二卷、亡、　漢司空師丹集一卷梁三卷、錄一卷、　漢光祿大夫息夫

躬集一卷　漢太中大夫揚雄集五卷　漢太中大夫劉歆集五卷　漢成帝班婕妤集一卷梁有班昭集三卷、王莽建新大尹崔篆集一卷、保成師友唐林集一卷、中謁者史岑集二卷、後漢東平王蒼集五卷、桓譚集五卷、亡、　後漢司隸從事馮衍集五卷　後漢徐令班彪集二卷梁五卷、又有司徒掾陳元集一卷、王隆集二卷、雲陽令朱勃集二卷、後漢處士梁鴻集二卷、亡、　後漢車騎從事杜篤集一卷　後漢車騎司馬傅毅集二卷梁五卷、　後漢大將軍護軍司馬班固集十七卷梁有魏郡太守黃香集二卷、亡、　後漢長岑長崔駰集十卷　後漢侍中賈逵集一卷梁二卷、　後漢校書郎劉騊駼集一卷梁二卷、錄一卷、又有樂安相李尤集五卷、大鴻臚竇章集二卷、亡、　後漢濟北相崔瑗集六卷梁五卷、　後漢劉珍集二卷錄一卷、　後漢河間相張衡集十一卷梁十二卷、又一本十四卷、又有郎中籍順集二卷、錄二卷、後漢太傅胡廣集二卷、錄一卷、亡、　後漢黃門郎葛龔集六卷梁五卷、一本七卷、　後漢司空李固集十二卷梁十卷、　後漢南郡太守馬融集九卷梁有外黃令高彪集二卷、錄一卷、王逸集二卷、錄一卷、司徒掾桓驎集二卷、錄一卷、亡、　後漢徵士崔琦集一卷梁二卷、又有鄜炎集二卷、錄一卷、陳相邊韶集一卷、錄一卷、益州刺史朱穆集二卷、錄一卷、亡、　後漢京兆尹延篤集一卷梁二卷、錄一卷、又有司農卿皇甫規集五卷、太常卿張奐集二卷、錄一卷、王延壽集三卷、五原太守崔寔集二卷、錄一卷、上計趙臺集二卷、錄一卷、亡、　後漢諫議大夫劉陶集三卷梁三卷、錄一卷、又有外黃令張升集二卷、錄一卷、侯瑾集二卷、盧植集二卷、議郎廉品集二卷、亡、　後漢司空荀爽集一卷梁三卷、錄一卷、　後漢野王令劉梁集三卷梁二卷、錄一卷、又有鄭玄集二卷、錄一卷、亡、　後漢左中郎將蔡邕集十二卷梁有十二卷、錄一卷、又有尚書令士孫瑞集二卷、亡、　後漢太山太守應劭集二卷梁四卷、又有別部司馬張超集五卷、亡、　後漢少府孔融集九卷梁十卷、錄一卷、　後漢侍御史虞翻集二卷梁三卷、錄一卷、　後漢討虜長史張紘集一卷梁二卷、錄一卷、梁有後漢

處士禰衡集二卷、錄一卷、亡、後漢尚書右丞潘勗集二卷梁有錄一卷、亡後漢丞相倉曹屬阮瑀集五卷梁有
錄一卷亡魏太子文學徐幹集五卷梁有錄一卷、亡、魏太子文學應瑒集一卷梁有五卷錄一卷、亡、後漢丞
相軍謀掾陳琳集三卷梁十卷、錄一卷、魏太子文學劉楨集四卷錄一卷後漢丞相主簿繁欽集
十卷梁錄一卷、亡、後漢丞相主簿楊修集一卷梁二卷、錄一卷、後漢侍中王粲集十一卷梁有魏國郎中令路
粹集二卷、錄一卷、行御史大夫袁渙集五卷、錄一卷、魏國奉常王修集二卷、亡、後漢尚書丁儀集一卷梁二卷、錄一卷、後漢黃門郎丁
廙集一卷梁二卷、錄一卷、梁又有婦人後漢黃門郎秦嘉妻徐淑集一卷、後漢董祀妻蔡文姬集十卷、傅石甫妻孔氏集一卷、亡、魏武帝集二十六
卷梁三十卷、錄一卷、梁又有武皇帝逸集十卷、亡、魏武帝集新撰十卷　魏文帝集十卷梁二十三卷、魏明帝集七
卷梁五卷、或九卷、錄一卷、梁又有高貴鄉公集四卷、亡、魏陳思王曹植集三十卷梁又有司徒華歆集二卷、亡、魏司徒王朗集
三十四卷梁三十卷、又司徒陳羣集五卷、亡、魏給事中邯鄲淳集二卷梁有錄一卷、又有劉廙集二卷、侍中吳質集五卷、新城太守孟達集
三卷、魏徵士管寧集三卷、錄一卷、亡、魏光祿勳高堂隆集六卷梁十卷、錄一卷、又光祿勳劉邵集二卷、魏一卷、亡、魏散騎常侍繆
襲集五卷梁有錄一卷、又有散騎常侍王象集一卷、光祿大夫韋誕集三卷、錄一卷、散騎常侍廱元集五卷、遊擊將軍卞蘭集二卷、錄一卷、隰陽侯李康集二卷、錄一卷、陳郡
太守孫該集二卷、錄一卷、尚書傅巽集二卷、錄一卷、亡、魏章武太守殷褒集一卷梁二卷、魏司空王昶集五卷梁有錄一
卷、魏衛將軍王肅集五卷梁有錄一卷、又有桓範集二卷、中領軍曹羲集五卷、錄一卷、亡、魏尚書何晏集十一卷梁十卷、錄
一卷、魏衛尉卿應璩集十卷梁有錄一卷、又有王弼集五卷、錄一卷、中書令劉階集二卷、太常卿傅嘏集二卷、錄一卷、樂安太守夏侯惠集二卷、錄一卷、亡、
魏校書郎杜摯集二卷梁有毌丘儉集二卷、錄一卷、征東軍司馬江奉集二卷、亡、魏太常夏侯玄集三卷梁有車騎將軍鍾毓

集五卷、錄一卷、亡、魏步兵校尉阮籍集十卷梁十三卷、錄一卷、魏中散大夫嵇康集十三卷梁十五卷、錄一卷、又
有魏徵士呂安集二卷、錄一卷、亡、魏司徒鍾會集九卷梁十卷、錄一卷、魏汝南太守程曉集二卷梁錄一卷、蜀丞
相諸葛亮集二十五卷梁二十四卷、又有蜀司徒許靖集二卷、錄一卷、征北將軍夏侯霸集二卷、亡、吳輔義中郎將張溫集六
卷梁有士燮集五卷、亡、吳偏將軍駱統集十卷梁有錄一卷、又有太子少傅薛綜集三卷、錄一卷、亡、吳選曹尚書暨豔集二
卷梁三卷、錄一卷、又有姚信集二卷、錄一卷、謝丞集四卷、今亡、吳人楊厚集二卷梁又有錄一卷、吳丞相陸凱集五卷梁有錄一
卷、吳侍中胡綜集二卷梁有錄一卷、又有東觀令華覈集五卷、錄一卷、亡、吳侍中張儼集一卷梁二卷、錄一卷、又有韋昭集二
卷、錄一卷、亡、吳中書令紀騭集三卷梁有錄一卷、又有陸景集一卷、亡、晉宣帝集五卷梁有錄一卷、晉文帝集
三卷齊王攸集二卷梁三卷、晉王沈集五卷梁有鄭褒集二卷、亡、晉宗正嵇喜集一卷殘缺、梁二卷、錄一卷、
晉散騎常侍應貞集一卷梁五卷、晉司隸校尉傅玄集十五卷梁五十卷、錄一卷、亡、晉著作郎成
公綏集九卷殘缺、梁十卷、又有裴秀集三卷、錄一卷、亡、晉金紫光祿大夫何禎集一卷梁五卷、又有袁準集二卷、錄一卷、亡、晉
少傅山濤集九卷梁五卷、錄一卷、又一本十卷、齊奉朝請裴津注、又梁有向秀集二卷、錄一卷、平原太守阮种集二卷、錄一卷、阮侃集五卷、錄一卷、亡、晉太
傅羊祜集一卷殘缺、梁二卷、錄一卷、又有蔡玄通集五卷、太宰賈充集五卷、錄一卷、荀勗集三卷、錄一卷、亡、晉征南將軍杜預集十八
卷晉輔國將軍王濬集一卷殘缺、梁二卷、錄一卷、晉徵仕皇甫謐集二卷錄一卷、晉侍中程咸集
三卷梁有光祿大夫劉毅集二卷、錄一卷、晉侍中庾峻集二卷、錄一卷、亡、晉巴西太守郤正集一卷晉散騎常侍薛瑩集
三卷梁又有散騎常侍陶濬集二卷、錄一卷、亡、晉通事郎江偉集六卷梁有宣舒五卷、散騎常侍曹志集二卷、錄一卷、鄭湛三卷、錄一卷、亡、晉

汝南太守孫毓集六卷
晉處士楊泉集二卷 錄一卷、梁有司徒王渾集五卷、冀州刺史王琛集五卷、亡
晉徵士閔鴻集三卷 梁有光祿大夫裴楷集二卷、錄一卷、亡、
晉司空張華集十卷 錄一卷、
晉尚書僕射裴頠集九卷 梁有太子中書子許孟集三卷、錄一卷、太宰何邵集一卷、錄一卷、光祿大夫劉頌集三卷、錄一卷、劉寔集二卷、錄一卷、亡、
晉散騎常侍王佑集三卷 錄一卷梁晉、驃騎將軍王濟集二卷、亡、
華嶠集八卷 梁二卷、
晉祕書丞司馬彪集四卷 梁三卷、錄一卷、又有尚書庾儵集二卷、錄一卷、國子祭酒謝衡集二卷、亡、
晉漢中太守李虔集一卷 梁二卷、錄一卷、
晉司隸校尉傅咸集十七卷 梁三十卷、錄一卷、又有太子中庶子裒據集二卷、錄一卷、劉寶集三卷、亡、
晉馮翊太守孫楚集六卷 梁十二卷、錄一卷、
晉散騎常侍夏侯湛集十卷 梁有錄一卷、又有弋陽太守夏侯淳集二卷、散騎侍郎王讚集五卷、亡、
晉衛尉卿石崇集六卷 梁有錄一卷、
晉尚書郎張敏集二卷 梁五卷、又有黃門郎伏偉集一卷、亡、
晉黃門郎潘岳集十卷
晉太常卿潘尼集十卷
晉頓丘太守歐陽建集二卷 梁有宗正劉許集二卷、錄一卷、散騎常侍李重集二卷、光祿大夫樂廣集二卷、錄一卷、阮渾集三卷、錄一卷、亡、
晉侍中嵇紹集二卷 錄一卷、梁有錢唐令楊建業集九卷、長沙相盛彥集五卷、左長史楊乂集三卷、錄一卷、
晉尚書盧播集一卷 梁二卷、錄一卷、又有欒肇集五卷、錄一卷、南中郎長史應亭集二卷、亡、
晉國子祭酒杜育集二卷
晉太常卿摯虞集九卷 梁十卷、錄一卷、又祕書監繆徵集二卷、錄一卷、亡、
晉齊王府記室左思集二卷 梁有五卷、錄一卷、又有晉豫章太守夏靖集二卷、錄一卷、吳王文學鄭豐集二卷、錄一卷、大司馬東曹掾張翰集二卷、錄一卷、清河王文學陳略集二卷、錄一卷、揚州從事陸沖集二卷、錄一卷、亡、
晉平原內史陸機集十四卷 梁四十七卷、錄一卷、亡、
晉清河太守陸雲集十二卷 梁十卷、錄一卷、又有少府丞孫極集二卷、錄一卷、亡、
晉中書郎張載集七卷 梁一本二卷、錄一卷、
晉黃門郎張協集三卷 梁四卷、錄一卷、
晉著作郎束晳集七卷 梁五卷、錄一卷、又有征南司馬曹攄集三卷、錄一卷、散騎常侍江統

集十卷、錄一卷、著作郎胡濟集五卷、錄一卷、亡、

晉中書令卞粹集一卷梁五卷、又有光祿勳閭丘沖集二卷、錄一卷、亡、

晉太傅從事中郎庾敳集一卷梁五卷、錄一卷、又有太子中舍人阮瞻集二卷、錄一卷、太子洗馬阮修集二卷、錄一卷、廣威將軍裴邈集二卷、錄一卷、亡、

晉太傅郭象集二卷梁五卷、錄一卷、又有廣州刺史嵇含集十卷、錄一卷、亡、

晉安豐太守孫惠集八卷梁十一卷、錄一卷、又有松滋令蔡洪集二卷、錄一卷、亡、

晉平北將軍牽秀集四卷梁三卷、錄一卷、又有車騎從事中郎蔡克集二卷、錄一卷、游擊將軍索靖集三卷、隴西太守閻纂集二卷、錄一卷、秦州刺史張輔集二卷、錄一卷、交趾太守般巨集二卷、錄一卷、太子洗馬陶佐集五卷、錄一卷、東晉鄱陽太守虞溥集二卷、錄一卷、益陽令吳商集五卷、仲長敖集二卷、晉太常卿劉弘集三卷、錄一卷、開府山簡集二卷、錄一卷、兗州刺史宗岱集二卷、侍中王峻集二卷、錄一卷、濟陽內史王曠集五卷、錄一卷、亡、

晉散騎常侍棗嵩集一卷梁二卷、錄一卷、又有襄陽太守褢腆集二卷、錄一卷、亡、

晉太尉劉琨集九卷梁十卷、

劉琨別集十二卷

晉司空從事中郎盧諶集十卷梁有錄一卷、

晉祕書丞傳暢集五卷梁有錄一卷、又有晉明帝集五卷、錄一卷、簡文帝集五卷、錄一卷、孝武帝集二卷、錄一卷、彭城王紘集二卷、譙烈王集九卷、錄一卷、亡、

晉會稽王司馬道子集八卷梁九卷、又有鎮東從事中郎傳毅集五卷、亡、

晉衡陽內史曾瓌集三卷梁四卷、錄一卷、又有驃騎將軍顧榮集五卷、錄一卷、亡、

晉司空賀循集十八卷梁二十卷、錄一卷、又有散騎常侍張杭集二卷、錄一卷、車騎長史賈彬集三卷、錄一卷、亡、

晉光祿大夫衞展集十二卷梁十五卷、又有東晉太尉荀組集三卷、錄一卷、亡、

晉祕書郎張委集九卷梁五卷、又有關內侯傳珉集一卷、光祿大夫周顗集二卷、錄一卷、亡、

晉太常謝鯤集六卷梁二卷、

晉驃騎將軍王廙集十卷梁三十四卷、錄一卷、又有華譚集二卷、亡、

晉御史中丞熊遠集十二卷梁五卷、錄一卷、又有湘州秀才谷儉集一卷、大鴻臚周嵩集三卷、錄一卷、亡、

晉弘農太守郭璞集十七卷梁十卷、錄一卷、

晉張駿集八卷殘缺、

晉大將軍王敦集十卷梁有吳興太守沈充集二卷、散騎常侍傳純集二卷、錄一卷、亡、

晉光祿大夫梅陶集九卷梁二十卷、錄一卷、又有金紫光

祿大夫荀邃集二卷、錄一卷、亡、

晉散騎常侍王覽集九卷 梁五卷、又有晉著作佐郎王濤集五卷、廷尉卿阮放集十卷、錄一卷、宗正卿張悛集五卷、錄一卷、汝南太守應碩集二卷、金紫光祿大夫張闓集二卷、錄一卷、揚州從事陸沈集二卷、錄一卷、驃騎將軍卞壼集二卷、錄一卷、光祿勳鍾雅集一卷、衛尉卿劉超集二卷、衛將軍戴邈集五卷、錄一卷、光祿大夫荀崧集一卷、亡、

晉大將軍溫嶠集十卷 梁錄一卷、

晉侍中孔坦集十七卷 梁五卷、錄一卷、又有臧沖集一卷、晉鎮南大將軍應詹集五卷、亡、

晉太僕卿王嶠集八卷 梁有衛尉荀闓集一卷、鎮北將軍劉隗集二卷、大司馬陶侃集二卷、錄一卷、亡、

晉丞相王導集十一卷 梁十卷、錄一卷、

晉太尉郗鑒集十卷 錄一卷、

晉太尉庾亮集二十一卷 梁二十卷、錄一卷、又有虞預集十卷、錄一卷、平越司馬黃整集十卷、錄一卷、亡、

晉護軍長史庾堅集十三卷 梁十卷、錄一卷、

晉司空庾冰集七卷 梁二十卷、錄一卷、

晉給事中庾闡集九卷 梁十卷、錄一卷、

晉著作郎王隱集十卷 梁二十卷、錄一卷、

晉散騎常侍干寶集四卷 梁五卷、

晉太常卿殷融集十卷 梁有衛尉張虞集十卷、光祿大夫諸葛恢集五卷、錄一卷、亡、

晉車騎將軍庾翼集二十二卷 梁二十卷、錄一卷、

晉司空何充集四卷 梁五卷、又有御史中丞郝默集五卷、征西諮議甄述集十二卷、武昌太守徐彥則集十卷、亡、

晉散騎常侍王愆期集七卷 梁十卷、錄一卷、又有司徒左長史王濛集五卷、丹陽尹劉惔集二卷、錄一卷、益州刺史袁喬集七卷、亡、

晉尚書令顧和集五卷 梁有錄一卷、又有尚書僕射劉遐集五卷、徵士江淳集三卷、錄一卷、魏興太守荀述集一卷、平南將軍賀翹集五卷李軌集八卷、亡、

晉李充集二十二卷 梁十五卷、錄一卷、

晉司徒蔡謨集十七卷 梁四十三卷、

晉揚州刺史殷浩集四卷 梁五卷、錄一卷、又有吳興孝廉鈕滔集五卷、錄一卷、宣城內史劉系之集五卷、錄一卷、亡、

庾赤王集四卷

晉尋陽太守庾純集八卷 梁有驃騎司馬王修集二卷、錄一卷、衛將軍謝尚集十卷、錄一卷、青州刺史王淶集二卷、亡、

晉西中郎將王胡之集十卷 梁五卷、錄一卷、

晉中書令王洽集五卷 錄一卷、梁有宜春令范保集七卷、徵士范宣集十卷、錄一卷、建安太守丁纂集四卷、錄一卷、亡、

晉金紫

光祿大夫王羲之集九卷梁十卷、錄一卷、　晉散騎常侍謝萬集十六卷梁十卷、　晉司徒長史張憑集五卷梁有錄一卷、梁有高涼太守楊方集二卷、亡、　晉徵士許詢集三卷梁八卷、錄一卷、　晉征西將軍張望集十卷梁十二卷、錄一卷、　晉餘姚令孫統集二卷梁九卷、錄一卷、又有晉陵令戴元集三卷錄一卷、亡、　晉衞尉卿孫綽集十五卷梁二十五卷、　晉太常江逌集九卷梁有謝沈集十卷、亡、　晉李顒集十卷錄一卷、　晉光祿勳曹毗集十卷梁十五卷、錄一卷、又有郡主簿王箴集五卷、亡、　晉沙門支遁集八卷梁十三卷、又有劉惔集十六卷、亡、　張重華酒泉太守謝艾集七卷梁八卷、又有撫軍長史蔡系集二卷、護軍將軍江彬集五卷、錄一卷、亡、　晉范汪集一卷梁十卷、　晉尚書僕射王述集八卷梁又有王度集五卷、錄一卷、中領軍庾龢集二卷、錄一卷、將作大匠俞希集一卷、吳興太守孔嚴集十一卷、錄一卷、亡、　晉大司馬桓溫集十一卷梁有四十三卷、又有桓溫要集二十卷、錄一卷、豫章太守車灌集五卷錄一卷、亡、　晉尚書僕射王坦之集七卷梁五卷、錄一卷、亡、　晉光祿王彪之集二十卷梁有錄一卷、　晉中書郎郗超集九卷梁十卷、又有南中郎桓嗣集五卷、平固令邵毅集五卷、錄一卷、太學博士滕輔集五卷、錄一卷、亡、　晉苻堅丞相王猛集九卷錄一卷、梁有顧夷集五卷、散騎常侍鄭襲集四卷、撫軍掾劉暢集一卷、亡、　晉太常卿韓康伯集十六卷梁有黃門郎范啟集四卷、豫章太守王恪集十卷、零陵太守陶混集七卷、海鹽令祖撫集三卷、吳興太守殷康集五卷、錄一卷、亡、　晉太傅謝安集十卷梁十卷、錄一卷、又有中軍參軍孫嗣集三卷、錄一卷、司徒左長史劉袁集三卷、亡、　晉御史中丞孔欣時集八卷梁七卷、　晉伏滔集十一卷并目錄、梁五卷、錄一卷、　晉滎陽太守習鑿齒集五卷　晉祕書監孫盛集五卷殘缺、梁十卷、錄一卷、　晉東陽太守袁宏集十五卷梁二十卷、錄一卷、又有晉黃門郎顧淳集一卷、尋陽太守熊鳴鵠集十卷、車騎司馬謝韶集三卷、金紫光祿大夫王獻之集十卷、錄一卷、琅邪內史袁質集二卷、錄一卷、太宰從事中郎袁邵集五卷、錄一卷、車騎長史謝郎集六卷、錄一卷、車騎將軍謝顧集十卷、錄一卷、亡、晉新安太守郗愔集四卷殘缺、梁五卷、又有吳郡功曹陸法之集十九卷、亡、 晉太常卿王帳集十卷梁錄一卷、 晉中散大夫羅含集三卷梁有太宰長史庾倩集二卷、大司馬參軍庾悠之集三卷、司徒右長史庾凱集二卷、亡、 晉國子博士孫放集一卷殘缺、梁十卷、 晉聘士殷叔獻集四卷并目錄、梁三卷、錄一卷、 晉湘東太守庾肅之集十卷錄一卷、梁有晉北中郎參軍蘇彥集十卷、太子左率王肅之集三卷、錄一卷、黃門郎王徽之集八卷、徵士謝敷集五卷、錄一卷、太常卿孔汪集十卷、陳統集七卷、太常王愷集十五卷、右將軍王忱集五卷、錄一卷、太常殷允集十卷、亡、 晉徵士戴逵集九卷殘缺、梁十卷、錄一卷、又有晉光祿大夫孫廞集十卷、尚書左丞徐禪集六卷、亡、 晉太子前率徐邈集九卷并目錄、梁二十卷、錄一卷、 晉給事中徐乾集二十一卷并目錄、梁二十卷、錄一卷、又有晉冠軍將軍張玄之集五卷、錄一卷、員外常侍荀世之集八卷、袁崧集十卷、黃門郎魏邈之集五卷、驃騎參軍卞湛集五卷、金紫光祿大夫褚爽集十六卷、錄一卷、亡、 晉豫章太守范寧集十六卷梁有晉餘杭令范弘之集六卷、亡、 晉司徒王珣集十一卷并目錄、梁十卷、錄一卷、亡、 晉處士薄蕭之集九卷梁十卷、又有晉安北參軍薄要集九卷、薄邕集七卷、延陵令唐邁之集十一卷、錄一卷、亡、 晉孫恩集五卷梁有晉殿中將軍傅綽集十五卷、驍騎將軍弘戎集十六卷、御史中丞魏叔齊集十五卷、司徒右長史劉寧之集五卷、亡、 晉臨海太守辛德遠集五卷梁四卷、又有晉車騎參軍何瑾之集十一卷、太保王恭集五卷、錄一卷、殷覬集十卷、錄一卷、亡、 晉荊州刺史殷仲堪集十二卷并目錄、梁十卷、錄一卷、亡、 晉驃騎長史謝景重集一卷 晉桓玄集二十卷梁有晉丹陽令卞範之集五卷、錄一卷、光祿勳卞承之集十卷、錄一卷、亡、 晉東陽太守殷仲文集七卷梁五卷、 晉司徒王謐集十卷錄一卷、梁有晉光祿大夫伏系之集十卷、錄一卷、亡、 晉右軍參軍孔璠集二卷 晉衛軍諮議湛方生集十卷錄一卷、 晉光祿大夫祖台之集十六卷梁二十卷、 晉通直常侍顧愷之集七卷梁二十卷、 晉太常卿劉瑾集九卷梁五卷、 晉左僕射謝混集三卷梁五卷、 晉祕書監滕演集十卷、錄一卷、　晉司徒長史王誕集二卷梁有晉太尉咨議劉簡之集十卷、亡、　晉丹陽太守袁豹集八卷梁十卷、錄一卷、又有晉盧江太守殷遵集五卷、錄一卷、興平令荀軌集五卷、亡、　晉西中郎長史羊徽集九卷梁十卷、錄一卷、　晉國子博士周祗集十一卷梁二十卷、錄一卷、又有晉相國主簿殷闡集十卷、錄一卷、太常傅迪集十卷、亡、　晉始安太守卞裕集十三卷梁十五卷、又有晉章公藝集六卷、亡、　晉毛伯成集一卷　晉沙門支曇諦集六卷　晉沙門釋惠遠集十二卷　晉姚萇沙門釋僧肇集一卷　晉王茂略集四卷　晉曹毗集四卷　晉宗欽集二卷梁有晉中軍功曹殷曠之集五卷、太學博士魏說集十三卷、征西主簿丘道護集五卷、錄一卷、柴桑令劉遺民集五卷、錄一卷、郭澄之集十卷、徵士周桓之集一卷、孔瞻集九卷、亡、

晉江州刺史王凝之妻謝道韞集二卷梁有婦人晉司徒王渾妻鍾夫人集五卷、晉武帝左九嬪集四卷、晉太宰賈充妻李扶集一卷、晉武平都尉陶融妻陳窈集一卷、晉都水使者妻陳玢集五卷、晉海西令劉鱗妻陳琰集七卷、晉劉柔妻王邵之集十卷、晉散騎常侍傅伉妻辛蕭集一卷、晉松陽令紐滔母孫瓊集二卷、晉成公道賢妻龐馥集一卷、晉宣城太守何殷妻徐氏集一卷、亡、

宋武帝集十二卷梁二十卷、錄一卷、　宋文帝集七卷梁十卷、亡、　宋孝武帝集十五卷梁三十一卷、錄一卷、又有宋廢帝景知集十卷、錄一卷、明帝集三十三卷、亡、　宋長沙王道憐集十卷錄一卷、梁有宋臨川王道規集四卷、錄一卷、亡、　宋臨川王義慶集八卷　宋江夏王義恭集十一卷梁十五卷、錄一卷、又有江夏王集別本十五卷、宋衡陽王義季集十卷、錄一卷、亡、　宋南平王鑠集五卷梁有宋竟臨王誕集二十卷、建平王休祐集十卷、新渝惠侯義宗集十二卷、散騎常侍祖柔之集二十卷、亡、　宋豫章太守謝瞻集三卷梁有宋征虜將軍沈林子集七卷、亡、　宋太常卿孔琳之集九卷幷目錄、梁十卷、錄一卷、　宋王敍之集七卷梁十卷、錄一卷、　宋太中大夫徐廣集十五卷錄一卷、　宋祕書監盧繁集一卷殘缺、梁十卷、錄一卷、　宋侍中孔甯子集十一卷幷目錄、梁十五卷、錄一卷、　宋建安太守卞瑾集十卷梁十卷、

宋太常卿蔡廓集九卷 幷目錄、梁十卷、錄一卷、又有宋王韶之集二十四卷、亡、

宋尚書令傅亮集三十一卷 梁二十卷、錄一卷、有宋征南長史孫康集十卷、左軍長史范述集三卷、亡、

宋太常卿鄭鮮之集十三卷 梁二十卷、錄一卷、

宋徵士陶潛集九卷 梁五卷、錄一卷、又有張野集十卷、宋零陵令陶階集八卷、東莞太守張元瑾集八卷、光祿大夫王曇首集二卷、錄一卷、亡、

宋太常卿范泰集十九卷 梁二十卷、錄一卷、

宋中書郎荀昶集十四卷 梁十五卷、錄一卷、又有卞伯玉集五卷、錄一卷、中散大夫羊欣集七卷、亡、

宋司徒王弘集一卷 梁二十卷、錄一卷、又有宋金紫光祿大夫、沈演集十卷、廣平太守范凱集八卷、亡、

宋沙門釋惠琳集五卷 梁九卷、錄一卷、又有宋范晏集十四卷、亡、

宋司徒府參軍謝惠連集六卷 梁五卷、錄一卷、又有宋太常謝弘微集二卷、亡、

宋臨川內史謝靈運集十九卷 梁二十卷、錄一卷、

宋給事中丘深之集七卷 梁十五卷、又有義成太守祖企之集五卷、荊州西曹孫韶集十卷、殷淳集二卷、揚州刺史殷景仁集九卷、國子博士姚濤之集二十卷、錄一卷、周祋集十一卷、亡、

殷闡之集一卷

宋徵士宗景集十六卷 梁十五卷、

宋徵士雷次宗集十六卷 梁二十九卷、錄一卷、

宋奉朝請伍緝之集十二卷 梁有宋南蠻主簿衞令元集八卷、范曄集十五卷、錄一卷、撫軍諮議范廣集一卷、右光祿大夫王敬集五卷、錄一卷、任豫集六卷、

宋御史中丞何承天集二十卷 梁三十二卷、亡、

宋太中大夫裴松之集十三卷 梁二十一卷、又有王韶之集十九卷、宋光祿大夫江湛集四卷、錄一卷、亡、

宋太尉袁淑集十一卷 幷目錄、梁十卷、錄一卷、

宋祕書監王微集十卷 梁有錄一卷、又有宋太子舍人王僧謙集二卷、金紫光祿大夫王僧綽集一卷、征北行參軍顧邁集二十卷、魚復令陳超之集十卷、平南將軍何長瑜集八卷、亡、

宋員外郎荀雍集二卷 梁四卷、又有宋國子博士范演集八卷、錢唐令顧昱集六卷、臨成令韓濬之集八卷南洋太守沈亮之集七卷、國子博士孔欣集九卷、臨海太守江玄叔集四卷、尙書郎劉馥集十一卷、太子中舍人張演集八卷、南昌令蔡眇之集三卷、大學博士顧雅集十三卷、巴東太守孫仲之集十一卷、太尉諮議參軍謝元集一卷、南海太守陸展集九卷、棘陽令山謙之集十二卷、廣州刺史楊希集九卷、員外常侍周始之集十一卷、主客郎羊崇集六卷、太子舍人

孔景亮集三卷、亡、
宋中書郎袁伯文集十一卷并目錄、梁有宋丞相諮議蔡超集七卷、亡、
宋東中郎長史孫緬集八卷并目錄、梁十一卷、又有宋賀道養集十卷、太子洗馬謝澄集六卷、新安太守張鏡集十卷、齊中書舍人褚詮之集八卷、錄一卷、亡、
宋特進顏延之集二十五卷梁三十卷、又有顏延之逸集一卷、亡、
宋東揚州刺史顏竣集十四卷并目錄、
宋大司馬錄事顏測集十一卷并目錄、
宋護軍將軍王僧達集十卷梁有錄一卷、又有國子博士羊戎集十卷、江寧令蘇寶生集四卷、兗州別駕范義集十二卷、吳興太守劉瑀集七卷、本郡孝廉劉氏集九卷、亡、
宋會稽太守張暢集十二卷殘缺、梁有十四卷、錄一卷、又有宋司空何尚之集十卷、亡、
宋吏部尚書何偃集十九卷梁十六卷、又有盧江太守周朗集八卷、亡、
宋侍中沈懷文集十二卷殘缺、梁十六卷、
宋北中郎長史江智深集九卷并目一卷、
宋太子中庶子殷琰集七卷梁又有宋武陵太守袁顗集八卷、荀欽明集六卷、安北參軍王詢之集五卷、越騎校尉戴法興集四卷、亡、
宋黃門郎虞通之集十五卷梁二十卷、
宋司徒左長史沈勃集十五卷梁二十卷、
宋金紫光祿大夫謝莊集十九卷梁十五卷、又有宋金紫光祿大夫謝協集三卷、三巴校尉張悅集十一卷、揚州從事賀顛集十一卷、領軍長史孔邁之集八卷、撫軍參軍賀弼集十六卷、本州秀才劉遂集二卷、亡、
宋建平王景素集十卷
宋征虜記室參軍鮑照集十卷梁六卷、又有宋武康令沈懷遠集十九卷、裴駰集六卷、刪定郎劉鯤集五卷、宜都太守費修集十卷、亡、
宋太中大夫徐爰集六卷梁十卷、又有宋護軍司馬孫勃集六卷、右光祿大夫張永集十卷、陽羨令趙繹集十六卷、亡、
宋庾蔚之集十六卷梁二十卷、又有太子中舍人徵不就王素集十六卷、亡、
宋豫章太守劉愔集八卷梁十卷、又有宋起部費鏡運集二十卷、光祿大夫孫覦集十一卷、太尉從事中郎蔡顛集三卷、司空劉緬集二十卷、錄一卷、青州刺史明僧暠集十卷、吳興太守蕭惠開集七卷、沈宗之集十卷、大司農張辯集十六卷、金紫光祿大夫王瓚集十五卷、錄一卷、郭坦之集五卷、會稽主簿辛湛之集八卷、太子舍人朱年集二卷、東海王常侍鮑德遠集六卷、會稽郡丞張緩集六卷、亡、
宋寧國令劉薈集七卷
宋江州從事吳邁遠集

一卷殘缺、梁八卷、亡、

宋宛朐令湯惠休集三卷梁四卷、又有南海太守孫奉伯集十卷、右將軍成元範集十卷、奉朝請虞喜集十一卷、延陵令唐思賢集十五卷、戴凱之集六卷、亡、

宋司徒袁粲集十一卷并目錄、梁九卷、又有婦人牽氏集一卷、宋後宮司儀韓蘭英集四卷、亡、

齊文帝集一卷殘缺、梁十一卷、又有齊晉安王子懋集四卷、錄一卷、隨王子隆集七卷、亡、

齊竟陵王子良集四十卷梁又有齊聞喜公蕭遙欣集十一卷、領軍諮議劉祥集十卷、亡、

齊太宰褚彥回集十五卷梁又有齊黃門侍郎崔祖思集二十卷、中軍佐鍾韜集十二卷、餘杭令丘巨源集十卷、錄一卷、亡、

齊太尉王儉集五十一卷梁六十卷、又有齊東海太守謝顥十六卷、謝瀟集十卷、豫州刺史劉善明集十卷、侍中褚賁集十二卷、徵士劉蚪集二十四卷、司徒主簿徵不就庾易集十卷、顧歡集三十卷、劉瓛集三十卷、射聲校尉劉璡三卷、亡、

齊中書郎周顒集八卷梁十六卷、又有齊佐侍郎鮑鴻集二十卷、錄一卷、雍州秀才韋瞻集十卷、正員郎劉懷慰集十卷、錄一卷、永嘉太守江山圖集十卷、驃騎記室參軍荀憲集十一卷、亡、

齊前軍參軍虞羲集九卷殘缺、梁十一卷、又有平陽令韋沈集十卷、車騎參軍任文集十一卷、卞鑠集十六卷、婁幼瑜集六十六卷、長水校尉祖沖之集五十一卷、亡、

齊中書郎王融集十卷

齊吏部郎謝朓集十二卷

謝朓逸集一卷梁又有王巾集十一卷、亡、

齊司徒左長史張融集二十七卷梁十卷、又有張融玉海集十卷、大澤集十卷、金波集六十卷、又有齊羽林監庾韶集十卷、黃門郎王僧祐集十卷、太常卿劉悛集二十卷、錄一卷、祕書王寂集五卷、亡、

齊金紫光祿大夫孔稚珪集十卷

齊後軍法曹參軍陸厥集八卷梁十卷、

齊太尉徐孝嗣集十卷梁七卷、又有侍中劉暄集一十一卷、通直常侍裴昭明集九卷、虞炎集七卷、吏部郎劉瑱集十一卷、梁國從事中郎劉繪集十卷、亡、

齊侍中袁彖集五卷并錄、

齊中書郎江奐集九卷并錄、

齊平西諮議宗躬集十三卷

齊太子舍人沈驎士集六卷

梁武帝集二十六卷梁三十二卷、

梁武帝詩賦集二十卷

梁武帝雜文集九卷

梁武帝別集目錄二卷

梁武帝淨業賦三卷

梁簡文帝集八十五卷陸罩撰、并錄、

梁元

帝集五十二卷　梁元帝小集十卷　梁昭明太子集二十卷梁有晉安成王集三十卷、亡、　梁岳陽王
督集十卷　梁王蕭歸集十卷　梁邵陵王綸集六卷　梁武陵王紀集八卷　梁蕭琮集
七卷梁又有安成煬王集五卷、亡、　梁司徒諮議宗史集九卷并錄、　梁國子博士丘遲集十卷并錄、梁十一卷、有謝
朏集十五卷、亡、　梁金紫光祿大夫江淹集九卷梁二十卷、　江淹後集十卷　梁尚書僕射范雲集十
一卷并錄、　梁太常卿任昉集三十四卷梁有晉安太守謝纂集十卷、撫軍將軍柳憕集二十卷、護軍柳惲集十二卷、豫州刺史柳澄集六卷、尚書
令柳忱集十三卷、義興郡丞何偘集三卷、撫軍中兵參軍韋溫集十卷、鎮西錄事參軍到洽集十一卷、太子洗馬劉苞集十卷、南徐州秀才諸葛璩集十卷、亡、　梁特進沈
約集一百一卷并錄、梁又有謝綽集十一卷、亡、　梁中軍府諮議王僧孺集三十卷　梁尚書左丞范縝集
十一卷　梁護軍將軍周捨集二十卷梁有祕書張纘金河集六十卷、劉敲集八卷、玄貞處士劉許集一卷、亡、　梁蕭洽集二
卷　梁隱居先生陶弘景集三十卷　陶弘景內集十五卷　梁徵士魏道徵集三卷　梁
黃門郎張率集八十三卷　梁南徐州治中王冏集三卷　梁都官尚書江革集六卷　梁
奉朝請吳均集二十卷　梁光祿大夫庾曇隆集十卷并錄、　梁議同三司徐勉前集三十五
卷　徐勉後集十六卷并序錄、　梁吏部郎王錫集七卷并錄、　梁尚書左僕射王暕集二十一
卷　梁平西刑獄參軍劉孝標集六卷　梁鴻臚卿裴子野集十四卷　梁仁威府長史司
馬褧集九卷　梁蕭子暉集九卷　梁始興內史蕭子範集十三卷　梁建陽令江洪集二
卷　梁征西府記室鮑幾集八卷　梁尚書祠部郎虞嚼集十卷　梁新田令費昶集三卷

梁蕭機集二卷　梁東陽郡丞謝璌集八卷　梁通直郎謝琛集五卷　集仁威記室何遜集七卷梁有安西記室劉綏集四卷、沙門釋智藏集五卷、亡、　梁太常卿陸倕集十四卷　梁廷尉卿劉孝綽集十四卷　梁都官尚書劉孝儀集二十卷　梁太子庶子劉孝威集十卷　梁東陽太守王揖集五卷　梁黃門郎陸雲公集十卷　梁國子祭酒蕭子雲集十九卷　梁征西府長史楊眺集十一卷并錄、　梁太子洗馬王筠集十一卷并錄、　王筠中書集十一卷并錄、　王筠臨海集十一卷并錄、　王筠左佐集十一卷并錄、　王筠尚書集九卷并錄、　梁西昌侯蕭深藻集四卷并錄、　梁中書郎任孝恭集十卷　梁平北府長史鮑泉集一卷　梁雍州刺史張纘集十一卷并錄、　梁尚書僕射張綰集十一卷并錄、　梁度支尚書庾肩吾集十卷　梁太常卿劉之遴前集十一卷　劉之遴後集二十一卷　梁豫章世子侍讀謝郁集五卷　梁安成蕃王蕭欣集十卷　梁中書舍人朱超集一卷　梁護軍將軍甄玄成集十卷并錄、　梁散騎常侍沈君攸集十三卷　梁臨安恭公主集三卷武帝女、　梁征西記室范靖妻沈滿願集三卷　梁太子洗馬徐悱妻劉令嫺集三卷　後魏孝文帝集三十九卷　後魏司空高允集二十一卷　後魏司農卿李諧集十卷　後魏太常卿盧元明集十七卷　後魏司空祭酒袁躍集十三卷　後魏著作佐郎韓顯宗集十卷　後魏散騎常侍溫子昇集三十九卷　後魏太常卿陽固集三卷　北齊特進邢子才集三十一卷　北齊尚書僕射魏收集六十八卷　北

齊儀同劉逖集二十六卷　後周明帝集九卷　後周趙王集八卷　後周滕簡王集八卷
後周儀同宗懍集十二卷（并錄、）　後周沙門釋忘名集十卷　後周小司空王褒集二十一
卷（并錄、）　後周少傅蕭撝集十卷　後周開府儀同庾信集二十一卷（并錄、）　陳後主集三十九
卷　陳後主沈后集十卷　陳大匠卿杜之偉集十二卷　陳金紫光祿大夫周弘讓集九
卷　陳周弘讓後集十二卷　陳侍中沈炯前集七卷　陳沈炯後集十三卷　陳沙門釋
標集二卷　陳沙門釋洪偃集八卷　陳沙門釋瑗集六卷　陳沙門釋靈裕集四卷　陳
尚書僕射周弘正集二十卷　陳鎮南府司馬陰鏗集一卷　陳左衞將軍顧野王集十九
卷　陳沙門策上人集五卷　陳尚書左僕射徐陵集三十卷　陳右衞將軍張式集十四
卷　陳尚書度支郎張正見集十四卷　陳司農卿陸琰集二卷　陳少府卿陸玢集十卷
陳光祿卿陸瑜集十一卷（并錄、）　陳護軍將軍蔡景歷集五卷　陳沙門釋暠集六卷　陳
御史中丞褚玠集十卷　陳安右府諮議司馬君卿集二卷　陳著作佐郎張仲簡集一卷
煬帝集五十五卷　王祐集一卷　武陽太守盧思道集三十卷　金州刺史李元操集
十卷　蜀王府記室辛德源集三十卷　太尉楊素集十卷　懷州刺史李德林集十卷
吏部尚書牛弘集十二卷　司隸大夫薛道衡集三十卷　國子祭酒何妥集十卷　祕書
監柳䛒集五卷　開府江總集三十卷　江總後集二卷　記室參軍蕭慤集九卷　著作

郎魏彥深集三卷　著作郎諸葛潁集十四卷　劉子政母祖氏集九卷　著作郎王胄集十卷

右四百三十七部四千三百八十一卷。通計亡書、合八百八十六部八千一百二十六卷、

別集之名。蓋漢東京之所創也。自靈均已降。屬文之士衆矣。然其志尚不同。風流殊別。後之君子。欲觀其體勢。而見其心靈。故別聚焉。名之爲集。辭人景慕。並自記載。以成書部。年代遷徙。亦頗遺散。其高唱絕俗者。略皆具存。今依其先後。次之於此。

文章流別集四十一卷梁六十卷、志二卷、論二卷、摯虞撰、　文章流別志論二卷摯虞撰、　文章流別本十二卷謝混撰、　續文章流別三卷孔寧撰、　集苑四十五卷梁六十卷、　集林一百八十一卷宋臨川王劉義慶撰、梁二百卷、　集林鈔十一卷　集鈔十卷沈約撰、梁有集鈔四十卷、丘遲撰、亡、　集略二十卷　撰遺六卷梁又有零集二十六卷、亡、　翰林論三卷李充撰、梁五十四卷、　文苑一百卷孔逭撰、　文苑鈔三十卷　文選三十卷梁昭明太子撰、　詞林五十八卷　文海五十卷　吳朝士文集十卷梁十三卷、又有漢書文府三卷、亡、　巾箱集七卷梁有文章志錄雜文八卷、謝沈撰、又名士雜文八卷、亡、　婦人集二十卷梁有婦人集三十卷、殷淳撰、又有婦人集十一卷、亡、　婦人集鈔二卷　雜文十六卷爲婦人作、　文選音三卷蕭該撰、　文心雕龍十卷梁兼東宮通事舍人劉勰撰、　文章始一卷姚蔡撰、梁有文章始一卷、任昉撰、四代文章記一卷、吳郡功曹張防撰、亡、　賦集九十二卷謝靈運撰、梁又有賦集五十卷、宋新渝惠侯撰、賦集四十卷、宋明帝撰、樂器賦十卷、伎藝賦六卷、亡、　賦集鈔一卷　賦集八十六卷後魏祕書丞崔浩撰、　續賦集十九卷殘缺、　歷代賦

十卷 梁武帝撰

皇德瑞應賦頌一卷 梁十六卷、

五都賦六卷 并錄、張衡及左思撰、

雜都賦十一卷 梁雜賦十六卷、又東都賦一卷、孔道作、二京賦二卷、李軌綦毋邃撰、齊都賦二卷、并音、左思撰、相風賦七卷、傳玄等撰、迴維國賦二卷、晉右軍行參軍虞干紀撰、遂志賦十卷、乘輿赭白馬二卷、亡、

述征賦一卷

神雀賦一卷 後漢傳毅撰、

雜賦注本三卷 梁有郭璞注子虛上林賦一卷、薛綜注張衡二京賦二卷、晁矯注二京賦一卷、武巽注二京賦二卷、張載及晉侍中劉逵晉懷令衛瓘注左思三都賦三卷、綦毋邃注三都賦三卷、項氏注幽通賦、蕭廣濟注木玄虛海賦一卷、徐爰注射雉賦一卷、亡、

獻賦十八卷

圍碁賦一卷 梁武帝撰、

觀象賦一卷

洛神賦一卷 孫壑注、

枕賦一卷 張君祖撰、

三都賦音一卷 李軌撰、

百賦音十卷 宋御史褚詮之撰、梁有賦音二卷、郭徵之撰、雜賦圖十七卷、亡、

大隋封禪書一卷

上封禪書二卷 梁有雜封禪文八卷、秦帝刻石文一卷、宋會稽太守褚瑑撰、亡、

集雅篇五卷

靖恭堂頌一卷 晉涼王李暠撰、梁有頌集二十卷、王僧綽撰、木連理頌二卷、太元十九年羣臣上、亡、

詩集五十卷 謝靈運撰、梁五十一卷、又有宋侍中張敷、袁淑補謝靈運詩集一百卷、又詩集百卷、并例錄二卷、顏峻撰、詩集四十卷、宋明帝撰、雜詩七十九卷、江邃撰、雜詩二十卷、宋太子洗馬劉和註、二晉雜詩鈔十卷、古今五言詩美文五卷、荀綽撰、詩鈔十卷、亡、

詩集鈔十卷 謝靈運撰、梁有雜詩鈔十卷、錄一卷、謝靈運撰、亡、

古詩集九卷

六代詩集鈔四卷 梁有雜言詩鈔五卷、謝朏撰、亡、

詩英九卷 謝靈運集、梁十卷、又有文章英華三十卷、梁昭明太子撰、亡、

今詩英八卷

古今詩苑英華十九卷 梁昭明太子撰、

詩讚十三卷

衆詩英華一卷

詩類六卷

玉臺新詠十卷 徐陵撰、

百志詩九卷 干寶撰、梁五卷、又有古遊仙詩一卷、應貞註、應璩百一詩八卷、百一詩二卷、晉蜀郡太守李彪撰、亡、

齊釋奠會詩一十卷

齊讌會詩十七卷

青溪詩三十卷 齊讌會作、梁有魏晉宋雜祖餞讌會詩集二十一部、一百四十三卷、亡、今略其數、

西府新文十一卷 并錄、梁蕭淑撰

百國詩四十三卷

林文館詩府八卷 後齊文林館作、

詩評三卷 鍾嶸撰、或曰詩品、

古樂府八卷

文會詩三

卷陳仁威記室徐伯陽撰、 五岳七星迴文詩一卷梁有雜詩圖一卷、亡、 毛伯成詩一卷伯成東晉征西將軍、 春秋寶
藏詩四卷張胐撰、亡、 江淹擬古一卷羅潛註、 樂府歌辭鈔一卷 歌錄十卷 古歌錄鈔二卷
晉歌章八卷梁十卷、 吳聲歌辭曲一卷梁二卷、又有樂府歌詩二十卷、秦伯文撰、樂府歌詩十二卷、樂府三校歌詩十卷、樂府歌辭九卷、太
樂歌詩八卷、歌辭四卷、張永記、魏讌樂歌辭七卷、晉歌章十卷、又晉歌詩十八卷、晉讌樂歌辭十卷、荀勗撰、宋太始祭高禖歌辭十一卷、齊三調雅辭五卷、古今九代歌詩七卷、張湛撰、
三調相和歌辭五卷、三調詩吟錄六卷、秦鞞鐸舞曲二卷、管絃錄一卷、伎錄一卷、太樂備問鍾鐸律奏舞歌四卷、郝生撰、迴文集十卷、謝靈運撰、又迴文詩八卷、織錦迴文詩一卷、苻堅
秦州刺史竇氏妻蘇氏作、頌集二十卷、王僧綽撰、木連理頌二卷、晉太元十九年羣臣上、又有鼓吹清商樂府讌樂高禖鞞鐸等歌辭舞錄、凡十卷、 陳郊廟歌辭三
卷幷錄、徐陵撰、 樂府新歌十卷秦王記室崔子發撰、 樂府新歌二卷秦王司馬殷僧首撰、 古今箴銘集十四
卷張湛撰、錄一卷、梁有箴集十六卷、雜誡箴二十四卷、女箴一卷、女史箴圖一卷、又有銘集十一卷、陸少玄撰、佛像雜銘十三卷、釋僧祐撰、箴器雜銘五卷、亡、 衆賢誡
集十卷殘缺、梁有誡林三卷、綦毋邃撰、四帝誡三卷、王誕撰、雜家誡七卷、諸家雜誡九卷、集誡二十二卷、亡、 諸葛武侯誡一卷 女誡一卷
女誡一卷曹大家撰、 女鑒一卷梁有女訓十六卷、 婦人訓誡集十一卷幷錄、梁十卷、宋司空徐湛之撰、 娣姒訓
一卷馮少胄撰、 貞順志一卷 讚集五卷謝莊撰、 畫讚五卷漢明帝殿閣畫魏陳思王讚、梁五十卷、又有誄集十五卷、謝莊撰、亡、
七集十卷謝靈運撰、 七林十卷梁十二卷錄二卷、卞景撰、梁又有七林三十卷、音一卷、亡、 七悟一卷顏之推撰、梁有弔文集六卷、錄一卷、
弔文二卷、亡、 碑集二十九卷 雜碑集二十九卷 雜碑集二十二卷梁有碑集十卷、謝莊撰、釋氏碑文三十卷、梁元
帝撰、雜碑二十二卷、碑文十五卷、晉將作大匠陳勰撰、碑文十卷、車灌撰、又有羊祜墮淚碑一卷、桓宣武碑十卷、長沙景王碑文三卷、荊州雜碑三卷、雍州雜碑四卷、廣州刺史碑十二
卷、義興周許碑一卷、太原王氏家碑誄頌讚銘集二十六卷、諸寺碑文四十六卷、釋僧祐撰、雜祭文六卷、衆僧行狀四十卷、釋僧祐撰、亡、 設論集二卷劉楷撰、梁有設

論集三卷、東晉人撰、客難集二十卷、亡、論集七十三卷　雜論十卷　明眞論一卷晉兗州刺史宗岱撰、東西晉興
亡論一卷　陶神論五卷　正流論一卷　黃芳引連珠一卷　梁武連珠一卷沈約註、梁
武帝制旨連珠十卷梁邵陵王綸注、梁武帝制旨連珠十卷陸緬註、梁有設論連珠十卷、謝靈運撰、連珠集五卷、陳證撰、連珠十五卷、
又連珠一卷、陸機撰、何承天註、又班固典引一卷、蔡邕註、亡、梁代雜文三卷　詔集區分四十一卷後周獸門學士宗幹撰、魏
朝雜詔二卷梁有漢高祖手詔一卷、亡、錄　魏吳二志詔二卷梁有三國詔誥十卷、亡、晉咸康詔四卷　晉朝雜
詔九卷梁有晉雜詔百卷、錄一卷、又有晉雜詔二十八卷、錄一卷、又晉詔六十卷、晉文王武帝雜詔十二卷、亡、錄晉詔十四卷梁有晉元帝詔十二卷、成
帝詔草十七卷、康帝詔草十卷、建元直詔三卷、永和副詔九卷、升平隆和興寧副詔十卷、泰元咸寧寧康副詔二十二卷、隆安直詔五卷、元興太亨副詔三卷、亡、晉義熙
詔十卷梁有義熙副詔十卷、義熙以來至於大明詔三十卷、晉宋雜詔四卷、又晉宋雜詔八卷、王韶之撰、又雜詔十四卷、班五條詔十卷、亡、宋永初雜詔十
三卷梁有詔集百卷、起漢訖宋、宋武帝詔四卷、宋元熙詔令五卷、永初二年五年詔三卷、永初以來中書雜詔二十卷、亡、宋孝建詔一卷梁有宋景平詔三卷、
亡、宋元嘉副詔十五卷梁有宋元嘉詔六十二卷、又宋孝武詔五卷、宋大明詔七十卷、宋永光景和詔五卷、宋泰始泰豫詔二十二卷、宋義嘉僞詔一卷、宋
元徽詔十二卷、宋昇明詔四卷、亡、齊雜詔十卷　齊中興二年詔二卷梁有齊建元詔五卷、永明詔三卷、武帝中詔十卷、齊隆平延興建武
詔九卷、齊建武二年副詔九卷、梁天監元年至七年詔十二卷、天監九年十年詔二卷、亡、後魏詔集十六卷　後周雜詔八卷　雜詔
八卷　雜赦書六卷　陳天嘉詔草三卷　霸朝集三卷李德林撰、皇朝詔集九卷　皇朝陳
事詔十三卷梁有雜九錫文四卷、亡、上法書表一卷虞和撰、梁中表十一卷梁邵陵王撰、梁有漢名臣奏三十卷、魏名臣奏
三十卷、陳長壽撰、魏雜事七卷、晉諸公奏十一卷、雜表奏駁三十五卷、漢丞相匡衡大司馬王鳳奏五卷、劉隗奏五卷、孔羣奏二十二卷、晉金紫光祿大夫周閔奏事四卷、晉中丞劉邵

奏事六卷、中丞司馬無忌奏事十三卷、中丞虞谷奏事六卷、中丞高崧奏事五卷、又諸彈事等十四部、亡、雜露布十二卷梁有雜檄文十七卷、魏武帝露布文九卷、亡、

山公啟事三卷　范寧啟事三卷梁十卷、梁有雜薦文十二卷、薦文集七卷、亡、善文五十卷杜預撰、雜集一卷殷仲堪撰、

梁魏周齊陳皇朝聘使雜啟九卷　政道集十卷　書集八十八卷晉散騎常侍王履撰、梁八十卷、亡、

書林十卷　雜逸書六卷梁二十二卷、徐爰撰、應璩書林八卷、夏赤松撰、抱朴君書一卷、葛洪撰、蔡司徒書三卷、蔡謨撰、前漢雜筆十卷、吳晉雜筆九卷、吳朝文二十四卷、李氏家書八卷、晉左將軍王鎮惡與劉丹陽書一卷、亡、

後周與齊軍國書二卷　高澄與侯景書一卷　策集一卷殷仲堪撰、策集六卷梁有孝秀對策十二卷、亡、

宋元嘉策孝秀文十卷　誹諧文三卷　誹諧文十卷袁淑撰、梁有續誹諧文集十卷、又有誹諧文一卷、沈宗之撰、任子春秋一卷、杜嵩撰、博陽秋一卷、宋零陵令辛邕之撰、亡、

法集百七卷梁沙門釋寶唱撰、

右一百四十七部二千二百一十三卷通計亡書、合二百四十九部、五千二百二十四卷、

總集者。以建安之後。辭賦轉繁。衆家之集。日以滋廣。晉代摯虞。苦覽者之勞倦。於是採擿孔翠。芟翦繁蕪。自詩賦下。各爲條貫。合而編之。謂爲流別。是後文集總鈔。作者繼軌。屬辭之士。以爲覃奧。而取則焉。今次其前後。并解釋評論。總於此篇。

凡集五百五十四部六千六百二十二卷通計亡書、合一千一百四十六部、一萬三千三百九十卷、

文者。所以明言也。古者登高能賦。山川能祭。師旅能誓。喪紀能誄。作器能銘。則可以爲大夫。言其因物騁辭。情靈無擁者也。唐歌虞詠。商頌周雅。敘事緣情。紛綸相襲。自斯已降。其道彌

繁。世有澆淳。時移治亂。文體遷變。邪正或殊。宋玉屈原。激清風於南楚。嚴鄒枚馬。陳盛藻於西京。平子艷發於東都。王粲獨步於漳滏。爰逮晉氏。見稱潘陸。並黼藻相輝。宮商間起。清辭潤乎金石。精義薄乎雲天。永嘉以後。玄風既扇。辭多平淡。文寡風力。降及江東。不勝其弊。宋齊之世。下逮梁初。靈運高致之奇。延年錯綜之美。謝玄暉之藻麗。沈休文之富溢。煇煥斌蔚。辭義可觀。梁簡文之在東宮。亦好篇什。清辭巧製。止乎衽席之間。雕琢蔓藻。思極閨闈之內。後生好事。遞相放習。朝野紛紛。號爲宮體。流宕不已。訖於喪亡。陳氏因之。未能全變。其中原則兵亂積年。文章道盡。後魏文帝。頗效屬辭。未能變俗。例皆淳古。齊宅漳濱。辭人間起。高言累句。紛紜絡繹。清辭雅致。是所未聞。後周草創。干戈不戢。君臣戮力。專事經營。風流文雅。我則未暇。其後南平漢沔。東定河朔。訖於有隋。四海一統。采荊南之杞梓。收會稽之箭竹。辭人才士。總萃京師。屬以高祖少文。煬帝多忌。當路執權。逮相擯壓。於是握靈蛇之珠。韞荊山之玉。轉死溝壑之內者。不可勝數。草澤怨刺。於是興焉。古者陳詩觀風。斯亦所以關乎盛衰者也。班固有詩賦略。凡五種。今引而伸之。合爲三種。謂之集部。

凡四部經傳三千一百二十七部。三萬六千七百八卷。通計亡書、合四千一百九十一部、四萬九千四百六十七卷、

經戒三百一部九百八卷　餌服四十六部一百六十七卷　房中十三部三十八卷　符錄十七部一百三卷

右三百七十七部一千二百一十六卷

道經者云有元始天尊生於太元之先稟自然之氣沖虛凝遠莫知其極所說天地淪壞劫數終盡略與佛經同以爲天尊之體常存不滅每至天地初開或在玉京之上或在窮桑之野授以祕道謂之開劫度人然其開劫非一度矣故有延康赤明龍漢開皇是其年號其間相去經四十一億萬載所度皆諸天仙上品有太上老君太上丈人天眞皇人五方天帝及諸仙官轉共承受世人莫之豫也所說之經亦稟元一之氣自然而有非所造爲亦與天尊常在不滅天地不壞則蘊而莫傳劫運若開其文自見凡八字盡道體之奧謂之天書字方一丈八角垂芒光輝照耀驚心眩目雖諸天仙不能省視天尊之開劫也乃命天眞皇人改囀天音而辯析之自天眞以下至於諸仙展轉節級以次相授諸仙得之始授世人然以天尊經歷年載始一開劫受法之人得而寶祕亦有年限方始傳授上品則年久下品則年近故今授道者經四十九年始得授人推其大旨蓋亦歸於仁愛清靜積而修習漸致長生自然神化或白日登天與道合體其受道之法初受五千文籙次授三洞籙次受洞玄籙次受上清籙籙皆素書紀諸天曹官屬佐吏之名有多少又有諸符錯在其間文章詭怪世所不識受者必先潔齋然後齎金環一幷諸贄幣以見於師師受其贄以籙授之仍剖金環各持其半云以爲約弟子得籙緘而佩之其潔齋之法有黃籙玉籙金籙塗炭等齋爲壇三成每

成皆置綿蕝以爲限域。傍各開門。皆有法象。齋者亦有人數之限。以次入於綿蕝之中。魚貫面縛。陳說愆咎。告白神祇。晝夜不息。或一二七日而止。其齋數之外有人者。幷在綿蕝之外。謂之齋客。但拜謝而已。不面縛焉。而又有諸消災度厄之法。依陰陽五行數術。推人年命書之如章表之儀。幷具贄幣。燒香陳讀。云奏上天曹。請爲除厄。謂之上章。夜中於星辰之下。陳設酒脯餅餌幣物。歷祀天皇太一。祀五星列宿。爲書如上章之儀以奏之。名之爲醮。又以木爲印。刻星辰日月於其上。吸氣執之。以印疾病。多有愈者。又能登刃入火。而焚敕之。使刃不能割。火不能熱。而又有諸服餌辟穀金丹玉漿雲英。蠲除滓穢之法。不可殫記。云自上古黃帝。帝嚳。夏禹之儔。並遇神人。咸受道籙。年代既遠。經史無聞焉。推尋事迹。漢時諸子道書之流有三十七家。大旨皆去健羨。處沖虛而已。無上天官符籙之事。其黃帝四篇。老子二篇。最得深旨。故言陶弘景者。隱於句容。好陰陽五行。風角星算。修辟穀導引之法。受道經符籙。武帝素與之遊。及禪代之際。弘景取圖讖之文。合成景梁字以獻之。由是恩遇甚厚。又撰登眞隱訣。以證古有神仙之事。又言神丹可成。服之則能長生。與天地永畢。帝令弘景試合神丹。竟不能就。乃言中原隔絕。藥物不精故也。帝以爲然。敬之尤甚。然武帝弱年好事。先受道法。及卽位。猶自上章。朝士受道者衆。三吳及邊海之際。信之踰甚。陳武世居吳興。故亦奉焉。後魏之世。嵩山道士寇謙之。自云嘗遇眞人成公興。後遇太上老君。授謙之爲天師。而又賜之雲中音誦科誡二十卷。又使玉女授其服氣導引之法。遂得辟穀。氣盛體輕。顏色鮮麗。弟子十餘人。皆得其術。其後又遇神人李譜。云是老君玄孫。授其圖籙眞經。劾召百神。六十餘卷及銷鍊金丹雲英八石玉漿之法。太武始光之初。奉其書而獻之。帝使謁者奉玉帛牲牢。祀嵩岳。迎致其餘弟子。於代都東南起壇宇。給道士百二十餘人。顯揚其法。宣布天下。太武親備法駕而受符籙焉。自是道業大行。每帝卽位。必受符籙。以爲故事。刻天尊及諸仙之象而供養焉。遷洛已後。置道場於南郊之傍。方二百步。正月十月之十五日。並有道士哥人百六人。拜而祠焉。後齊武帝遷鄴。遂罷之。文襄之世。更置館宇。選其精至者使居焉。後周承魏。崇奉道法。每帝受籙。如魏之舊。尋與佛法俱滅。開皇初又興。高祖雅信佛法。於道士蔑如也。大業中道士以術進者甚衆。其所講經。由以老子爲本。次講莊子及靈寶昇玄之屬。其餘衆經。或言傳之神人。篇卷非一。自云天尊姓樂名靜信。例皆淺俗。故世甚疑之。其術業優者。行諸符禁。往往神驗。而金丹玉液長生之事。歷代糜費。不可勝紀。竟無效焉。今考其經目之數。附之於此。

大乘經六百一十七部二千七十六卷（五百五十八部一千六百九十七卷、經五十九部三百七十九卷、疏、）　小乘經四百八十七部八百五十二卷　雜經三百八十部七百一十六卷（雜經目殘缺、其見數如此、）　雜疑經一百七十二部三百三十六卷　大乘律五十二部九十一卷　小乘律八十部四百七十二卷（七十七部、四百九十卷律、二部二十三卷講疏、　雜律二十七部四十六卷　大乘論三十五部一百四十一卷三十部九十四卷論十五部四十七卷疏　小乘論四十一部五百六十七卷二十一部四百九十一卷論、十部七十六卷講疏、　雜論五十三十二部二百九十九卷論、九部一百三十八卷講疏、　記二十部四百六十四卷

右一千九百六十二部六千一百九十八卷

佛經者西域天竺之迦維衞國淨飯王太子釋迦牟尼所說。釋迦當周莊王之九年。四月八日自母右脇而生。姿貌奇異。有三十二相八十二好。捨太子位出家學道。勤行精進。覺悟一切種智而謂之佛。亦曰佛陀。亦曰浮屠。皆胡言也。華言譯之爲淨覺。其所說云。人身雖有生死之異。至於精神則恆不滅。此身之前則經無量身矣。積而修習精神清淨則佛道天地之外。四維上下更有天地。亦無終極。然皆有成有敗。一成一敗謂之一劫。自此天地已前則有無量劫矣。每劫必有諸佛得道。出世敎化。其數不同。今此劫中當有千佛。自初至於釋迦已七佛矣。其次當有彌勒出世。必經三會。演說法藏。開度衆生。言其道者有四等之果。一曰須陁洹。二曰斯陁含。三曰阿那含。四曰阿羅漢。至羅漢者則出入生死。去來隱顯而不爲累。阿羅漢已上至菩薩者。深見佛性。以至成道。每佛滅度。遺法相傳。有正象末三等淳醨之異。年歲遠近亦各不同。末法已後。衆生愚鈍。無復佛敎。而業行轉惡。年壽漸短。經數百千載間。乃至朝生夕死。然後有大水大火大風之災。一切除去之。而更立生人。又歸淳樸。謂之小劫。每

小劫。則一佛出世。初天竺中多諸外道。並事水火毒龍。而善諸變幻。釋迦之苦行也。是諸邪道並來嬲惱。以亂其心。而不能得。及佛道成。盡皆摧伏。並爲弟子。弟子男曰桑門。譯言息心。而總曰僧。譯言行乞。女曰比丘尼。皆剃落鬚髮。釋累辭家。相與和居。治心修淨。行乞以自資。而防心攝行。僧至二百五十戒。尼五百戒。俗人信憑佛法者。男曰優婆塞。女曰優婆夷。皆去殺盜淫妄言飲酒。是謂五戒。釋迦在世教化四十九年。乃至天龍人鬼並來聽法。弟子得道。以百千萬億數。然後於拘尸那城娑羅雙樹間。以二月十五日入般涅槃。涅槃亦曰泥洹。譯言滅度。亦言常樂我淨。初釋迦說法。以人之性識根業各差。故有大乘小乘之說。至是謝世。弟子大迦葉與阿難等五百人。追共撰述。綴以文字。集載爲十二部。後數百年。有羅漢菩薩。相繼著論。贊明其義。然佛所說。我滅度後。正法五百年。像法一千年。末法三千年。其義如此。推尋典籍。自漢已上。中國未傳。或云久以流布。遭秦之世。所以湮滅。其後張騫使西域。蓋聞有浮屠之教。哀帝時。博士弟子秦景使伊存口授浮屠經。中土聞之。未之信也。後漢明帝。夜夢金人飛行殿庭。以問於朝。而傅毅以佛對。帝遣郎中蔡愔及秦景使天竺求之。得佛經四十二章及釋迦立像。并與沙門攝摩騰竺法蘭東還。愔之來也。以白馬負經。因立白馬寺於洛城雍門西以處之。其經緘於蘭臺石室。而又畫像於清涼臺及顯節陵上。章帝時。楚王英以崇敬佛法聞。西域沙門。齎佛經而至者甚衆。永平中。法蘭又譯十住經。其餘傳譯。多未能通。至桓帝時。有安息國沙門安靜。齎經至洛翻譯。最爲通解。靈帝時。有月支沙門支讖。天竺沙門竺佛朔等。並翻佛經。而支讖所譯泥洹經二卷。學者以爲大得本旨。漢末太守竺融亦崇佛法。三國時。有西域沙門康僧會。齎佛經至吳譯之。吳主孫權甚大敬信。魏黃初中。中國人始依佛戒剃髮爲僧。先是西域沙門來此譯小品經。首尾乖舛。未能通解。甘露中。有朱仕行者往西域。至于闐國得經九十章。晉元康中。至鄴譯之。題曰放光般若經。太始中。有月支沙門竺法護。西遊諸國。大得佛經。至洛翻譯。部數甚多。佛教東流。自此而盛。石勒時。常山沙門衞道安。性聰敏。誦經日至萬餘言。以胡僧所譯維摩法華。未盡深旨。精思十年。心了神悟。乃正其乖舛。宣揚解釋。時中國紛擾。四方隔絕。道安乃率門徒。南遊新野。欲令玄宗所在流布。分遣弟子各趨諸方。法性詣揚州。法和入蜀。道安與慧遠之襄陽。後至長安。與苻堅甚敬之。道安素聞天竺沙門鳩摩羅什。思通法門。勸堅致之。什亦聞安令問。遙拜致敬。姚萇弘始二年。羅什至長安。時道安卒後已二十載矣。什深慨恨。什之來也。大譯經論。道安所正。與什所譯義如一。初無乖舛。初晉元熙中。新豐沙門智猛。策杖西行。到華氏城。得泥洹經及僧祇律。東至高昌。譯泥洹爲二十卷。後有天竺沙門曇摩羅讖。復齎胡本。來至河西。沮渠蒙遜遣使至高昌取猛本。欲相參驗。未還而蒙遜破滅。姚萇弘始十年。猛本始至長安。譯爲三十卷。曇摩羅讖又譯金光明等經。時胡僧至長安者數十輩。惟鳩摩羅什才德最優。其所譯則維摩法華成實論等諸經。及曇無懺所譯金光明。曇摩羅懺所譯泥洹等經。並爲大乘之學。而什又譯十誦律。天竺沙門佛陀耶舍譯長阿含經及四分律。兜法勒沙門曇摩難提譯增一阿含經。曇摩耶舍譯阿毗曇論。並爲小乘之學。其餘經論。不可勝記。自是佛法流通。極於四海矣。東晉隆安中。又有罽賓沙門僧伽提婆譯增一阿含經及中阿含經。義熙中。沙門支法領從于闐國得華嚴經三萬六千偈。至金陵宣譯。又有沙門法顯自長安遊天竺。經三十餘國。隨有經律之處。學其書語。譯而寫之。還至金陵。與天竺禪師跋羅參共辯定。謂僧祇律。學者傳之。齊梁及陳。並有外國沙門。然所宣譯。無大名部可爲法門者。梁武大崇佛法。於華林園中。總集釋氏經典。凡五千四百卷。沙門寶唱撰經目錄。又後魏時。太武帝西征長安。以沙門多違佛律。羣聚穢亂。乃詔有司。盡坑殺之。焚破佛像。長安僧徒。一時殲滅。自餘征鎮。豫聞詔書。亡匿得免者十一二。文成之世。又使修復。熙平中。遣沙門慧生使西域。采諸經律。得一百七十部。永平中。又有天竺沙門菩提留支。大譯佛經。與羅什相埒。其地持十地論。並爲大乘學者所重。後齊遷鄴。佛法不改。至周武帝時。蜀郡沙門衞元嵩上書稱僧徒猥濫。武帝出詔。一切廢毀。開皇元年。高祖普詔天下。任聽出家。仍令計口出錢。營造經像。而京師及并州相州洛州等諸大都邑之處。並官寫一切經。置於寺內。而又別寫。藏於祕閣。天下之人。從風而靡。競相景慕。民間佛經。多於六經數十百部。大業時。又令沙門智果於東都內道場撰諸經目分別條貫以佛所說經爲三部一曰大乘二曰小乘三曰雜經其餘似後人假託爲之者別爲一部謂之疑經又有菩薩及諸深解奧義贊明佛理者名之爲論及戒律並有大小及中三部之別又所學者錄其當時行事名之爲記凡十一種今舉其大數列於此篇

右道佛經二千三百二十九部七千四百一十四卷

道佛者方外之教聖人之遠致也俗士爲之不通其指多離以迂怪假託變幻亂於世斯所以爲弊也故中庸之教是所罕言然亦不可誣也故錄其大綱附於四部之末

大凡經傳存亡及道佛六千五百二十部五萬六千八百八十一卷

校讎略（通志）　鄭樵

秦不絕儒學論二篇

陸賈秦之巨儒也酈食其秦之儒生也叔孫通秦時以文學召待詔博士數歲陳勝起二世召博士諸儒生三十餘而問其故皆引春秋之義以對是則秦時未嘗不用儒生與經學也況叔孫通降漢時自有弟子百餘人齊魯之風亦未嘗替故項羽既亡之後而魯爲守節禮義之國則知秦時未嘗廢儒而始皇所阬者蓋一時議論不合者耳

蕭何入咸陽收秦律令圖書則秦亦未嘗無書籍也其所焚者一時間事耳後世不明經者皆歸之秦火使學者不覩全書未免乎疑以傳疑然則易固爲全書矣何嘗見後世有明全

易之人哉。臣向謂秦人焚書而書存。諸儒窮經而經絕。蓋爲此發也。詩有六亡篇。乃六笙詩。本無辭。書有逸篇。仲尼之時已無矣。皆不因秦火。自漢以來書籍至於今日。百不存一二。非秦人亡之也。學者自亡之耳。

編次必謹類例論六篇

學之不專者。爲書之不明也。書之不明者。爲類例之不分也。有專門之書。則有專門之學。有專門之學。則有世守之能。人守其學。學守其書。書守其類。人有存沒而學不息。世有變故而書不亡。以今之書。校古之書。百無一存。其故何哉。士卒之亡者。由部伍之法不明也。書籍之亡者。由類例之法不分也。類例分。則百家九流。各有條理。雖亡而不能亡也。巫醫之學。亦經存沒而學不息。釋老之書。亦經變故而書常存。觀漢之易書甚多。今不傳。惟卜筮之易傳。法家之書亦多。今不傳。惟釋老之書傳。彼異端之學。能全其書者。專之謂矣。

十二野者。所以分天之綱。卽十二野不可以明天。九州者。所以分地之紀。卽九州不可以明地。七略者。所以分書之次。卽七略不可以明書。欲明天者在於明推步。欲明地者在於明遠邇。欲明書者在於明類例。噫。類例不明。圖書失紀。有自來矣。臣於是總古今有無之書。爲之區別。凡十二類。經類第一。禮類第二。樂類第三。小學類第四。史類第五。諸子類第六。星數類第七。五行類第八。藝術類第九。醫方類第十。類書類第十一。文類第十二。經一類分九家。九家有八十八種書。以八十八種書而總爲九種書可乎。禮一類分七家。七家有五十四種書。以五十四種書而總爲七種書可乎。樂一類爲一家書十一種。小學一類爲一家書八種。史一類分十三家。十三家爲書九十種。朝代之書則以朝代分。非朝代書則以類聚分。諸子一類分十一家。其八家爲書八種。道釋兵三家書差多。爲四十種。星數一類分三家。三家爲書十五種。五行一類分三十家。三十家爲書三十三種。藝術一類爲一家書十七種。醫方一類爲一家書二十六種。類書一類爲一家。分上下二種。文類一類分二家。二十二種。別集一家爲十九種書。餘二十一家。二十一種書而已。總十二類百家四百二十二種。朱紫分矣。散四百二十二種書。可以窮百家之學。歛百家之學。可以明十二類之所歸。

易本一類也。以數不可合於圖。圖不可合於音。讖緯不可合於傳注。故分爲十六種。詩本一類也。以圖不可合於音。音不可合於譜。名物不可合於詁訓。故分爲十二種。禮雖一類而有七種。以儀禮雜於周官可乎。春秋雖一類而有五家。以啖趙雜於公穀可乎。樂雖主於音聲而歌曲與管絃異事。小學雖主於文字。而字書與韻書背馳。編年一家而有先後。文集一家而有合離。日月星辰。豈可與風雲氣候同爲天文之學。三命元辰。豈可與九宮太一同爲五行之書。以此觀之。七略所分。自爲苟簡。四庫所部。無乃荒唐。

類書猶持軍也。若有條理。雖多而治。若無條理。雖寡而紛。類例不患其多也。患處多之無術耳。

今所紀者。欲以紀百代之有無。然漢晉之書最爲希闊。故稍略。隋唐之書於今爲近。故差詳。崇文四庫及民間之藏。乃近代之書。所當一一載也。

類例既分。學術自明。以其先後本末具在。觀圖譜者可以知圖譜之所始。觀名數者可以知名數之相承。讖緯之學。盛於東都。音韻之書。傳於江左。傳注起於漢魏。義疏成於隋唐。覩其書可以知其學之源流。或舊無其書而有其學者。是爲新出之學。非古道也。

編次必記亡書論三篇

古人編書。皆記其亡闕。所以仲尼定書。逸篇具載。王儉作七志。已又條劉氏七略及二漢藝文志。魏中經簿所闕之書爲一志。阮孝緒作七錄。已亦條劉氏七略及班固漢志。袁山松後漢志。魏中經。晉四部所亡之書爲一錄。隋朝又記梁之亡書。自唐以前。書籍之富者。爲亡闕之書有所系。故可以本所系而求。所以書或亡於前。而備於後。不出於彼。而出於此。及唐人收書。只記其有。不記其無。是致後人失其名系。所以崇文四庫之書。比於隋唐亡書甚多。而古書之亡尤甚焉。

古人亡書有記。故本所記而求之。魏人求書有闕目錄一卷。唐人求書有搜訪圖書目一卷。所以得書之多也。闕下詔并書目一卷。惜乎行之不遠。一卷之目亦無傳焉。臣今所作羣書會紀。不惟篇別類例。亦所以廣古今而無遺也。

古人編書。必究本末。上有源流。下有沿襲。故學者亦易學。求者亦易求。謂如隋人於歷一家。最爲詳明。凡作歷者幾人。或先或後。有因有革。存則俱存。亡則俱亡。唐人不能記亡書。然猶紀其當代作者之先後。必使具在而後已。及崇文四庫有則書。無則否。不惟古書難求。雖今代憲章亦不備。

書有名亡實不亡論一篇

書有亡者。有雖亡而不亡者。有不可以不求者。有不可求者。文言略例雖亡。而周易具在。漢魏吳晉鼓吹曲雖亡。而樂府具在。三禮目錄雖亡。可取諸三禮。十三代史目錄雖亡。可取諸十三代史。常鼎寶文選著作人名目錄雖亡。可取諸文選。孫玉汝唐列聖實錄雖亡。可取諸唐實錄。開元禮目錄雖亡。可取諸開元禮。名醫別錄雖亡。陶隱居已收入本草。李氏本草雖亡。唐愼微已收入證類。春秋括甲子雖亡。不過起隱公至哀公甲子耳。韋嘉年號錄雖亡。不過起漢後元至唐中和年號耳。續唐曆雖亡。不過起續柳芳所作至唐之末年。亦猶續通典。續杜佑所作至宋初也。毛詩蟲魚草木圖。蓋本陸璣疏而爲圖。今雖亡。有陸璣疏在。則其圖可圖也。爾雅圖。蓋本郭璞注而爲圖。今雖亡。有郭璞注在。則其圖可圖也。張頻禮粹出於崔靈恩三禮義宗。有崔靈恩三禮義宗。則張頻禮粹爲不亡。五服志出於開元禮。有開元禮。則五服志爲不亡。有杜預春秋公子譜、無顧啟期大夫譜可也。有洪範五行傳。無春秋災異應錄可也。丁副春秋三傳同異字可見於杜預釋例。陸淳纂例京相璠春秋土地名可見於杜預地名譜。桑欽水經。李騰說文字源。不離說文經典分毫正字不離佩觿。李舟切韻乃取說文而分聲。天寶切韻卽開元文字而爲韻。內外轉歸字圖內外傳鈐指歸圖切韻樞之類。無不見於韻海鏡源。書評書論書品書訣之類無不見於法書苑墨藪。唐人小說多見於語林。近代小說多見於集說。天文橫圖圓圖分野圖紫微圖象度圖但一圖可該。大象賦小象賦周髀星述四七長短經劉石甘巫占。但一書可備開元占經。象應驗錄之類卽古今通占鑑乾象新書可以見矣。李氏本草拾遺刪繁本草徐之才藥對南海藥譜藥林藥論藥忌之書證類本草收之矣。肘後方。鬼遺方。獨行方。一致方。及諸古方之書。外臺祕要太平聖惠方中盡收之矣。紀元之書亡者甚多。不過紀運圖歷代圖可見其略。編年紀事之書亡者甚多。不過通曆帝王曆數圖可見其略。凡此之類名雖亡而實不亡者也。

編次失書論五篇

書之易亡。亦由校讎之人失職故也。蓋編次之時。失其名帙。名帙既失。書安得不亡也。按唐志於天文類有星書。無日月風雲氣候之書。豈有唐朝而無風雲氣候之書乎。編次之時失之矣。按崇文目有風雲氣候書。無日月之書。豈有宋朝而無日月之書乎。編次之時失之矣。

四庫書目並無此等書。而以星禽洞微之書。列於天文。且星禽洞微。五行之書也。何與天文。射覆一家。於漢有之。世有其書。唐志崇文目並無。何也。軌革一家。其來舊矣。世有其書。唐志崇文目並無。四庫始收入五行類。醫方類自有炮灸一家書。而隋唐二志並無。何也。人倫之書極多。唐志只有袁天綱七卷而已。婚書極多。唐志只有一部。崇文只有一卷而已。四庫全不收。

見名不見書論二篇

編書之家。多是苟且。有見名不見書者。有看前不看後者。尉繚子兵書也。班固以爲諸子類。置於雜家。此之謂見名不見書。隋唐因之。至崇文目始入兵書類。顏師古作刋謬正俗。乃雜記經史。惟第一篇說論語。而崇文目以爲論語類。此之謂看前不看後。應知崇文所釋。不看全書。多只看帙前數行。率意以釋之耳。（按刋謬正俗當入經解類）

按漢朝駮議。諸王奏事。魏臣奏事。魏臺詔議。南臺奏事之類。隋人編入刑法者。以隋人見其書也。若不見其書。卽其名以求之。安得有刑法意乎。按唐志見其名爲奏事。直以爲故事也。編入故事類。況古之所謂故事者。卽漢之章程也。異乎近人所謂故事者矣。是之謂見名不見書。按周易參同契三卷。周易五相類一卷。爐火之書也。唐志以其取名於周易。則以爲卜筮之書。故入周易卜筮類。此亦謂見名不見書。

收書之多論一篇

臣嘗見鄉人方氏望壺樓書籍頗多。問其家。乃云。先人守無爲軍日。就一道士傳之。尙不能盡其書也。如唐人文集無不備。又嘗見浮屠慧邃收古人簡牘。宋朝自開國至崇觀間。凡是名臣及高僧筆迹無不備。以一道士能備一唐朝之文集。以一僧能備一宋朝之筆迹。況於堂堂天府。而不能盡天下之圖書乎。患不求耳。然觀國家向日文物全盛之時。猶有遺書民間所有。祕府所無者甚多。是求之道未至耳。

闕書備於後世論一篇

古之書籍。有不足於前朝而足於後世者。觀唐志所得舊書。盡梁書卷帙。而多於隋。蓋梁書至隋所失已多。而卷帙不全者又多。唐人按王儉七志。阮孝緒七錄。搜訪圖書。所以卷帙多於隋。而復有多於梁者。如陶潛集。梁有五卷。隋有九卷。唐乃有二十卷。諸書如此者甚多。孰謂前代亡書不可備於後代乎。

亡書出於後世論一篇

古之書籍。有不出於當時而出於後代者。按蕭何律令。張蒼章程。漢之大典也。劉氏七略。班固漢志全不收。按晉之故事。卽漢章程也。有漢朝駮議三十卷。漢名臣奏議三十卷。並爲章程之書。至隋唐猶存。奈何闕於漢乎。刑統之書。本於蕭何律令。歷代增修。不失故典。豈可闕於當時乎。又況兵家一類。任宏所編。有韓信軍法三篇。廣武一篇。豈有韓信軍法猶在。而蕭何律令張蒼章程則無之。此劉氏班氏之過也。孔安國舜典不出於漢。而出於晉。連山之易不出於隋。而出於唐。應知書籍之亡者。皆校讎之官失職矣。

亡書出於民間論一篇

古之書籍。有上代所無。而出於今民間者。古文尚書音。唐世與宋朝並無。今出於漳州之吳氏。陸機正訓。隋唐二志並無。今出於荊州之田氏。三墳自是一種古書。至熙豐間。始出於野堂村校。按漳州吳氏書目。算術一家有數件古書。皆三館四庫所無者。臣已收入求書類矣。又師春二卷。甘氏星經二卷。漢官典儀十卷。京房易鈔一卷。今世之所傳者。皆出吳氏。應知古書散落人間者。可勝計哉。求之之道未至耳。

求書遺使校書久任論一篇

求書之官。不可不遣。校書之任。不可不專。漢除挾書之律。開獻書之路。久矣。至成帝時。遣謁者陳農。求遺書於天下。遂有七略之藏。隋開皇間。奇章公請分遣使人搜訪異本。後嘉則殿藏書三十七萬卷。祿山之變。尺簡無存。乃命苗發等使江淮搜訪。至文宗朝。遂有十二庫之書。唐之季年。猶遣監察御史諸道搜求遺書。知古人求書欲廣。必遣官焉。然後山林藪澤可以無遺。司馬遷世爲史官。劉向父子校讎天祿。虞世南顏師古相繼爲祕書監。令狐德棻三朝當修史之任。孔穎達一生不離學校之官。欲圖書之備。文物之興。則校讎之官。豈可不久其任哉。

求書之道有八論九篇

求書之道有八。一曰卽類以求。二曰旁類以求。三曰因地以求。四曰因家以求。五曰求之公。六曰求之私。七曰因人以求。八曰因代以求。當不一於所求也。

凡星曆之書。求之靈臺郎。樂律之書。求之太常樂工。靈臺所無。然後訪民間之知星曆者。太常所無。然後訪民間之知音律者。眼目之方多。眼科家或有之。疽瘍之方多。外醫家或有之。紫堂之書多亡。世有傳紫堂之學者。九曜之書多亡。世有傳九星之學者。列仙類之類道藏可求。此之謂卽類以求。

凡性命道德之書。可以求之道家。小學文字之書。可以求之釋氏。如素履子元眞子尹子鬻子之類。道家皆有。如倉頡篇龍龕手鑑郭迻音訣圖字母之類。釋氏皆有。周易之書。多藏於卜筮家。洪範之書。多藏於五行家。且如邢璹周易略例正義。今道藏有之。京房周易飛伏例。卜筮家有之。此之謂旁類以求。

孟少主實錄。蜀中必有。王審知傳。閩中必有。零陵先賢傳。零陵必有。桂陽先賢贊。桂陽必有。

京口記者潤州記也。東陽記者婺州記也。茅山記必見於茅山觀。神光聖迹必見於神光寺。如此之類可因地以求。

錢氏慶系圖可求於忠懿王之家。章氏家譜可求於申公之後。黃君俞尚書關言雖亡。君俞之家在興化。王棐春秋講義雖亡。棐之家在臨漳。徐寅文賦今莆田有之。以其家在莆田。潘佑文集今長樂有之。以其後居長樂。如此之類可因家以求。

禮儀之書。祠祀之書。斷獄之書。官制之書。版圖之書。今官府有不經兵火處。其書必有存者。此謂求之公。

書不存於祕府。而出於民間者甚多。如漳州吳氏。其家甚微。其官甚卑。然一生文字間至老不休。故所得之書。多蓬山所無者。兼藏書之家。例有兩目錄。所以示人者。未嘗載異書。若非與人盡誠盡禮。彼肯出其所祕乎。此謂求之私。

鄉人李氏曾守和州。其家或有沈氏之書。前年所進褚方回清愼帖。蒙賜百匹兩。此則沈家舊物也。鄉人陳氏嘗謂湖北監司。其家或有田氏之書。臣嘗見其有荆州田氏目錄。若迹其官守。知所由來。容或有焉。此謂因人以求。

胡旦作演聖通論。余靖作三史刊誤。此等書卷帙雖多。然流行於一時。實近代之所作。書之難求者。爲其久遠而不可迹也。若出近代人之手。何不可求之有。此謂因代而求。

編次之訛論十五篇

隋志所類無不當理。然亦有錯收者。諡法三部。已見經解類矣。而汝南君諡儀。又見儀注何也。後人更不考其錯誤。而復因之。按唐志經解類。已有諡法。復於儀注類出魏晉諡儀。蓋本隋志。

一類之書。當集在一處。不可有所間也。按唐志諡法見於經解一類。而分爲兩處。置四庫書目以入禮類。亦分爲兩也。

唐志於儀注類中有玉璽國寶之書矣。而於傳記類中。復出此二書。四庫書目既立命書類。而三命五命之書。復入五行卜筮類。

遁甲一種書耳。四庫書目分而爲四類。兵書見之。五行卜筮又見之。壬課又見之。命書又見之。既立壬課類。則遁甲書當隸壬課類中。

月令乃禮家之一類。以其書之多。故爲專類。不知四庫書目如何見於禮類。又見於兵家。又見於農家。又見於月鑑。按此宜在歲時類。

太元經以諱故。崇文改爲太眞。今四庫書目分太元太眞爲兩家書。

貨泉之書。農家類也。唐志以顧烜錢譜列於農。至於封演錢譜。又列於小說家。此何義哉。亦恐是誤耳。崇文四庫因之。並以貨泉爲小說家書。正猶班固以太元爲揚雄所作。而列於儒家後人因之。遂以太元一家之書。爲儒家類。是故君子重始作。若始作之訛。則後人不復能反正也。

有曆學。有算學。隋志以曆數爲主。而附以算法。雖不別條。自成兩類。後人始分曆數爲兩家。不知唐志如何以曆與算二種之書。相濫爲一。雖曰曆算同歸乎數。各自名家。

李延壽南北史。唐志類於集史。是。崇文類於雜史。非。吳紀九卷。唐志類於編年。是。隋志類於正史。非。海宇亂離志。唐志類於雜史。是。隋志類於編年。非。

唐藝文志與崇文總目。既以外丹煅法爲道家書矣。奈何藝文志又於醫術中見太清神丹經諸丹藥數條。崇文又於醫書中見伏火丹砂通元秘訣數條。大抵爐火與服餌兩種。向來道家與醫家雜出。不獨藝文與崇文。雖隋志亦如此。臣今分爲兩類。列於道家。庶無雜揉。

歲時自一家書。如歲時廣記百十二卷。崇文總目不列於歲時。而列於類書。何也。類書者。謂總衆類不可分也。若可分之書。當入別類。且如天文有類書。自當列天文類。職官有類書。自當列職官類。豈可以爲類書。而總入類書類乎。

諫疏時政論與君臣之事。隋唐志並入雜家。臣今析出。按此當入儒家。大抵隋唐志於儒雜二家不分。

古今編書所不能分者五。一曰傳記。二曰雜家。三曰小說。四曰雜史。五曰故事。凡此五類之書足相紊亂。又如文史與詩話亦能相濫。

凡編書每一類成。必計卷帙於其後。如何唐志於集史計卷。而正史不計卷。實錄與詔令計卷。而起居注不計卷。凡書計卷帙。皆有空別。唐志無空別。多爲抄寫所移。隋志最可信。緣分類不考。故亦有重複者。嘉瑞記祥瑞記二書。既出雜傳。又出五行。諸葛武侯集誡。衆賢誡。曹大家女誡。正順志。娣姒訓。女誡。女訓。凡數種書。既出儒類。又出總集。衆僧傳。高僧傳。梁皇大捨記。法藏目錄。元門寶海等書。既出雜傳。又出雜家。如此三種。實由分類不明。是致差互。若迺陶弘景天儀說要。天文類中兩出。趙政甲寅元曆序。曆數中兩出。黃帝飛鳥曆與海中仙人占災祥書。五行類中兩出。庚季才地形志。地理類中兩出。凡此五書。是不校勘之過也。以隋志尙且如此。後來編書出於衆手。不經校勘者。可勝道哉。於是作書目正訛。

崇文明於兩類論一篇

崇文總目。衆手爲之。其間有兩類極有條理。古人不及。後來無以復加也。道書一類有九節。九節相屬而無雜揉。又雜史一類。雖不標別。然分上下二卷。即爲二家。不勝冗濫。及覩崇文九節。正所謂大熱而濯以淸風也。雜史一類。隋唐二志皆不成條理。今觀崇文之作。賢於二志遠矣。此二類往往是一手所編。惜乎當時不盡以其書屬之也。

泛釋無義論一篇

古之編書。但標類而已。未嘗注解。其著注者。人之姓名耳。蓋經入經類。何必更言經。史入史類。何必更言史。但隨其凡目。則其書自顯。惟隋志於疑晦者。則釋之。無疑晦者。則以類舉。今崇文總目出新意。每書之下。必著說焉。據標類自見。何用更爲之說。且爲之說也。已自繁矣。何用一一說焉。至於無說者。或後書與前書不殊者。則强爲之說。使人意怠。且太平廣記者。乃太平御覽別出。廣記一書。專記異事。奈何崇文之目所說。不及此意。但以謂博採羣書。以類分門。凡是類書。皆可博採羣書。以類分門。不知御覽之與廣記。又何異。崇文所釋大概如此。舉此一條。可見其他。

書有不應釋論三篇

實錄自出於當代。按崇文總目有唐實錄十八部。旣謂唐實錄。得非出於唐人之手。何須一一釋云唐人撰。

凡編書皆欲成類。取簡而易曉。如文集之作甚多。唐人所作。自是一類。宋朝人所作。自是一類。但記姓名可也。何須一一言唐人撰。一一言宋朝人撰。然崇文之所作。以爲衍文者。不知其爲幾何。此非不達理也。著書之時。元不經心耳。

有應釋者。有不應釋者。崇文總目必欲一一爲之釋。間有見名知義者。亦彊爲之釋。如鄭景岫作南中四時攝生論。其名自可見。何用釋哉。如陳昌允作百中傷寒論。其名亦可見。何必曰百中者取其必愈乎。

書有應釋論一篇

隋志於他類。只注人姓名。不注義說。可以睹類而知義也。如史家一類。正史編年。各隨朝代易明。不言自顯。至於雜史。容有錯雜。其間故爲之注釋。其易知者則否。惟霸史一類。紛紛如也。故一一具注。蓋有應釋者。有不應釋者。不可執一概之論。按唐志有應釋者。而一概不釋。謂之簡。崇文有不應釋者。而一概釋之。謂之繁。今當觀其可不可。

不類書而類人論三篇

古之編書。以人類書。何嘗以書類人哉。人則於書之下注姓名耳。唐志一例削注。一例大書。遂以書類人。且如別集類。自是一類。總集自是一類。奏集自是一類。令狐楚集百三十卷。當入別集類。表奏十卷。當入奏集類。如何取類於令狐楚而別集與奏集不分。皮日休文數十卷。當入總集類。文集十八卷。當入別集類。如何取類於皮日休而總集與別集無別。詩自一類。賦自一類。陸龜蒙有詩十卷。賦六卷。如何不分詩賦而取類於陸龜蒙。按隋志於書則以所作之人或所解之人注其姓名於書之下。文集則大書其名於上曰某人文集。不著注焉。唐志因隋志係人於文集之上。遂以他書一概如是。且春秋一類之學。當附春秋以顯。如曰劉向。有何義。易一類之書。當附易以顯。如曰王弼。有何義。

唐志以人置於書之上。而不著注。大有相妨。如管辰作管輅傳三卷。唐省文例去作字。則當曰管辰管輅傳。是二人共傳也。如李邕作狄仁傑傳三卷。當去作字。則當曰李邕狄仁傑傳。是二人共傳也。又如李翰作張巡姚誾傳三卷。當去作字。則當曰李翰張巡姚誾傳。是三人共傳也。若文集置人於上。則無相妨。曰某人文集可也。卽無某人作某人文集之理。所志唯文集置人於上。可以去作字。可以不著注。而於義無妨也。又如盧槃佐作孝子傳三卷。又作高士傳二卷。高士與孝子自殊。如何因所作之人而合爲一。似此類極多。炙轂子雜錄注解五卷。乃王叡撰。若從唐志之例。則當曰王叡炙轂子雜錄注解五卷。是王叡復爲注解之人矣。若用隋志例。以其人之姓名著注於其下。無有不安之理。

編書不明分類論三篇

七略唯兵家一略。任宏所校。分權謀形勢陰陽技巧爲四種書。又有圖四十三卷。與書參焉。觀其類例。亦可知兵。況見其書乎其次則尹咸校數術。李柱國校方技。亦有條理。惟劉向父子所校經傳諸子詩賦。冗雜不明。盡採語言。不存圖譜。緣劉氏章句之儒。胸中元無倫類。班固不知其失。是致後世亡書多。而學者不知源。則凡編書惟細分難。非用心精微。則不能也。兵家一略。極明。若他略皆如此。何憂乎斯文之喪也。

史家本於孟堅。孟堅初無獨斷之學。惟依緣他人以成門戶。紀志傳則追司馬之蹤。律曆藝文則躡劉氏之迹。惟地理志與古今人物表是其胸臆。地理一學。後代少有名家者。由班固修之無功耳。古今人物表又不足言也。

古者修書出於一人之手。成於一家之學。班馬之徒是也。至唐人始用衆手。晉隋二書是矣。然亦皆隨其學術所長者而授之。未嘗奪人之所能。而彊人之所不及。如李淳風于志甯之徒。則授之以志。如顏師古孔穎達之徒。則授之紀傳。以顏孔博通古今。于李明天文地理圖籍之學。所以晉隋二志高於古今。而隋志尤詳明也。

編次有敍論二篇

隋志每於一書而有數種學者。雖不標別。然亦有次第。如春秋三傳。雖不分爲三家。而有先後之列。先左氏。次公羊。次穀梁。次國語。可以次求類。唐志不然。三傳國語可以渾而雜出。四家之學猶方圓冰炭也。不知國語之文。可以同於公穀。公穀之義。可以同於左氏者乎。

隋志於禮類有喪服一種。雖不別出。而於儀禮之後。自成一類。以喪服者儀禮之一篇也。後之議禮者。因而講究。遂成一家之書。尤多於三禮。故爲之別異。可以見先後之次。可以見因革之宜。而無所紊濫。今唐志與三禮雜出。可乎。

編次不明論七篇

班固藝文志出於七略者也。七略雖疏而不濫。若班氏步步趨趨。不離於七略。未見其失也。間有七略所無而班氏雜出者。則躓矣。揚雄所作之書。劉氏蓋未收而班氏始出。若之何以太元法言樂箴三書合爲一。總謂之揚雄所序三十八篇入於儒家類。按儒者舊有五十二種。固新出一種。則揚雄之三書。但且太元易類也。法言諸子也。樂箴雜家也。奈何合而爲一家。是知班固胸中元無倫類。

舊類有道家。有道書。道家則老莊是也。有法家。有刑法。法家則申韓是也。以道家爲先。法家次之。至以刑法道書別出條例。刑法則律令也。道書則法術也。豈可以法術與老莊同條。律令與申韓共貫乎。不得不分也。唐志則併道家道書釋氏三類爲一類。命以道家。可乎。凡條例之書。古人草昧。後世詳明者有之。未有棄古人之詳明。從後人之紊濫也。其意謂釋氏之書。難爲在名墨兵農之上。故以合於道家。殊不知凡目之書。只要明曉。不如此論高卑。況釋道二家之書。自是矛盾。豈可同一家乎。

漢志於醫術類有經方。有醫經。於道術類有房中。有神仙。亦自微有分別。奈何後之人更不本此。同爲醫方。同爲道家者乎。足見後人之苟且也。

唐志別出明堂經脈一條。而崇文總目合爲醫書。據明堂一類。亦有數家。以爲一條。已自疏矣。況合於醫書。而其類又不相附。可乎。

漢志以司馬法爲禮經。以太公兵法爲道家。此何義也。疑此二條。非任氏劉氏所收。蓋出班固之意。亦如以太元樂箴爲儒家類也。

漢志以世本戰國策秦大臣奏事漢著記爲春秋類。此何義也。

唐志以選舉志入職官類。是。崇文總目以選舉志入傳記非。

清四庫全書序目

清紀昀等奉敕撰。昀河間人。字曉嵐。乾隆進士。官至協辦大學士。卒謚文達。初太宗在瀋陽時。已留心典籍。廣為搜羅。入關後。收明永樂大典等書。又日積月累。至乾隆朝號稱富備。三十七年下詔開館。纂修四庫全書。復徵求天下書籍。命紀昀等為總纂官。仍遵歷代四部之名。修正體例。分類考訂。凡十餘年而後告成。計三萬六千餘冊。三百餘萬葉。（案據四庫全書總目約計之。著錄書有三千四百餘種。七萬七千餘卷。存目書有六千七百餘種。九萬四千餘卷。兩者合計。為書一萬餘種。十七萬餘卷。持較漢志。多至十餘倍。較隋志。亦可多二三倍）書既成。先繕寫四分。特建四閣以資藏庋。文淵閣在大內。文源閣在圓明園。文津閣在熱河避暑山莊。文溯閣在瀋陽行宮。此名內廷四閣。嗣以江浙為人文所聚。因於江蘇揚州之大觀堂建文滙閣。鎮江之金山寺建文宗閣。浙江西湖之聖因寺行宮建文瀾閣。復各頒一分貯之。以便力學好古之士。就近觀摩謄寫。此四庫全書先後分鈔七部之由來也。不幸於咸豐十年英法聯軍之役。北京淪陷。圓明園被燬。文源閣所藏。蕩然無存。是時江南正當洪楊之役。文滙文宗亦相繼燬滅。文瀾於亂後補鈔。已非當年舊帙。今改存浙江圖書館中。民國紀元以來。鑒於各閣全書歷次銷燬。祇存其半。曾與上海商務印書館商立約付印流通。嗣因事中止。近遼寧省政府。已將文溯閣全書從事開印。將來大功告成。使吾國宏富珍祕之典籍。流通於海內外。昌明學術。導揚國光。亦中華民族歷史之榮幸也。又案四庫全書告成。下詔復命紀昀等撰總目提要二百卷。內分著錄存目二項。著錄之書皆有鈔本存於閣內。存目之書則四庫所不收。每書皆撮舉大凡。條論得失。並詳其著書人世次爵里。較漢隋諸志多至百倍。其書雖應全讀。方足以盡其精蘊。然本書題名治要。限於卷帙。勢難盡錄。亦無須盡錄。因特規仿漢隋二志之例。先以總序。明其源委。次系書目。（不錄存目之書目）並注作者世次姓氏。以資考核。其每書提要之文。概不采及。故名之曰清四庫全書序目。以見吾國近代國家藏書之略。而為學者考覽之一便焉。（案紀氏撰總目提要後。又撰簡明目錄二十卷。不載存目之書。刪煩就簡。一覽瞭然。於初學頗為便利。然不載各部各類之總序小序。不能貫通羣書分合之原委。故尚嫌其未盡善也。又書目下原作「國朝」者。今悉改為「清」以便識別）

經部總敘

經稟聖裁。垂型萬世。刪定之旨。如日中天。無所容其贊述。所論次者。詁經之說而已。自漢京以後。垂二千年。儒者沿波。學凡六變。其初專門授受。遞稟師承。非惟詁訓相傳。莫敢同異。卽篇章字句。亦恪守所聞。其學篤實謹嚴。及其弊也拘。王弼王肅。稍持異議。流風所扇。或信或疑。越孔賈啖趙。以及北宋孫復劉敞等。各自論說。不相統攝。及其弊也雜。洛閩繼起。道學大昌。擺落漢唐。獨研義理。凡經師舊說。俱排斥以為不足信。其學務別是非。及其弊也悍。（如王柏吳澄攻駁經文、動輒刪改之類。）學脈旁分。攀緣日衆。驅除異己。務定一尊。自宋末以逮明初。其學見異不遷。及其弊也黨。（如論語集註誤引包咸夏瑚商璉之說、張存中四書通證卽闕此一條、以諱其誤、又如王柏刪國風三十二篇、許謙疑之、吳師道反以為非之類、）主持太過。勢有所偏。材辨聰明。激而橫決。自明正德嘉靖以後。其學各抒心得。及其弊也肆。如王守仁之末派皆以狂禪解經之類空談臆斷。考證必疏。於是博雅之儒。引古義以抵其隙。國初諸家。其學徵實不誣。及其弊也瑣。如一字音訓動辨數百言之類要其歸宿。則不過漢學宋學兩家互為勝負。夫漢學具有根柢。講學者以淺陋輕之。不足服漢儒也。宋學具有精微。讀書者以空疏薄之。亦不足服宋儒也。消融門戶之見。而各取所長。則私心祛而公理出。公理出而經義明矣。蓋經者非他。卽天下之公理而已。今參稽眾說。務取持平。各明去取之故。分為十類。曰易。曰書。曰詩。曰禮。曰春秋。曰孝經。曰五經總義。曰四書。曰樂。曰小學。

易類

聖人覺世牖民。大抵因事以寓教。詩寓於風謠。禮寓於節文。尚書春秋寓於史。而易則寓於卜筮。故易之為書。推天道以明人事者也。左傳所記諸占。蓋猶太卜之遺法。漢儒言象數。去古未遠也。一變而為京焦。入於禨祥。再變而為陳邵。務窮造化。易遂不切於民用。王弼盡黜象數。說以老莊。一變而胡瑗程子。始闡明儒理。再變而李光楊萬里。又參證史事。易遂日啟其論端。此兩派六宗。已互相攻駁。又易道廣大。無所不包。旁及天文地理樂律兵法韻學算術。以逮方外之爐火。皆可援易以為說。而好異者又援以入易。故易說愈繁。夫六十四卦大象。皆有君子以字。其爻象則多戒占者。聖人之情。見乎詞矣。其餘皆易之一端。非其本也。今參校諸家。以因象立教者爲宗。而其他易外別傳者。亦兼收以盡其變。各爲條論。具列於左。

子夏易傳十一卷（舊本題卜子夏撰、實後人輾轉依託、非其原書、凡託名之書、仍從其所託之時代、漢書藝文志例也、）　周易鄭康成注一卷（漢鄭元撰、）　新本鄭氏周易三卷（漢鄭元撰、）　陸氏易解一卷（吳陸績撰、）　周易註十卷（魏王弼注、其繫辭以下則韓康伯註也、）　周易正義十卷（唐孔穎達撰、）　周易集解十七卷（唐李鼎祚撰、）　周易口訣義六卷（唐史徵撰、）　周易舉正三卷（舊本題唐郭京撰、）　易數鉤隱圖三卷附遺論九事一卷（宋劉牧撰、）　周易口義十二卷（宋倪天隱述其師胡瑗之說、）　溫公易說六卷（宋司馬光撰、）　橫渠易說三卷（宋張載撰、）　東坡易傳九卷（宋蘇軾撰、）　易傳四卷（宋程頤撰、）　易學辨惑一卷（宋邵伯溫撰、）　了翁易說一卷（宋陳瓘撰、）　吳園易解九卷（宋張根撰、）　周易新講義十卷（宋耿南仲撰、）　紫巖易傳十卷（宋張浚撰、）　讀易詳說十卷（宋李光撰、）　易小傳六卷（宋沈該撰、）　漢上易集傳十一卷卦圖三卷叢說一卷（宋朱震撰、）　周易窺餘十五卷（宋鄭剛中撰、）　易璇璣三卷（宋吳沆撰、）　易變體義十二卷（宋都絜撰、）　周易經傳集解三十六卷（宋林栗撰、）　易原八卷（宋程大昌撰、）　周易古占法一卷古周易章句外編一卷（宋程迥撰、）　周易本義十二卷附重刻周易本義四卷（宋朱熹撰、）　郭氏傳家易說十一卷（宋郭雍撰）　周易義海撮要十二卷（宋李衡刪定、）　南軒易說三卷（宋張栻撰、）　復齋易說六卷（宋趙彥肅撰、）　楊氏易傳二十卷（宋楊簡撰、）　周易玩辭十六卷（宋項安世撰、）　易說四卷（宋趙善譽撰、）　誠齋易傳二十卷（宋楊萬里撰、）　大易粹言十卷（宋方聞一編、）　易圖說三卷（宋吳仁傑撰、）

古周易一卷宋呂祖謙編、易傳燈四卷宋徐總幹撰、易裨傳二卷宋林至撰、厚齋易學五十二卷宋馮椅撰、童溪易傳三十卷宋王宗傳撰、周易總義二十卷宋易祓撰、西谿易說十二卷宋李過撰、丙子學易編一卷宋李心傳撰、易通六卷宋趙以夫撰、周易經傳訓解二卷宋蔡淵撰、易象意言一卷宋蔡淵撰、周易要義十卷宋魏了翁撰、東谷易翼傳二卷宋鄭汝諧撰、朱文公易說二十三卷宋朱鑑編、易學啟蒙小傳一卷附古經傳一卷宋稅與權撰、周易輯聞六卷附易雅一卷筮宗一卷宋趙汝楳撰、用易詳解十六卷宋李杞撰、淙山讀周易記二十一卷宋方實孫撰、周易傳義附錄十四卷宋董楷撰、易學啟蒙通釋二卷宋胡方平撰、三易備遺十卷宋朱元昇撰、周易集說四十卷宋俞琬撰、讀易舉要四卷宋俞琬撰、周易象義十六卷宋丁易東撰、易圖通變五卷易筮通變三卷宋雷思齊撰、讀易私言一卷元許衡撰、易本義附錄纂疏十五卷元胡一桂撰、易學啟蒙翼傳四卷元胡一桂撰、易纂言十卷元吳澄撰、易纂言外翼八卷元吳澄撰、易原奧義一卷周易原旨六卷元寶巴撰、周易程朱傳義折衷三十三卷元趙采撰、周易衍義十六卷元胡震撰、易學濫觴一卷元黃澤撰、大易緝說十卷元王申子撰、周易本義通釋十二卷元胡炳文撰、周易本義集成十二卷元熊良輔撰、大易象數鉤深圖三卷元張理撰、學易記九卷元李簡撰、周易集傳八卷元龍仁夫撰、讀易考原一卷元蕭漢中撰、易精蘊大義十二卷元解蒙撰、易學變通六卷元曾貫撰、周易會通十四卷元董眞卿撰、周易圖說二卷元錢義方撰、周易爻變義蘊四卷元陳應潤撰、周易參義十二卷元梁寅撰、周易文

詮四卷元趙汸撰、周易大全二十四卷明永樂中翰林院學士胡廣等奉敕撰、易經蒙引十二卷明蔡清撰、讀易
餘言五卷明崔銑撰、易學啟蒙意見五卷明韓邦奇撰、易經存疑十二卷明林希元撰、周易辨錄四
卷明楊爵撰、易象鈔四卷明胡居仁撰、周易象旨決錄七卷明熊過撰、易象鉤解四卷明陳士元撰、周
易集注十六卷明來知德撰、讀易紀聞六卷明張獻翼撰、八白易傳十六卷明葉山撰、洗心齋讀易
述十七卷明潘士藻撰、像象管見九卷明錢一本撰、周易箚記三卷明逯中立撰、周易易簡說三卷
明高攀龍撰、易義古象通八卷明魏濬撰、周易像象述五卷明吳桂森撰、易用五卷明陳祖念撰、易象
正十六卷明黃道周撰、兒易內儀以六卷兒易外儀十五卷明倪元璐撰、卦變考略一卷明董守諭撰、
古周易訂詁十六卷明何楷撰、周易玩辭困學記十五卷明張次仲撰、易經通註九卷清大學士傅以
漸等奉敕撰、日講易經解義十八卷康熙二十二年大學士牛鈕等奉敕編、御纂周易折中二十二卷康熙五十四年
大學士李光地等奉敕撰、御纂周易述義十卷乾隆二十年大學士傅恆等奉敕撰、讀易大旨五卷清孫奇逢撰、周易稗
疏四卷附考異一卷清王夫之撰、易酌十四卷清刁包撰、田間易學十二卷清錢澄之撰、易學象數
論六卷清黃宗羲撰、周易象詞二十一卷附尋門餘論二卷圖學辨惑一卷清黃宗炎撰、周易筮
述八卷清王宏撰、仲氏易三十卷清毛奇齡撰、推易始末四卷清毛奇齡撰、春秋占筮書三卷清毛奇齡
撰、易小帖五卷清毛奇齡說易之語、其門人記錄成書者也、喬氏易俟十八卷清喬萊撰、讀易日鈔六卷清張烈撰、
周易通論四卷清李光地撰、周易觀彖十二卷清李光地撰、周易淺述八卷清陳夢雷撰、易原就

正十二卷清包儀撰、大易通解十五卷附錄一卷清魏荔彤撰、易經衷論二卷清張英撰、易圖明辨十卷清胡渭撰、合訂刪補大易集義粹言八十卷清納喇性德撰、周易傳註七卷附周易筮考一卷清李塨撰、周易劄記二卷清楊名時撰、周易傳義合訂十二卷清朱軾撰、周易玩辭集解十卷清查慎行撰、易說六卷清惠士奇撰、周易函書約存十八卷約註十八卷別集十六卷清胡煦撰、易箋八卷清陳法撰、楚蒙山房易經解十六卷清晏斯盛撰、周易孔義集說二十卷清沈起元撰、易翼述信十二卷清王又樸撰、周易淺釋四卷清潘思榘撰、周易洗心九卷清任啟運撰、豐川易說十卷清王心敬撰、周易述二十三卷清惠棟撰、易漢學八卷清惠棟撰、易例二卷清惠棟撰、易象大意存解一卷清任陳晉撰、大易擇言三十六卷清程廷祚撰、周易辨畫四十卷清連斗山撰、周易圖書質疑二十四卷清趙繼序撰、周易章句證異十一卷清翟均廉撰、

附錄

乾坤鑿度二卷　周易乾鑿度二卷　易緯稽覽圖二卷　易緯辨終備一卷　易緯通卦驗二卷　易緯乾元序制記一卷　易緯是類謀一卷　易緯坤靈圖一卷

右易類共一百五十八部一千七百六十一卷附錄八部十二卷

書類

書以道政事。儒者不能異說也。小序之依託。五行傳之附會。久論定矣。然諸家聚訟。猶有

四端。曰今文古文。曰錯簡。曰禹貢山水。曰洪範疇數。夫古文之辨至閻若璩始明。朱彝尊謂是書久頒於學官。其言多綴輯逸經成文。無悖於理。汾陰漢鼎。良亦善喻。吳澄舉而刪之。非可行之道也。禹跡大抵在中原。而論者多當南渡。昔疏今密。其勢則然。然尺短寸長。互相補苴。固宜兼收並蓄。以證異同。若夫劉向記酒誥召誥脫簡僅三。而諸儒動稱數十。班固牽洪範於洛書。諸儒併及河圖。支離轇轕。淆經義矣。故王柏書疑蔡沈皇極數之類。非解經之正軌者。咸無取焉。

尚書正義二十卷（舊本題漢孔安國傳、唐孔穎達疏、）　洪範口義二卷（宋胡瑗撰、）　東坡書傳十三卷（宋蘇軾撰、）　尚書全解四十卷（宋林之奇撰、）　鄭敷文書說一卷（宋鄭伯熊撰、）　禹貢指南四卷（宋毛晃撰、）　禹貢論五卷後論一卷山川地理圖二卷（宋陳大昌撰、）　尚書講義二十卷（宋史浩撰、）　尚書解二十六卷（宋夏僎撰、）　禹貢說斷四卷（宋傅寅撰、）　書說三十五卷（後十三卷宋呂祖謙撰、）　尚書說七卷（宋黃度撰、）　五誥解四卷（宋楊簡撰、）　絜齋家塾書鈔十二卷（宋袁燮撰、）　書集傳六卷（宋蔡沈撰、）　尚書精義五十卷（宋黃倫撰、）　尚書詳解五十卷（宋陳經撰、）　融堂書解二十卷（宋錢時撰、）　洪範統一一卷（宋趙善湘撰、）　尚書要義十七卷序說一卷（宋魏了翁撰、）　尚書集傳或問二卷（宋陳大猷撰、）　尚書詳解十三卷（宋胡士行撰、）　尚書表註二卷（宋金履祥撰、）　書纂言四卷（元吳澄撰、）　尚書集傳纂疏六卷（元陳櫟撰、）　讀書叢說六卷（元許謙撰、）　尚書輯錄纂註六卷（元董鼎撰、）　尚書通考十卷（元黃鎮成撰、）　書蔡傳旁通六卷（元陳師凱撰、）　讀書管見二卷元王充耘撰、　書義斷法六卷元陳悅道撰、　尚書纂傳四十六卷元王天與撰、　尚書句解十三卷元朱祖義撰、　書傳會選六卷明洪武二十七年翰林學士劉三吾等奉敕撰、　書傳大全十卷明永樂中翰林學士胡廣等奉敕撰、　尚書考異五卷明梅鷟撰、　尚書疑義六卷明馬明衡撰、　尚書日記十六卷明王樵撰、　尚書砭蔡編一卷明袁仁撰、　尚書疏衍四卷明陳第撰、　尚書註考一卷明陳泰交撰、　洪範明義四卷明黃道周撰、　日講書經解義十三卷康熙十九年大學士庫勒納等奉敕編、　欽定書經傳說彙纂二十四卷康熙六十年大學士王頊齡等奉敕撰、雍正八年世宗憲皇帝御製序文刊行、　書經稗疏四卷清王夫之撰、　古文尚書疏證八卷清閻若璩撰、　古文尚書冤詞八卷清毛奇齡撰、　尚書廣聽錄五卷清毛奇齡撰、　尚書埤傳十七卷清朱鶴齡撰、　禹貢長箋十二卷清朱鶴齡撰、　禹貢錐指二十卷圖一卷清胡渭撰、　洪範正論五卷清胡渭撰、　尚書解義一卷清李光地撰、

書經衷論四卷清張英撰、　尚書地理今釋一卷清蔣廷錫撰、　禹貢會箋十二卷清徐文靖撰

附錄

尚書大傳四卷補遺一卷舊本題漢伏勝撰、鄭元註、據元序文、乃勝之遺說、而張生歐陽生等錄之也、　書義矜式六卷元王充耘撰、

右書類五十六部六百五十一卷附錄二部十一卷。

詩類

詩有四家。毛氏獨傳。唐以前無異論。宋以後則衆說爭矣。然攻漢學者。意不盡在於經義。務勝漢儒而已。伸漢學者。意亦不盡在於經義。憤宋儒之詆漢儒而已。各挾一不相下之

心。而又濟以不平之氣。激而過當。亦其勢然歟。夫解春秋者。惟公羊多駁。其中高子沈子之說。殆轉相附益。要其大義數十。傳自聖門者。不能廢也。詩序稱子夏。而所引高子孟仲子。乃戰國時人。固後來攙續之明證。即成伯璵等所指篇首一句。經師口授。亦未必不失其眞。然去古未遠。必有所受。意其眞贋相半。亦近似公羊。全信全疑。均爲偏見。今參稽衆說。務協其平。苟不至程大昌之妄改舊文。王柏之橫刪聖籍者。論有可採。並錄存之。以消融數百年之門戶。至於鳥獸草木之名。訓詁聲音之學。皆事須考證。非可空談。今所採輯。則尊漢學者居多焉。

詩序二卷（是書作自何人、衆說不一、今參考諸書、定首句爲毛公以前經師所傳、其下申言爲毛公以後經師所加、併以朱子辨駁、各附條下、）　毛詩正義四十卷（漢毛亨傳、鄭元箋、唐孔穎達疏、）　毛詩草木鳥獸蟲魚疏二卷（吳陸璣撰、）　毛詩陸疏廣要二卷（明毛晉撰、）　毛詩指說一卷（唐成伯璵撰、）　毛詩本義十六卷（宋歐陽修撰、）　詩集傳二十卷（宋蘇轍撰、）　毛詩名物解二十卷（宋蔡卞撰、）　毛詩集解四十二卷（不著編錄者名氏、集宋李樗黃櫄兩家詩解爲一編、而附以李泳所訂呂祖謙釋音、）　詩補傳三十卷（宋范處義撰、）　詩總聞二十卷（宋王質撰、）　詩集傳八卷（宋朱熹撰、）　慈湖詩傳二十卷（宋楊簡撰、）　呂氏家塾讀詩記三十二卷（宋呂祖謙撰、）　續呂氏家塾讀詩記三卷（宋戴溪撰、）　絜齋毛詩經筵講義四卷（宋袁燮撰、）　毛詩講義十二卷（宋林岊撰、）　詩童子問十卷（宋輔廣撰、）　毛詩集解二十五卷（宋段昌武撰、）　詩輯三十六卷（宋嚴粲撰、）　詩傳遺說六卷（宋朱鑑編、）　詩考一卷（宋王應麟撰、）　詩地理考六卷（宋王應麟撰、）

詩集傳名物鈔八卷元許謙撰、詩傳通釋二十卷元劉瑾撰、詩傳旁通十五卷元梁益撰、詩經疏義二十卷元朱公遷撰、詩疑問七卷附詩辨說一卷詩疑問七卷元朱倬撰、附錄詩辨說一卷、宋趙悳撰、詩纘緒十八卷元劉玉汝撰、詩演義十五卷元梁寅撰、詩解頤四卷明朱善撰、詩集傳大全二十卷明永樂中翰林學士胡廣等奉敕撰詩說解頤四十卷明季本撰、讀詩私記二卷明李先芳撰、詩故十卷明朱謀㙔撰、六家詩名物疏五十四卷明馮應京撰、詩經疑問十二卷明姚舜牧撰、詩經世本古義二十八卷明何楷撰、待軒詩記八卷明張次仲撰、讀詩略記六卷明朱朝瑛撰、欽定詩經傳說彙纂二十卷序二卷康熙六十年戶部尚書王鴻緒等奉敕撰、御纂詩義折中二十卷乾隆二十年大學士傅恆等奉敕撰、田間詩學十二卷清錢澄之撰、詩經稗疏四卷清王夫之撰、詩經通義十二卷清朱鶴齡撰、毛詩稽古編三十卷清陳啟源撰、詩所八卷清李光地撰、毛詩寫官記四卷清毛奇齡撰、詩札二卷清毛奇齡撰、詩傳詩說駁議五卷清毛奇齡撰、續詩傳鳥名三卷清毛奇齡撰、詩識名解十五卷清姚炳撰、詩傳名物集覽十二卷清陳大章撰、詩說三卷清惠周惕撰、詩經劄記一卷清楊名時撰、讀詩質疑三十一卷附錄十五卷清嚴虞惇撰、毛詩類釋二十一卷續編三卷清顧棟高撰、詩疑辨證六卷清黃中松撰、三家詩拾遺十卷清范家相撰、詩瀋二十卷清范家相撰、詩序補義二十四卷清姜炳璋撰、虞東學詩十二卷清顧鎮撰、

附錄

韓詩外傳十卷漢韓嬰撰、

右詩類六十二部九百四十一卷附錄一部十卷。

禮類

古稱議禮如聚訟。然儀禮難讀。儒者罕通。不能聚訟。禮記輯自漢儒。某增某減。具有主名。亦無庸聚訟。所辨論求勝者。周禮一書而已。考大司樂章先見於魏文侯時。理不容僞。河閒獻王但言闕冬官一篇。不言簡編失次。則竄亂移補者亦妄。三禮並立。一從古本。無可疑也。鄭康成注。賈公彥孔穎達疏。於名物度數特詳。宋儒攻擊。僅摭其好引讖緯一失。至其訓詁。則弗能踰越。蓋得其節文。乃可推制作之精意。不比孝經論語。可推尋文句而談。本漢唐之注疏。而佐以宋儒之義理。亦無可疑也。謹以類區分。定爲六目。曰周禮。曰儀禮。曰禮記。曰三禮總義。曰通禮。曰雜禮書。六目之中。各以時代爲先後。庶源流同異。可比而考焉。

周禮註疏四十二卷漢鄭元註、唐賈公彥疏、　周禮新義十六卷附考工記解二卷宋王安石撰、　周禮詳解四十卷宋王昭禹撰、　周禮復古編一卷宋俞廷椿撰、　禮經會元四卷宋葉時撰、　太平經國之書十一卷宋鄭伯謙撰、　周官總義三十卷宋易祓撰、　周禮訂義八十卷宋王與之撰、　獻齋考工記解二卷宋林希逸撰、　周禮句解十二卷宋朱申撰、　周禮集說十卷宋陳友仁因無名氏舊本增修、　周官集傳十六卷元毛應龍撰、　周禮傳十卷圖說二卷翼傳二卷明王應電撰、　周禮全經釋原十四卷明柯尚遷撰、　周禮註疏刪翼三十卷明王志長撰、　欽定周官義疏四十八卷乾隆十三年奉敕撰、　周禮述註二十四卷清李光坡撰、　周禮訓纂二十一卷清李鍾倫撰、　周官集注十二卷清方苞撰、　禮說十四卷清惠士奇撰、　周官祿田考三卷清沈彤撰、　周禮疑義舉要七卷清江永撰、

右禮類周禮之屬二十二部四百五十三卷。

儀禮注疏十七卷漢鄭元註、唐賈公彥疏、　儀禮識誤三卷宋張淳撰、　儀禮集釋三十卷宋李如圭撰、　儀禮釋宮一卷宋李如圭撰、　儀禮圖十七卷儀禮旁通圖一卷宋楊復撰、　儀禮要義五十卷宋魏了翁撰、　儀禮逸經傳二卷元吳澄撰、　儀禮集說十七卷元敖繼公撰、　經禮補逸九卷元汪克寬撰、　欽定儀禮義疏四十八卷乾隆十三年奉敕撰、　儀禮鄭注句讀十七卷附監本正誤一卷石經正誤一卷清張爾岐撰、　儀禮商二卷附錄一卷清萬斯大撰、　儀禮述注十七卷宋李光坡撰、　儀禮析疑十七卷清方苞撰、　儀禮章句十七卷清吳廷華撰、　補饗禮一卷清諸錦撰、　禮經本義十七卷清蔡德晉撰、　宮室考十三卷清任啟運撰、　肆獻祼饋食禮三卷清任啟運撰、　儀禮釋宮增注一卷清江永撰、　儀禮小疏一卷清沈彤撰、　儀禮集編四十卷清盛世佐撰、

附錄

內外服制通釋七卷宋車垓撰、　讀禮通考一百二十卷清徐乾學撰、

右禮類儀禮之屬二十二部三百四十四卷附錄二部一百二十七卷。

禮記正義六十三卷（漢鄭元注、唐孔穎達疏、） 月令解十二卷（宋張虙撰、） 禮記集說一百六十卷（宋衞湜撰、） 禮記纂言三十六卷（元吳澄撰、） 雲莊禮記集說十卷（元陳澔撰、） 禮記大全三十卷（明永樂中、翰林學士胡廣等奉敕撰、） 月令明義四卷（明黃道周撰、） 表記集傳二卷（明黃道周撰、） 坊記集傳二卷附春秋問業一卷（明黃道周撰、） 緇衣集傳四卷（明黃道周撰、） 儒行集傳二卷（明黃道周撰、） 日講禮記解義六十四卷（是編爲聖祖仁皇帝講筵舊稿、未及成帙、乾隆元年始詔儒臣排纂頒行、） 欽定禮記義疏八十二卷（乾隆十三年奉敕撰、） 深衣考一卷（清黃宗義撰、） 陳氏禮記集說補正三十八卷（清納喇性德撰、） 禮記述註二十八卷（清李光坡撰、） 禮記析疑四十六卷（清方苞撰、） 檀弓疑問一卷（清邵泰衢撰、） 禮記訓義擇言八卷（清江永撰、） 深衣考誤一卷（清江永撰、）

附錄

大戴禮記十三卷（漢戴德撰、周盧辯註、） 夏小正戴氏傳四卷（宋傅崧卿撰、）

右禮類禮記之屬二十部五百九十四卷附錄二部十七卷。

三禮圖集註二十卷（宋聶崇義撰、） 三禮圖四卷（明劉績撰、） 學禮質疑二卷（清萬斯大撰、） 讀禮志疑六卷（清陸隴其撰、） 郊社禘祫問一卷（清毛奇齡撰、） 參讀禮志疑二卷（清汪紱撰、）

右禮類三禮總義六部三十五卷。

禮書一百五十卷（宋陳祥道撰、） 儀禮傳通解三十七卷續二十九卷（宋朱熹撰、） 禮書綱目八十五

卷清江永撰、五禮通考二百六十二卷清秦蕙田撰、

右禮類通禮之屬四部五百六十三卷。

書儀十卷宋司馬光撰、家禮五卷附錄一卷舊本題宋朱熹撰、據王懋竑白田雜著所考、蓋依託也、泰泉鄉禮七卷明黃佐撰、朱子禮纂五卷清李光地編、辨定祭禮通俗譜五卷清毛奇齡撰、

右禮類雜禮書之屬五部三十三卷。

春秋類

說經家之有門戶。自春秋三傳始。然迄能竝立於世。其閒諸儒之論。中唐以前。則左氏勝。啖助趙匡以逮北宋。則公羊穀梁勝。孫復劉敞之流。名爲棄傳從經。所棄者特左氏事跡。公羊穀梁月日例耳。其推闡譏貶。少可多否。實陰本公羊穀梁法。猶誅鄧析用竹刑也。夫刪除事跡。何由知其是非。無案而斷。是春秋爲射覆矣。聖人禁人爲非。亦予人爲善。經典所述。不乏褒詞。而操筆臨文。乃無人不加誅。絕春秋豈吉網羅鉗乎。至於用夏時則改正朔。削尊號則貶天王。春秋又何僭以亂也。沿波不返。此類宏多。雖舊說流傳。不能盡廢。要以切實有徵。平易近理者爲本。其瑕瑜互見者。則別白而存之。遊談臆說。以私意亂聖經者。則僅存其目。蓋六經之中。惟易包衆理。事事可通。春秋具列事實。亦人人可解。一知半見。議論易生。著錄之繁。二經爲最。故取之不敢不慎也。

春秋左傳正義六十卷周左丘明撰、晉杜預註、唐孔穎達疏、　春秋公羊傳註疏二十八卷舊本題周公羊高撰、實高所傳述、而其元孫壽及胡母子都錄爲書、漢何休註、唐徐彥疏、　春秋穀梁傳註疏二十卷周穀梁赤所述、而傳其學者錄爲書、舊題赤撰、亦非也、晉范寧註、唐楊士勛疏、　箴膏肓一卷起廢疾一卷發墨守一卷漢鄭元撰、　春秋釋例十五卷晉杜預撰、　春秋集傳纂例十卷唐陸淳撰、　春秋微旨三卷唐陸淳撰、　春秋集傳辨疑十卷唐陸淳撰、　春秋名號歸一圖二卷宋馮繼先撰、宋岳珂重編、　春秋年表一卷不著撰人名氏、　春秋尊王發微十二卷宋孫復撰、　春秋皇綱論五卷宋王晳撰、　春秋通義一卷不著撰人名氏、　春秋權衡十七卷宋劉敞撰、　春秋傳十五卷宋劉敞撰、　春秋意林二卷宋劉敞撰、　春秋傳說例一卷宋劉敞撰、　春秋經解十三卷宋孫覺撰、　春秋集傳十二卷宋蘇轍撰、　春秋辨疑四卷宋蕭楚撰、其門人胡銓等附註、　春秋經解十二卷宋崔子方撰、　春秋本例二十卷宋崔子方撰、　春秋例要一卷宋崔子方撰、　春秋五禮例宗七卷宋張大亨撰、　春秋通訓六卷宋張大亨撰、　春秋傳二十卷宋葉夢得撰、　春秋考十六卷宋葉夢得撰、　春秋讞二十三卷宋葉夢得撰、　春秋集解三十卷宋呂本中撰、　春秋傳三十卷宋胡安國撰、　春秋集註四十卷宋高閌撰、　春秋後傳十二卷宋陳傅良撰、　春秋左氏傳說二十卷宋呂祖謙撰、　春秋左氏傳續說十二卷宋呂祖謙撰、　詳註東萊左氏博議二十五卷宋呂祖謙撰、其門人張成招註、　春秋比事二十卷宋沈棐撰、　春秋左傳要義三十一卷宋魏了翁撰、　春秋分紀九十卷宋程公說撰、　春秋講義四卷宋戴溪撰、　春秋集義五十卷綱領三卷宋李明復撰、　春秋集註十一卷綱領一卷宋張洽撰、　春秋王霸列國世紀編三卷宋李琪撰、　春秋通說十三卷（宋黃仲炎撰、）　春秋說三十卷（宋洪咨夔撰、）　春秋經筌十六卷（宋趙鵬飛撰、）　春秋或問二十卷附春秋五論一卷（宋呂大圭撰、）　春秋詳說三十卷（宋家鉉翁撰）　讀春秋編十二卷（宋陳深撰、）　春秋提綱十卷（元陳則通撰、）　春秋集傳釋義大成十二卷（元俞皐撰、）　春秋纂言十二卷總例一卷（元吳澄撰、）　春秋諸國統紀六卷目錄一卷（元齊履謙撰、）　春秋本義三十卷（元程端學撰、）　春秋或問十卷（元程端學撰、）

　春秋三傳辨疑二十卷（元程端學撰、）　春秋讞義九卷（元王元杰撰、）　春秋諸傳會通二十四卷（元李廉撰、）　春秋經傳闕疑四十五卷（元鄭玉撰、）　春秋集傳十五卷（元趙汸撰、其門人倪尚誼補、）　春秋師說三卷（元趙汸撰、蓋本其師黃澤之說而演之、故曰師說、）　春秋屬詞十五卷（元趙汸撰、）　春秋左氏傳補註十卷（元趙汸撰、）　春秋金鎖匙一卷（元趙汸撰、）　春秋胡傳附錄纂疏三十卷（元汪克寬撰、）　春王正月考一卷（明張以寧撰、）　春秋鉤元四卷（明石光霽撰、）　春秋大全七十卷（明永樂中翰林學士胡廣等奉敕撰、）　春秋經傳辨疑一卷（明童品撰、）　春秋正傳三十七卷（明湛若水撰、）　左傳附註五卷（明陸粲撰、）　春秋胡氏傳疑辨二卷（明陸粲撰、）　春秋明志錄十二卷（明熊過撰、）　春秋正旨一卷（明高拱撰、）　春秋輯傳十三卷凡例二卷（明王樵撰、）　春秋億六卷（明徐學謨撰、）　春秋事義全考十六卷（明姜寶撰、）　春秋胡傳考誤一卷（明袁仁撰、）　左傳屬事二十卷（明傅遜撰、）　左氏釋二卷（明馮時可撰、）　春秋質疑十二卷（明楊于庭撰、）　春秋孔義十二卷（明高攀龍撰、）　春秋辨義三十九卷（明卓爾康撰、）　讀春秋略記十卷（明朱朝瑛撰、）　春秋四傳質二卷（明王介之撰、）　左傳杜林合註五十卷（明王道焜趙如源同編、以宋林堯叟左傳句解散附杜註之下、）　日講春秋解義六十四卷（是編亦聖祖仁皇帝講筵舊本、世宗憲皇帝重加考訂排纂成書、　欽定春秋傳說彙纂三十八卷康熙三十八年奉敕撰、　御纂春秋直解十五卷乾隆二十三年大學士傅恆等奉敕撰、　左傳杜解補正三卷清顧炎武撰、　春秋稗疏二卷清王夫之撰、　春秋平義十二卷清俞汝言撰、　春秋四傳糾正一卷清俞汝言撰、　讀左日鈔十二卷補錄二卷清朱鶴齡撰、　左傳事緯十二卷附錄八卷清馬驌撰、　春秋毛氏傳三十六卷清毛奇齡撰、　春秋簡書刊誤二卷清毛奇齡撰、　春秋屬辭比事記四卷清毛奇齡撰、　春秋地名考略十四卷清高士奇撰、潛邱劄記以爲秀水徐勝作、莫能詳也、　春秋管窺十二卷清徐庭垣撰、　三傳折諸四十四卷清張尙璦撰、　春秋闕如編八卷清焦袁熹撰、　春秋宗朱辨義十二卷清張自超撰、　春秋通論四卷清方苞撰、　春秋長曆十卷清陳厚耀撰、　春秋世族譜一卷清陳厚耀撰、　半農春秋說十五卷清惠士奇撰、　春秋大事表五十卷輿圖一卷附錄一卷清顧棟高撰、　春秋識小錄九卷清程廷祚撰、　左傳補註六卷清惠棟撰、　春秋左氏傳小疏一卷清沈彤撰、　春秋地理考實四卷清江永撰、　三正考二卷清吳鼐撰、　春秋究遺十六卷清葉酉撰、　春秋隨筆二卷清顧奎光撰、

附錄

春秋繁露十七卷漢董仲舒撰、

右春秋類一百十四部一千八百三十八卷附錄一部十七卷。

古文孝經孔氏傳一卷附宋本古文孝經一卷舊本題漢孔安國撰、　孝經正義三卷唐元宗明皇帝御註、宋邢昺疏、

古文孝經指解一卷（宋司馬光撰、）孝經刊誤一卷（宋朱熹撰、）孝經大義一卷（宋董鼎撰、）孝經定本一卷（元吳澄撰、）孝經述註一卷（明項霦撰、）孝經集傳四卷（明黃道周撰、）御註孝經一卷（順治十三年世祖章皇帝御撰、）御纂孝經集註一卷（雍正五年世宗憲皇帝御撰、）孝經問一卷（清毛奇齡撰、）

右孝經類十一部十七卷。

五經總義類

漢代經師如韓嬰治詩兼治易者。其訓故皆各自爲書。宣帝時始有石渠五經雜義十八篇。漢志無類可隸。遂雜置之孝經中。隋志錄許愼五經異義以下諸家。亦附論語之末。舊唐書志始別名經解。諸家著錄因之。然不見兼括諸經之義。朱彝尊作經義考。別目曰羣經。蓋覺其未安。而採劉勰正緯之語以改之。又不見爲訓詁之文。徐乾學刻九經解。顧湄兼採總集經解之義。名曰總經解。何焯復斥其不通。（語見沈廷芳所刻何焯點校經解目錄中、）蓋正名若是之難也。考隋志於統說諸經者。雖不別爲部分。然論語類末稱孔叢家語爾雅諸書。併五經總義。附於此篇。則固稱五經總義矣。今準以立名。庶猶近古。論語孝經孟子雖自爲書。實均五經之流別。亦足以統該之矣。其校正文字以及傳經諸圖。併約略附焉。從其類也。

駁五經異義一卷補遺一卷（漢鄭元撰、舉許愼五經異義條舉而駁其說、）鄭志三卷補遺一卷（魏鄭小同撰、）經典釋文三十卷（唐陸德明撰、）七經小傳三卷（宋劉敞撰、）程氏經說七卷（不著編輯者名氏、皆伊川程子說經之語、）六經

圖六卷宋楊甲撰、六經正誤六卷宋毛居正撰、刋正九經三傳沿革例一卷宋岳珂撰、融堂四書管見十三卷宋錢時撰、四書者、一論語、二孝經、三大學、四中庸、四如講稿六卷宋黃仲元撰、六經奧論六卷舊本題宋鄭樵撰、考書中引及樵說、稱夾漈先生、又稱朱子爲文公、蓋託名也、明本排字九經直音二卷不著撰人名氏、刻於元世祖至元丁亥、五經說七卷元熊朋來撰、十一經問對五卷元何異孫撰、五經蠡測六卷明蔣悌生撰、簡端錄十二卷明邵寶撰、五經稽疑六卷明朱睦㮮撰、經典稽疑二卷明陳耀文撰、繙繹五經五十八卷四書二十九卷是編仿北魏國語孝經之例、以國語詳繹諸經、並推闡語意、七經孟子考文補遺一百九十九卷舊本題西條掌書記山井鼎撰、東都講官物觀補遺、蓋日本書也、九經誤字一卷清顧炎武撰、經問十八卷經問補三卷清毛奇齡說經之語、其門人錄之成編、所補三卷、又其子遠宗所錄也、十三經義疑十二卷清吳浩撰、九經古義十六卷清惠棟撰、經稗六卷清鄭方坤撰、十三經註疏正字八十一卷清沈廷芳撰、朱子五經語類八十卷清程川撰、羣經補義五卷清江永撰、經咫一卷清陳祖范撰、九經辨字瀆蒙十二卷清沈炳震撰、古經解鉤沈三十卷清余蕭客編、

附錄

古微書三十六卷明孫瑴編、取五經緯之佚文、各爲編次、以存原書之梗槩、

右五經總義類三十一部六百七十五卷附錄一部三十六卷。

四書類

論語。孟子。舊各爲帙。大學。中庸。舊禮記之二篇。其編爲四書。自宋淳熙始。其懸爲令甲。則

自元延祐復科舉。始古來無是名也。然二戴所錄曲禮檀弓諸篇。非一人之書。迨立名曰禮記。禮記遂爲一家。卽王逸所錄屈原宋玉諸篇。漢志均謂之賦。迨立名曰楚詞。楚詞亦遂爲一家。元邱葵周禮補亡序稱聖朝以六經取士。則當時固以四書爲一經。前創後因。久則爲律。是固難以一說拘矣。今從明史藝文志例。別立四書一門。亦所謂禮以義起也。朱彝尊經義考。於四書之前仍立論語孟子二類。黃虞稷千頃堂書目凡說大學中庸者。皆附於禮類。蓋欲以不去餼羊。略存古義。然朱子書行五百載矣。趙岐何晏以下。古籍存者寥寥。梁武帝義疏以下。且散佚並盡。元明以來之所解。皆自四書分出者耳。明史併入四書。蓋循其實。今亦不復强析其名焉。

孟子正義十四卷（漢趙岐注、其疏舊題宋孫奭撰、然朱子語錄指爲邵武士人作、蔡元定猶見其人、似未必誣也、）　論語義疏十卷（魏何晏等注、梁皇侃疏、）　論語正義二十卷（魏何晏等注、宋邢昺疏、）　論語筆解二卷（唐韓愈撰、）　孟子音義二卷（宋孫奭撰、）　論語拾遺一卷（宋蘇轍撰、）　孟子解一卷（宋蘇轍撰、）　論語全解十卷（宋陳祥道撰、）　孟子傳二十九卷（宋張九成撰、）　尊孟辨三卷續辨二卷別錄一卷（宋余允文撰、）　中庸集解二卷（宋石𡼖編、）　大學章句一卷論語集註十卷孟子集註七卷中庸章句一卷（宋朱熹撰、自是始有四書之名、）　四書或問三十九卷（宋朱熹撰、）　論孟精義三十四卷（宋朱熹撰、）　中庸輯略二卷（宋朱熹編、）　論語意原二卷（宋鄭汝諧撰、）　癸巳論語解十卷（宋張栻撰、）　癸巳孟子說七卷（宋張栻撰、）　石鼓論語問答三卷（宋戴溪撰、）　蒙齋中庸講義四卷宋袁甫撰、　四書集編二十六卷宋眞德秀撰、　孟子集疏十四卷宋蔡模撰、　論語集說十卷宋蔡節撰、　中庸指歸一卷中庸分章一卷大學發微一卷大學本旨一卷宋黎立武撰、　四書纂疏二十六卷宋趙順孫撰、　大學疏義一卷宋金履祥撰、　論語集註考證十卷孟子集註考證七卷宋金履祥撰、　四書集義精要二十八卷元劉因編、　四書辨疑十五卷元陳天祥撰、　讀四書叢說四卷元許謙撰、　四書通二十六卷元胡炳文撰、　四書通證六卷元張存中撰、　四書疑節十二卷元袁俊翁撰、　四書經疑貫通八卷元王充耘撰、　四書纂箋二十八卷元詹道傳撰、　四書通旨六卷元朱公遷撰、　四書管窺八卷元史伯璿撰、　大學中庸集說啟蒙二卷元景星撰、　四書大全三十六卷明永樂中翰林學士胡廣等奉敕撰、　四書蒙引十五卷別附一卷明蔡清撰、　四書因問六卷明呂柟撰、　問辨錄十卷明高拱撰、　論語類考二十卷明陳士元撰、　孟子雜記四卷明陳士元撰、　學庸正說三卷明趙南星撰、　論語商二卷明周宗建撰、　論語學案十卷明劉宗周撰、　四書留書六卷明章世純撰、　日講四書解義二十六卷康熙十六年大學士庫勒納等奉敕編、　四書近指二十卷清孫奇逢撰、　孟子師說二卷清黃宗羲撰、　大學翼眞七卷清胡渭撰、　四書講義困勉錄三十七卷清陸隴其撰、　松陽講義十二卷清陸隴其撰、　大學古本說一卷中庸章段一卷中庸餘論一卷讀論語劄記二卷讀孟子劄記二卷清李光地撰、　論語稽求篇四卷清毛奇齡撰、　四書賸言四卷補二卷清毛奇齡雜論四書之語、前四卷其門人盛唐王錫所編、補二卷其子遠宗所編、　大學證文四卷清毛奇齡撰、　四書釋地一卷續一卷又續二卷三續二卷清閻若璩撰、　四書劄記四卷清楊名時撰、　此木

軒四書說九卷清焦袁熹撰、　鄉黨圖考十卷清江永撰、　四書逸箋六卷清程大中撰、

右四書類六十三部七百三十一卷。

樂類

沈約稱樂經亡於秦。考諸古籍。惟禮記經解。有樂教之文。伏生尚書大傳。引辟雝舟張四語。亦謂之樂。然他書均不云有樂經。（隋志樂經四卷。蓋王莽元始三年所立。賈公彥考工記、磬氏疏所稱樂經。即莽書、非古樂經也、）大抵樂之綱目具於禮。其歌詞具於詩。其鏗鏘鼓舞則傳在伶官。漢初制氏所記。蓋其遺譜。非別有一經為聖人手定也。特以宣豫導和。感神人而通天地。厥用至大。厥義至精。故尊其教得配於經。而後代鍾律之書。亦遂得著錄於經部。不與藝術同科。顧自漢氏以來。兼陳雅俗。豔歌側調。並隸雲韶。於是諸史所登。雖細至箏琶。亦附於經末。循是以往。將小說稗官。未嘗不記言記事。亦附之書與春秋乎。悖理傷教。於斯為甚。今區別諸書。惟以辨律呂明雅樂者。仍列於經。其謳歌末技。弦管繁聲。均退列雜藝詞曲兩類中。用以見大樂元音。道侔天地。非鄭聲所得而奸也。

皇祐新樂圖記三卷宋阮逸胡瑗奉敕撰、　樂書二百卷宋陳暘撰、　律呂新書二卷宋蔡元定撰、　瑟譜六卷元熊朋來撰、　韶舞九成樂補一卷元余載撰、　律呂成書二卷元劉瑾撰、　苑洛志樂二十卷明韓邦奇撰、　鍾律通考六卷明倪復撰、　樂律全書四十二卷明朱載堉撰、　御定律呂正義五卷康熙五十二年聖祖仁皇帝御

御製律呂正義後編一百二十卷（乾隆十一年御撰、）欽定詩經樂譜全書三十卷（乾隆五十三年奉敕撰、）欽定樂律正俗一卷（乾隆五十三年奉敕撰、）古樂經傳五卷（清李光地撰、）古樂書二卷（清應撝謙撰、）聖諭樂本解說二卷（清毛奇齡撰、）皇言定聲錄八卷（清毛奇齡撰、）竟山樂錄四卷（清毛奇齡撰、）李氏學樂錄二卷（清李塨撰、）樂律表微八卷（清胡彥昇撰、）律呂新論二卷（清江永撰、）律呂闡微十卷（清江永撰、）琴旨二卷（清王坦撰、）

右樂類二十三部四百八十三卷。

小學類

古小學所敎不過六書之類。故漢志以弟子職附孝經。而史籀等十家四十五篇列爲小學。隋志增以金石刻文。唐志增以書法書品。已非初旨。自朱子作小學以配大學。趙希弁讀書附志。遂以弟子職之類。併入小學。又以蒙求之類相參。竝列而小學益多岐矣。考訂源流。惟漢志根據經義。要爲近古。今以論幼儀者別入儒家。以論筆法者別入雜藝。以蒙求之屬隸故事。以便記誦者別入類書。惟以爾雅以下編爲訓詁。說文以下編爲字書。廣韻以下編爲韻書。庶體例謹嚴。不失古義。其有兼舉兩家者。則各以所重爲主。（如李燾說文五音韻譜。實字書。袁子讓字學元元。實論等韻之類、）悉條其得失。具於本篇。

爾雅註疏十一卷（晉郭璞注、宋邢昺疏、）爾雅註三卷（宋鄭樵撰、）方言十三卷（舊本題漢揚雄撰、）釋名八卷（漢劉熙撰、廣雅十卷魏張揖撰、匡謬正俗八卷唐顏師古撰、羣經音辨七卷宋賈昌朝撰、埤雅二十卷宋陸佃撰、爾雅翼三十二卷宋羅願撰、駢雅七卷明朱謀㙔撰、字詁一卷清黃生撰、續方言二卷清杭世駿撰、

右小學類訓詁之屬十二部一百二十二卷

急就篇四卷漢史游撰、說文解字三十卷漢許慎撰、宋徐鉉等補註補音、併增加新附字、說文繫傳四十卷南唐徐鍇撰、其音切則朱翱作也、說文繫傳考異四卷附錄一卷清汪憲撰說文解字篆韻譜五卷南唐徐鍇撰、重修玉篇三十卷梁顧野王撰、唐孫強增加、宋大中祥符六年陳彭年等奉敕重修、干祿字書一卷唐顏元孫撰、五經文字三卷唐張參撰、九經字樣一卷唐唐元度撰、汗簡三卷目錄敘略一卷宋郭忠恕撰、佩觿三卷宋郭忠恕撰、古文四聲韻五卷宋夏竦撰、類篇四十五卷宋司馬光撰、歷代鐘鼎彝器款識法帖二十卷宋薛尚功撰、復古編二卷宋張有撰、漢隸字源六卷宋婁機撰、班馬字類五卷宋婁機撰、字通一卷宋李從周撰、六書故三十三卷宋戴侗撰、龍龕手鑑四卷遼僧行均撰、六書統二十卷元楊桓撰、周秦刻石釋音一卷元吾邱衍撰、字鑑五卷元李文仲撰、說文字原一卷六書正譌五卷元周伯琦撰、漢隸分韻七卷不著撰人名氏、六書本義十二卷明趙撝謙撰、奇字韻五卷明楊慎撰、古音駢字一卷續編五卷古音駢字明楊慎撰、續編則清莊履豐莊鼎鉉同撰、俗書刊誤十二卷明焦竑撰、字孿四卷明葉秉敬撰、御定康熙字典四十二卷康熙五十五年大學士張玉書等奉敕撰、欽定西域同文志二十四卷乾隆二十八年大學士傅恆等奉敕撰、欽定增訂清文鑑三十二卷補編四卷總綱八卷補總綱二卷乾隆三十六年大學士傅恆等奉敕撰、欽定滿洲

蒙古漢字三合切音清文鑑三十三卷乾隆四十四年大學士阿桂等奉敕撰、　篆隸考異二卷清周靖撰、　隸辨八卷清顧藹吉撰、　別雅五卷清吳玉搢撰、

右小學類字書之屬三十七部四百八十五卷。

原本廣韻五卷不著撰人名氏、　重修廣韻五卷宋大中祥符四年陳彭年等奉敕撰、　集韻十卷舊本題宋丁度等撰、然度及李淑以景祐四年受詔、至治平四年司馬光乃修成奏上、中隔三十一年、則稱度撰者非也、　切韻指掌圖二卷附檢例一卷宋司馬光撰、其檢例一卷則元邵光祖所補也、　韻補五卷宋吳棫撰、　附釋文互註禮部韻略五卷貢舉條式一卷禮部韻略宋丁度撰、所附釋文互註乃南宋坊本、不知誰所加矣、　增修互註禮部韻略五卷宋毛晃增註、其子居正重增、即諸書所稱增韻者是也、　增修校正押韻釋疑五卷宋歐陽德隆撰、　九經補韻一卷宋楊伯嵒撰、　五音集韻十五卷金韓道昭撰、　古今韻會舉要三十卷　四聲等子一卷不著撰人名氏、　經史正音切韻指南一卷元劉鑑撰、　洪武正韻十六卷明洪武中翰林侍講學士樂韶鳳等奉敕撰、　古音叢目五卷古音獵要五卷古音餘五卷古音附錄一卷明楊慎撰、　古音略例一卷明楊慎撰、　轉注古韻略五卷明楊慎撰、　毛詩古音考四卷明陳第撰、　屈宋古音義三卷明陳第撰、　御定音韻闡微十八卷康熙五十四年大學士李光地等奉敕撰、雍正四年告成、　欽定同文韻統六卷乾隆十五年莊親王允祿等奉敕撰、　欽定叶韻彙輯五十八卷乾隆十五年大學士梁詩正等奉勅撰、　欽定音韻述微三十卷乾隆三十八年奉敕撰、　音論三卷清顧炎武撰、　詩本音十卷清顧炎武撰、　易音三卷清顧炎武撰、　唐韻正二十卷清顧炎武撰、　古音表二卷清顧炎武撰、　韻補正一卷清顧炎武撰、　古今通韻十二卷清毛奇齡撰、　易

韻四卷清毛奇齡撰　唐韻考五卷清紀容舒撰、古韻標準四卷清江永撰

右小學韻書之屬三十三部三百十三卷。

附錄

六藝綱目二卷元舒天民撰、

史部總敍

史之爲道。撰述欲其簡。考證則欲其詳。莫簡於春秋。莫詳於左傳。魯史所錄。具載一事之始末。聖人觀其始末。得其是非。而後能定以一字之褒貶。此作史之資考證也。丘明錄以爲傳。後人觀其始末。得其是非。而後能知一字之所以褒貶。此讀史之資考證也。苟無事蹟。雖聖人不能作春秋。苟不知其事蹟。雖以聖人讀春秋。不知所以褒貶。儒者好爲大言。動曰舍傳以求經。此其說必不通。其或通者。則必私求諸傳。詐稱舍傳云爾。司馬光通鑑。世稱絕作。不知其先爲長編。後爲考異。高似孫緯略。載其與宋敏求書。稱到洛八年。始了晉宋齊梁陳隋六代。唐文字尤多。依年月編次爲草卷。以四丈爲一卷。計不減六七百卷。又稱光作通鑑。一事用三四出處纂成。用雜史諸書凡二百二十二家。李燾巽巖集。亦稱張新甫見洛陽有資治通鑑草稿盈兩屋。案燾集今已佚、此據馬端臨文獻通考述其父廷鸞之言、今觀其書。如淖方成禍水之語。則採及飛燕外傳。張彖冰山之語。則採及開元天寶遺事。並小說亦不遺之。然則古來著錄於正史之

外。兼收博採。列目分編。其必有故矣。今總括羣書。分十五類。首曰正史。大綱也。次曰編年。曰別史。曰雜史。曰詔令奏議。曰傳記。曰史鈔。曰載記。皆參考紀傳者也。曰時令。曰地理。曰職官。曰政書。曰目錄。皆參考諸志者也。曰史評。參考論贊者也。舊有譜牒一門。然自唐以後。譜學殆絕。玉牒既不頒於外。家乘亦不上於官。徒存虛目。故從刪焉。考私家記載。惟宋明二代為多。蓋宋明人皆好議論。議論異則門戶分。門戶分則朋黨立。朋黨立則恩怨結。恩怨既結。得志則排擠於朝廷。不得志則以筆墨相報復。其中是非顛倒。頗亦熒聽。然雖有疑獄。合眾證而質之。必得其情。雖有虛詞。參眾說而核之。亦必得其情。張師棣南遷錄之妄。鄰國之事無質也。趙與旹賓退錄證以金國官制而知之。碧雲騢一書誣謗文彥博范仲淹諸人。晁公武以為眞出梅堯臣。王銍以為出自魏泰。邵博又證其眞出堯臣。可謂聚訟。李燾卒參互而辨定之。至今遂無異說。此亦考證欲詳之一驗。然則史部諸書。自鄙倍冗雜。灼然無可採錄外。其有裨於正史者。固均宜擇而存之矣。

正史類

正史之名。見於隋志。至宋而定著十有七。明刊監版。合宋遼金元四史為二十有一。皇上欽定明史。又詔增舊唐書為二十有三。近蒐羅四庫。薛居正舊五代史。得裒集成編。欽稟睿裁。與歐陽修書並列。共為二十有四。今並從官本校錄。凡未經宸斷者。則悉不濫登。蓋正史體尊。義與經配。非懸諸令典。莫敢私增。所由與稗官野記異也。其他訓釋音義者。如史記索隱之類。掇拾遺闕者。如補後漢書年表之類。辨正異同者。如新唐書糾繆之類。校正字句者。如兩漢刋誤補遺之類。若別爲編次。尋檢爲繁。卽各附本書。用資參證。至宋遼金元四史譯語。舊皆舛謬。今悉改正。以存其眞。其子部集部。亦均視此。以考校釐訂。自正史始。謹發其凡於此。

史記一百三十卷漢司馬遷撰、凡一百三十篇、缺其十篇、褚少孫補之、　史記集解一百三十卷宋裴駰撰、　史記索隱三十卷唐司馬貞撰、　史記正義一百三十卷唐張守節撰、　讀史記十表十卷清汪越撰、徐克范補、　史記疑問一卷清邵泰衢撰、　漢書一百二十卷漢班固撰、其妹昭續成之、唐顏師古註、　班馬異同三十五卷宋倪思撰、劉辰翁評點、　後漢書一百二十卷後漢書本紀十卷、列傳八十卷、宋范曄撰、唐章懷太子註、志三十卷、則晉司馬彪續漢書之文、梁劉昭註之、　補後漢書年表十卷宋熊方撰、　兩漢刋誤補遺十卷宋吳仁傑撰、　三國志六十五卷晉陳壽撰、宋裴松之註、　三國志辨誤三卷不著撰人名氏、　三國志補註六卷附諸史然疑一卷清杭世駿撰、　晉書一百三十卷唐房喬等撰、以陸機王義之二傳太宗製贊、故卷首題太宗御撰、　宋書一百卷梁沈約撰、　南齊書五十九卷梁蕭子顯撰、原本六十卷、自唐已佚一卷、　梁書五十六卷唐姚思廉撰、篇末題陳吏部尚書姚察者凡二十有六、蓋思廉此書因其父之遺稿也、　陳書三十六卷唐姚思廉撰、　魏書一百十四卷北齊魏收撰、宋劉恕等校定、　北齊書五十卷唐李百藥撰、　周書五十卷唐令狐德棻等撰、　隋書八十五卷唐魏徵等撰、其十志本名五代史志、蓋當時五史並修、故志亦兼該五代、以隋書居末、故列於隋書之中、今竟稱隋志、蓋失其實、然已不可復正矣、　南史八十卷（唐李延壽撰）、北史一百卷（唐李延壽撰）、舊唐書二百卷（晉劉昫等撰）、新唐書二百二十五卷（宋歐陽修宋祁同撰、本紀表志修所定、列傳祁所定也、）新唐書糾繆二十卷（宋吳縝撰）、舊五代史一百五十卷目錄二卷（宋薛居正等撰）、新五代史七十五卷（宋歐陽修撰）、五代史記諛纂三卷（宋吳縝撰）、宋史四百九十六卷（元托克托等撰）、遼史一百十六卷（元托克托等撰）、遼史拾遺二十四卷（清厲鶚撰）、金史一百三十五卷（元托克托等撰）、元史二百十卷（明宋濂等撰）、欽定遼金元三史國語解四十六卷（乾隆五十年奉敕撰）、明史三百三十二卷目錄四卷（清保和殿大學士張廷玉等奉敕撰）、

右正史類三十八部三千六百九十九卷。

編年類

司馬遷改編年爲紀傳。荀悅又改紀傳爲編年。劉知幾深通史法。而史通分敘六家。統歸二體。則編年紀傳均正史也。其不列爲正史者。以班馬舊裁。歷朝繼作。編年一體。則或有或無。不能使時代相續。故姑置焉。無他義也。今仍蒐羅遺帙。次於正史。俾得相輔而行。隋志史部有起居注一門。著錄四十四部。舊唐書載二十九部。併實錄爲四十一部。新唐書載二十九部。存於今者。穆天子傳六卷。温大雅大唐創業起居注三卷而已。穆天子傳雖編次年月。類小說傳記。不可以爲信史。實惟存温大雅一書。不能自爲門目。稽其體例。亦屬編年。今併合爲一。猶舊唐書以實錄附起居注之意也。

竹書紀年二卷（是書稱魏之史記、由汲郡人發冢而得、晉書具載其事、沈約作註、）　竹書統箋十二卷（清徐文靖撰、）　漢紀三十卷（漢荀悅撰、）　後漢紀三十卷（晉袁宏撰、）　元經十卷（舊本題隋王通撰、唐薛收續併傳、宋阮逸注、其書唐志不著錄、至宋乃出於阮逸家、晁公武疑即逸作、似爲近之、）　大唐創業起居注三卷（唐溫大雅撰、）　資治通鑑二百九十四卷（宋司馬光撰、元胡三省音註、）　資治通鑑考異三十卷（宋司馬光撰、）　通鑑釋例一卷（宋司馬光撰、）　資治通鑑目錄三十卷（宋司馬光撰、）　通鑑地理通釋十四卷（宋王應麟撰、）　資治通鑑釋文辨誤十二卷（元胡三省撰、）　通鑑胡注舉正一卷（清陳景雲撰、）　稽古錄二十卷（宋司馬光撰、）　通鑑外紀十卷目錄五卷（宋劉恕撰、）　皇王大紀八十卷（宋胡宏撰、）　中興小紀四十卷（宋熊克撰、）　續資治通鑑長編五百二十卷（宋李燾撰、）　綱目續麟二十卷校正凡例一卷附錄一卷彙覽三卷（明張自勳撰、）　綱目分註補遺四卷（清芮長恤撰、）　綱目訂誤四卷（清陳景雲撰、）　大事記十二卷通釋三卷解題十二卷（宋呂祖謙撰、）　建炎以來繫年要錄二百卷（宋李心傳撰、）　九朝編年備要三十卷（宋陳均撰、）　續宋編年資治通鑑十五卷（宋劉時舉撰、）　西漢年紀三十卷（宋王益之撰、）　靖康要錄十六卷（不著撰人名氏、）　兩朝綱目備要十六卷（不著撰人名氏、）　宋季三朝政要六卷（不著撰人名氏、）　宋史全文三十六卷（不著撰人名氏、）　資治通鑑前編十八卷舉要三卷（宋金履祥撰、）　通鑑續編二十四卷（明陳桱撰、）　大事紀續編七十七卷（明王褘撰、）　元史續編十六卷（明胡粹中撰、）　御批通鑑輯覽一百十六卷附明唐桂二王本末三卷（乾隆三十二年奉敕撰、）　御定通鑑綱目三編四十卷（乾隆四十年奉敕撰）　開國方略三十二卷（乾隆三十八年奉敕撰、）　資治通鑑後編一百八十四

卷清徐乾學撰、

右編年類三十八部二千六十六卷。

紀事本末類

古之史策編年而已。周以前無異軌也。司馬遷作史記。遂有紀傳一體。唐以前亦無異軌也。至宋袁樞以通鑑舊文每事爲篇。各排比其次第。而詳敍其始終。命曰紀事本末。史遂又有此一體。夫事例相循。其後謂之因。其初皆起於創。其初有所創。其後卽不能不因。故未有是體以前。微獨紀事本末創。卽紀傳亦創。編年亦創。既有是體以後。微獨編年相因紀傳相因。卽紀事本末亦相因。因者既衆。遂於二體之外。別立一家。今亦以類區分。使自爲門目。凡一書備諸事之本末。與一書具一事之本末者。總彙於此。其不標紀事本末之名。而實爲紀事本末者。亦併著錄。若夫偶然記載。篇帙無多。則仍隸諸雜史傳記。不列於此焉。

通鑑紀事本末四十二卷宋袁樞撰、春秋左氏傳事類始末五卷宋張沖撰、三朝北盟會編二百五十卷宋徐夢莘編、蜀鑑十卷宋郭允蹈撰、舊本題李文子者誤也、炎徼紀聞四卷明田汝成撰、宋史紀事本末二十六卷明陳邦瞻撰、元史紀事本末四卷明陳邦瞻撰、平定三逆方略六十卷康熙二十一年大學士勒德洪奉敕撰、親征平定朔漠方略四十卷康熙三十六年大學士溫達等奉敕撰、平定金川方略三十二卷乾隆十三年奉敕撰、）　平定準噶爾方略前編五十四卷正編八十五卷續編三十三卷（乾隆三十七年奉敕撰、）　欽定平定兩金川方略一百五十二卷（乾隆四十一年奉敕撰、）　欽定臨清紀略十六卷（乾隆三十九年奉敕撰、）　欽定蘭州紀略二十卷（乾隆四十六年奉敕撰、）　欽定石峯堡紀略二十卷（乾隆四十九年奉敕撰、）　欽定臺灣紀略七十卷（乾隆五十三年奉敕撰、）　綏寇紀略十二卷（清吳偉業撰、）　滇考二卷（清馮甦撰、）　明史紀事本末八十卷（清谷應泰撰、）　繹史一百六十卷（清馬驌撰、）　左傳紀事本末五十三卷（清高士奇撰、）　平臺紀略十一卷附東征集六卷（清藍鼎元撰、）

右紀事本末類二十二部一千二百四十七卷。

別史類

漢藝文志無史名。戰國策史記均附見於春秋。厥後著作漸繁。隋志乃分正史古史霸史諸目。然梁武帝元帝實錄列諸雜史。義未安也。陳振孫書錄解題創立別史一門。以處上不至於正史。下不至於雜史者。義例獨善。今特從之。蓋編年不列於正史。故凡屬編年皆得類附史記漢書以下。已列爲正史矣。其歧出旁分者。東觀漢記東都事略大金國志契丹國志之類。則先資草創。逸周書路史之類。則互取證明。古史續後漢書之類。則檢校異同。其書皆足相輔。而其名則不可以竝列。命曰別史。猶大宗之有別子云爾。包羅既廣。六體兼存。必以類分。轉形瑣屑。故今所編錄。通以年代先後爲敘。

逸周書十卷是書自隋志稱汲冢、然晉書荀勗束晳諸傳載汲冢書、無周書、漢志乃有周書七十一篇、與今本合、是隋志誤也、東觀漢紀二十四卷是書於漢明帝時創修、後、遞有增續、至熹平中乃成書、隋志題劉珍撰、蓋失其實、建康實錄二十卷唐許嵩撰、隆平集二十卷舊本題宋曾鞏撰、晁公武疑其依託、古史六十卷宋蘇轍撰、通志二百卷宋鄭樵撰、東都事略一百三十卷宋王偁撰、路史四十七卷宋羅泌撰、契丹國志二十七卷宋葉隆禮撰、乃奉詔所編、大金國志四十卷舊本題宋宇文懋昭撰、今核檢其書、實依託也、古今紀要十九卷宋黃震撰、續後漢書四十七卷宋蕭常撰、續後漢書九十卷元郝經撰、荀宗道注、春秋別典十五卷明薛虞畿撰、欽定歷代紀事年表一百卷康熙五十一年內閣學士王之樞奉敕撰、欽定續通志五百二十七卷乾隆三十二年奉敕撰、歷代史表五十三卷清萬斯同撰、後漢書補逸二十一卷清姚之駰編、春秋戰國異詞五十四卷通表二卷摭遺一卷清陳厚耀撰、尚史一百七卷清李鍇撰、

右別史類二十部一千六百十四卷。

雜史類

雜史之目。肇於隋書。蓋載籍既繁。難於條析。義取乎兼包衆體。宏括殊名。故王嘉拾遺記。汲冢瑣語。得與魏尚書梁實錄竝列不爲嫌也。然既繫史名。事殊小說。著書有體。焉可無分。今仍用舊文立此一類。凡所著錄。則務示別裁。大抵取其事繫廟堂。語關軍國。或但具一事之始末。非一代之全編。或但述一時之見聞。祇一家之私記。要期遺文舊事。足以存

掌故。資考證。備讀史者之參稽云爾。若夫語神怪。供詼嘲。里巷瑣言。稗官所述。則別有雜家小說家存焉。

國語二十一卷吳韋昭注、案三國志作韋曜、蓋晉避司馬昭之名、國語作自何人、說者不一、然終以漢人所傳左丘明作爲有徵、　國語補音三卷唐人舊本、宋宋庠補輯、　戰國策注三十三卷舊本題漢高誘註、　鮑氏戰國策註十卷宋鮑彪撰、　戰國策校註十卷元吳師道撰、　貞觀政要十卷唐吳兢撰、　渚宮舊事五卷補遺一卷唐余知古撰、　東觀奏記三卷唐裴庭裕撰、　五代史闕文一卷宋王禹偁撰、　五代史補五卷宋陶岳撰、　北狩見聞錄一卷宋曹勛撰、　松漠紀聞一卷續一卷宋洪皓撰、　燕翼詒謀錄五卷宋王栐撰、　太平治迹統類前集三十卷宋彭百川撰、　咸淳遺事二卷不著撰人名氏、　大金弔伐錄四卷不著撰人名氏、　汝南遺事四卷元王鶚撰、　錢塘遺事十卷元劉敏中撰、　平宋錄三卷元劉敏中撰、　弇山堂別集一百卷明王世貞撰、　革除逸史二卷明朱睦㮮撰、　欽定蒙古源流八卷蒙古小徹辰薩囊台吉撰乾隆四十二年奉敕譯進

右雜史類二十二部二百七十三卷。

詔令奏議類

記言記動。二史分司。起居注。右史事也。左史所錄。蔑聞焉。王言所敷。惟詔令耳。唐志史部初立此門。黃虞稷千頃堂書目。則移制誥於集部。次於別集。夫渙號明堂。義無虛發。治亂得失。於是可稽。此政事之樞機。非僅文章類也。抑居詞賦。於理爲褻。尙書誓誥。經有明徵。

令仍載史部。從古義也。文獻通考始以奏議自爲一門。亦居集末。考漢志載奏事十八篇。列戰國策史記之間。附春秋末。則論事之文。當歸史部。其證昭然。今亦併改隸。俾易與紀傳互考焉。

太祖高皇帝聖訓四卷康熙二十五年聖祖仁皇帝敕修、　太宗文皇帝聖訓六卷順治中世祖章皇帝敕修、　世祖章皇帝聖訓六卷康熙二十六年聖祖仁皇帝敕修、　聖祖仁皇帝聖訓六十卷雍正九年世宗憲皇帝敕修、　世宗憲皇帝聖訓三十六卷乾隆五年敕修、　上諭八旗十三卷　上諭旗務議覆十二卷　諭行旗務奏議十三卷雍正九年莊親王允祿奉敕編、　上諭內閣一百五十九卷自雍正元年至七年、爲廷臣奏請宣布、莊親王允祿等校刻自雍正八年至十三年、爲皇上即阼以後續錄成帙、和親王弘晝等奉敕校刻、　硃批諭旨三百六十卷雍正十年奉敕校刊、　大唐詔令一百三十卷宋宋敏求編、　兩漢詔令二十三卷西漢詔令十二卷宋林虙編、東漢詔令十一卷宋樓昉編、其合爲一書而冠以洪咨夔兩漢詔令擥要序、則不知出於誰手、大抵書肆所爲也、

右詔令奏議類詔令之屬十二部八百二十二卷。

政府奏議二卷宋范仲淹撰、　包孝肅奏議十卷宋包拯撰、其門人張田編、　盡言集十三卷宋劉安世撰、　讜論集五卷宋陳次升撰、　左史諫草一卷宋呂午撰、附其子沆奏疏一篇、又家傳詩文之類共爲一卷、　商文毅疏稿略一卷明商輅撰、其子良年編、　王端毅奏議十五卷明王恕撰、　馬端肅奏議十二卷明馬文升撰、其孫天祐編、　關中奏議十卷明楊一清撰、　楊文忠三錄七卷明楊廷和撰、　胡端敏奏議十卷明胡世寧撰、　何文簡疏議十卷明何

孟春撰、汝陽趙賢編、垂光集二卷明周璽撰、孫毅菴奏議二卷明孫懋撰、玉坡奏議五卷明張原撰、南宮奏稿五卷明夏言撰、訥谿奏疏一卷明周怡撰、譚襄敏奏議十卷明譚綸撰、潘司空奏疏六卷明潘季馴撰、兩河經略四卷明潘季馴撰、兩垣奏議一卷明逯中立撰、周忠愍奏疏二卷明周起元撰、張襄壯奏疏六卷清張勇撰、其子雲翼編、靳文襄奏疏八卷清靳輔撰、華野疏稿五卷清郭琇撰、諸臣奏議一百五十卷宋趙汝愚編、歷代名臣奏議三百五十卷明永樂十四年黃淮楊士奇等奉敕編、名臣經濟錄五十三卷明黃訓編輯、欽定明臣奏議二十卷乾隆四十六年奉敕編、

右詔令奏議類奏議之屬二十九部七百二十六卷。

傳記類

紀事始者稱傳記始黃帝。此道家野言也。究厥本源。則晏子春秋是卽家傳。孔子三朝記。其記之權輿乎。裴松之註三國志。劉孝標註世說新語。所引至繁。蓋魏晉以來作者彌夥。諸家著錄。體例相同。其參錯混淆。亦如一軌。今略為區別。一曰聖賢。如孔孟年譜之類。二曰名人。如魏鄭公諫錄之類。三曰總錄。如列女傳之類。四曰雜錄。如驂鸞錄之類。其杜大圭碑傳琬琰集。蘇天爵名臣事略。諸書雖無傳記之名。亦各核其實。依類編入。至安祿山黃巢劉豫諸書。既不能遽削其名。亦未可薰蕕同器。則從叛臣諸傳附載史末之例。自為一類。謂之曰別錄。

孔子編年五卷（宋胡仔撰、）東家雜記二卷（宋孔傳撰、）

右傳記類聖賢之屬二部七卷

晏子春秋八卷（撰人名氏無考、舊題晏嬰撰者誤也、）魏鄭公諫錄五卷（唐王方慶撰、）李相國論事集六卷（唐蔣偕撰或題曰李深之集、稱李絳撰者誤也、）杜工部年譜一卷（宋趙子櫟撰、）杜工部詩年譜一卷（宋魯訔撰、）紹陶錄二卷（宋王質撰、）金陀粹編二十八卷續編三十卷（宋岳珂撰、）象臺首末五卷（宋胡知柔撰、）魏鄭公諫續錄二卷（元翟思忠撰、）忠貞錄三卷附錄一卷（明李維樾林增志同編、）諸葛忠武書十卷（明楊時偉編、）寧海將軍固山貝子功蹟錄一卷（不著撰人名氏、）朱子年譜四卷考異四卷附錄二卷（清王懋竑撰、）

右傳記類名人之屬十三部一百一十三卷

古列女傳七卷續列女傳一卷（漢劉向撰、）高士傳三卷（晉皇甫謐撰、）卓異記一卷（舊本或題唐李翺、或題唐陳翺、或題唐陳翰、）春秋列國諸臣傳三十卷（宋王當撰、）廉吏傳二卷（宋費樞撰、）紹興十八年同年小錄一卷（宋紹興戊辰王佐榜進士題名也、）伊雒淵源錄十四卷（宋朱熹撰、）名臣言行錄前集十卷後集十四卷續集八卷別集二十六卷外集十七卷（前集後集宋朱熹撰、續集別集外集李幼武所補、）名臣碑傳琬琰集一百七卷（宋杜大珪編、）錢塘先賢傳贊一卷（宋袁韶撰、）慶元黨禁一卷（不著撰人名氏、但署曰滄州樵叟、）寶祐四年登科錄一卷（宋文天祥榜進士題名也、）京口耆舊傳九卷（不著撰人名氏、）昭忠錄一卷（不著撰人名氏、）敬鄉錄十四卷（元吳師道撰、）唐才子傳八卷（元辛文房撰、）元朝名臣事略十五卷（元蘇天爵撰、）浦陽人物記二卷明宋濂撰、古今列女傳三卷明永樂中解縉等奉敕撰、殿閣詞林記二十二卷明廖道南撰、嘉靖以來首輔傳八卷明王世貞撰、明名臣琬琰錄二十四卷續錄二十二卷明徐紘編、今獻備遺四十二卷明項篤壽撰、百越先賢志四卷明歐大任撰、元儒考略四卷明馮從吾撰、欽定宗室王公功績表傳十二卷乾隆四十六年奉敕撰、欽定蒙古王公功績表傳十二卷乾隆四十四年奉敕撰、欽定八旗滿洲氏族通譜八十卷乾隆九年奉敕撰、欽定勝朝殉節諸臣錄十二卷乾隆四十一年奉敕撰、明儒學案六十二卷清黃宗羲撰、中州人物考八卷清孫奇逢撰、東林列傳二十四卷清陳鼎撰、儒林宗派十六卷清萬斯同撰、明儒言行錄十卷續錄二卷清沈佳撰、史傳三編五十六卷清朱軾撰、閩中理學淵源考九十二卷清李清馥撰、

右傳記類總錄之屬三十六部八百一十八卷

孫威敏征南錄一卷宋滕元發撰、驂鸞錄一卷宋范成大撰、吳船錄二卷宋范成大撰、入蜀記六卷宋陸游撰、西使記一卷元劉郁撰、保越錄一卷不著撰人名氏、閩越巡視紀略六卷清杜臻撰、松亭行紀二卷清高士奇撰、扈從西巡日錄一卷清高士奇撰、

右傳記類雜錄之屬九部二十一卷

史鈔類

帝魁以後書凡三千二百四十篇。孔子刪取百篇。此史鈔之祖也。宋志始自立門。然隋志

雜史類中。有史要十卷。註漢桂陽太守衞颯撰。約史記要言。以類相從。又有三史略二十卷。吳太子太傅張温撰。嗣後專鈔一史者。有葛洪漢書鈔三十卷。張緬晉書鈔三十卷。合鈔衆史者。有阮孝緒正史削繁九十四卷。則其來已古矣。沿及宋代。又增四例。通鑑總類之類。則離析而編纂之。十七史詳節之類。則簡汰而刋削之。史漢精語之類。則採摭文句而存之。兩漢博聞之類。則割裂詞藻而次之。迨乎明季。彌衍餘風。趨簡易。利剽竊。史學荒矣。要其含咀英華。刪除冗贅。卽韓愈所稱記事提要之義。不以末流蕪濫。責及本始也。博取約存。亦資循覽。若倪思班馬異同。惟品文字。婁機班馬字類。惟明音訓。及三國志文類總滙文章者。則各從本類。不列此門。

兩漢博聞十二卷（宋楊侃編）、通鑑總類二十卷（宋沈樞撰）、南史識小錄八卷北史識小錄八卷（清沈名蓀朱昆田同編）

右史鈔類三部四十八卷

載記類

五馬南浮。中原雲擾。偏方割據。各設史官。其事蹟亦不容泯滅。故阮孝緒作七錄。僞史立焉。隋志改稱霸史。文獻通考則兼用二名。然年祀綿邈。文籍散佚。當時僭撰。久已無存。存於今者。大抵後人追記而已。曰霸曰僞。皆非其實也。案後漢書班固傳稱撰平林新市公孫述事爲載記。史通亦稱平林下江諸人東觀列爲載記。又晉書附敍十六國。亦云載記。是實立乎中朝。以敍述列國之名。今採錄吳越春秋以下述偏方僭亂遺蹟者。準東觀漢記晉書之例。總題曰載記。於義爲允。惟越史略一書。爲其國所自作。僭號紀年。亘爲僞史。然外方私記。不過附存以聲罪示誅。足昭名分。固無庸爲此數卷別區門目焉。

吳越春秋十卷（漢趙煜撰、元徐天祜注、） 越絕書十五卷（漢袁康撰、其友吳平同定、隋志稱子貢作者謬也、） 華陽國志十二卷附錄一卷（晉常璩撰、） 鄴中記一卷（晉陸翽撰、） 十六國春秋一百卷（舊本題魏崔鴻撰、） 別本十六國春秋十六卷（舊本亦題魏崔鴻撰、） 蠻書十卷（唐樊綽撰、） 釣磯立談一卷（不著撰人名氏、考書中自述、蓋史虛白之子所作、宋志竟以爲虛白作、誤也、） 江南野史十卷（宋龍袞撰、） 江南別錄一卷（宋陳彭年撰、） 江表志三卷（宋鄭文寶撰、） 江南餘載二卷（不著撰人名氏、） 三楚新錄三卷（宋周羽翀撰、） 錦里耆舊傳四卷（宋句延慶撰、一名成都理亂記、） 五國故事二卷（不著撰人名氏、據書中所述、蓋宋初人也、） 蜀檮杌二卷（宋張唐英撰、） 南唐書三十卷（宋馬令撰、） 南唐書十八卷音釋一卷（宋陸游撰、元戚光音釋、） 吳越備史四卷補遺一卷（宋錢儼撰、或題范林者、儼託名也、） 安南志略十九卷（元黎崱撰、崱安南人、） 十國春秋一百十四卷（清吳任臣撰、）

附錄

越史略三卷（不著撰人名氏、蓋安南國人自記其國之事、） 朝鮮史略六卷（不著撰人名氏、書中稱李成桂爲太祖、李芳遠爲太宗、蓋明代朝鮮國人作也、）

右載記類二十一部三百八十卷附錄二部九卷

時令類

堯典首授時。堯初受命。亦先齊七政。後世推步測算。重爲專門。已別著錄。其本天道之宜。以立人事之節者。則有時令諸書。孔子考獻徵文。以小正爲尙存夏道。然則先王之政。茲其大綱歟。後世承流。遞有撰述。大抵農家日用。閭閻風俗爲多。與禮經所載小異。然民事卽王政也。淺識者歧視之耳。至於選詞章。隸故實。誇多鬭靡。寖失厥初。則踵事增華。其來有漸。不獨時令一家爲然。汰除鄙倍。採摘典要。亦未始非豳風月令之遺矣。

歲時廣記四卷 宋陳元靚撰、 御定月令輯要二十四卷圖說一卷 康熙五十四年大學士李光地等奉敕撰、

右時令類二部二十九卷

地理類

古之地志。載方域山川風俗物產而已。其書今不可見。然禹貢周禮職方氏。其大較矣。元和郡縣志。頗涉古蹟。蓋用山海經例。太平寰宇記。增以人物。又偶及藝文。於是爲州縣志書之濫觴。元明以後。體例相沿。列傳侔乎家牒。藝文溢於總集。末大於本。而輿圖反若附錄。其間假借夸飾。以侈風土者。抑又甚焉。王士禎稱漢中府志載木牛流馬法。武功縣志載織錦璇璣圖。此文士愛博之談。非古法也。然踵事增華。勢難遽返。今惟去泰去甚。擇尤

雅者錄之。凡蕪濫之編。皆斥而存目。其編類首宮殿疏。尊宸居也。次總志。大一統也。次都會郡縣。辨方域也。次河防。次邊防。崇實用也。次山川古蹟。次雜記。次遊記。備考核也。次外紀。廣見聞也。若夫山海經十洲記之屬。體雜小說。則各從其本類。茲不錄焉

三輔黃圖六卷（不著撰人名氏）、　禁扁五卷（元王士點撰）、

右地理類宮殿簿之屬二部十一卷

元和郡縣志四十卷（唐李吉甫撰）、　太平寰宇記一百九十三卷（宋樂史撰）、　元豐九域志十卷（宋王存等奉敕撰）、　輿地廣記三十八卷（宋歐陽忞撰）、　方輿勝覽七十卷（宋祝穆撰）、　明一統志九十卷（明李賢等奉敕撰）、　大清一統志五百卷（乾隆二十九年奉敕撰）、

右地理類總志之屬七部九百四十一卷

吳郡圖經續記三卷（宋朱長文撰）、　乾道臨安志三卷（宋周淙撰）、　淳熙三山志四十二卷（宋梁克家撰）、　吳郡志五十卷（宋范成大撰）、　新安志十卷（宋羅願撰）、　剡錄十卷（宋高似孫撰）、　嘉泰會稽志二十卷　寶慶續志八卷（會稽志宋施宿等撰、續志張淏撰）、　嘉定赤城志四十卷（宋陳耆卿撰）、　寶慶四明志二十一卷　開慶續志十二卷（四明志宋羅濬撰、續志宋梅應發劉錫同撰）、　澉水志八卷（宋常棠撰）、　景定建康志五十卷（宋周應合撰）、　景定嚴州續志十卷（宋鄭瑤方仁榮同撰）、　咸淳臨安志九十三卷（宋潛說友撰）、　至元嘉禾志三十二卷（元徐碩撰）、　大德昌國州圖志七卷（元馮復京郭薦等同撰）、　延祐四明志十七卷（元袁桷撰）、　齊乘六卷

元于欽撰、至大金陵新志十五卷元張鉉撰、無錫縣志四卷不著撰人名氏、姑蘇志六十卷明王鏊撰、武功縣志三卷明康海撰、朝邑縣志二卷明韓邦靖撰、嶺海輿圖一卷明姚虞撰、滇略十卷明謝肇淛撰、吳興備志三十二卷明董斯張撰、欽定熱河志八十卷乾隆二十一年奉敕撰、欽定日下舊聞考一百二十卷乾隆三十九年奉敕撰、欽定熱河志八十卷乾隆四十六年奉敕撰、欽定滿洲源流考二十卷乾隆四十二年大學士阿桂等奉敕撰、欽定皇輿西域圖志五十二卷乾隆二十一年大學士劉統勳奉敕撰、欽定盛京通志一百二十卷乾隆四十四年奉敕撰、畿輔通志一百二十卷清直隸總督李衛等監修、江南通志二百卷清兩江總督趙宏恩等監修、江西通志一百六十二卷清江西巡撫謝旻等監修、浙江通志二百八十卷清浙江總督嵇曾筠等監修、福建通志七十八卷清浙閩總督郝玉麟等監修、湖廣通志一百二十卷清湖廣總督邁柱等監修、河南通志八十卷清河南總督王士俊等監修、山東通志三十六卷清山東巡撫岳濬等監修、山西通志二百三十卷清山西巡撫覺羅石麟等監修、陝西通志一百卷清陝西總督劉於義等監修、甘肅通志五十卷清甘肅巡撫許容等監修、四川通志四十七卷清四川總督黃廷桂等監修、廣東通志六十四卷清廣東巡撫郝玉麟等監修、廣西通志一百二十八卷清廣西巡撫金鉷等監修、雲南通志三十卷清雲貴總督鄂爾泰等監修、貴州通志四十六卷清雲貴總督鄂爾泰等監修、歷代帝王宅京記二十卷清顧炎武撰、

右地理類都會郡縣之屬四十八部二千八百三十二卷

水經注四十卷水經舊題漢桑欽撰、然證以書中地理、實三國時人、其注則後魏酈道元作、水經注集釋訂譌四十卷清沈炳巽撰、

水經注釋四十卷刊誤十二卷清趙一清撰、 吳中水利書一卷宋單鍔撰、 四明它山水利備覽二卷宋魏峴撰、 河防通議二卷元沙克什撰、 治河圖略一卷元王喜撰、 浙西水利書三卷明姚文灝撰、 河防一覽十四卷明潘季馴撰、 三吳水利錄四卷明歸有光撰、 北河紀八卷紀餘四卷明謝肇淛撰、 敬止集四卷明陳應芳撰、 三吳水考十六卷明張內蘊周大韶同撰、 吳中水利書二十八卷明張國維撰、 欽定河源紀略三十六卷乾隆四十七年奉敕撰、 崑崙河源考一卷清萬斯同撰、 兩河清彙八卷清薛鳳祚撰、 居濟一得八卷清張伯行撰、 治河奏績書四卷附河防述言一卷清靳輔撰、 直隸河渠志一卷清陳儀撰、 行水金鑑一百七十五卷清傅澤洪撰、 水道提綱二十八卷清齊召南撰、 海塘錄二十六卷清翟均廉撰、

右地理類河渠之屬二十三部五百七卷

籌海圖編十三卷明胡宗憲撰、 鄭開陽雜著十一卷明鄭若曾撰、

右地理類邊防之屬二部二十四卷

南嶽小錄一卷唐道士李沖昭撰、 廬山記三卷附廬山紀略一卷宋陳聖俞撰、 赤松山志一卷宋倪守約撰、 西湖游覽志二十四卷志餘二十六卷明田汝成撰、 桂勝十六卷附桂故八卷明張鳴鳳撰、 欽定盤山志二十一卷清大學士蔣溥等奉敕撰、 西湖志纂十二卷清大學士梁詩正撰、

右地理類山水之屬七部一百十三卷

洛陽伽藍記五卷後魏楊衒之撰、案楊或作羊未詳孰是、　吳地記一卷附後集一卷舊本題唐陸廣微撰、　長安志二十卷宋宋敏求撰、　洛陽名園記一卷宋李格非撰、　雍錄十卷宋程大昌撰、　洞霄圖志六卷宋鄧牧撰、　長安志圖三卷元李好文撰、　汴京遺蹟志二十四卷明李濂撰、　武林梵志十二卷明吳之鯨撰、　江城名蹟二卷清陳宏緒撰、　營平二州地名記一卷清顧炎武撰、　金鼇退食筆記二卷清高士奇撰、　石柱記箋釋五卷清鄭元慶撰、　關中勝蹟圖誌三十二卷清陝西巡撫畢沅監修、乾隆四十一年奏進、

右地理類古蹟之屬十四部一百二十五卷

南方草木狀三卷晉嵇含撰、　荊楚歲時記一卷梁宗懍撰、舊本題晉人、誤也、　北戶錄三卷唐段公路撰、　桂林風土記一卷唐莫休符撰、　嶺表錄異三卷唐劉恂撰、　益部方物略記一卷宋宋祁撰、　岳陽風土記一卷宋范致明撰、　東京夢華錄十卷宋孟元老撰、　六朝事迹編類二卷宋張敦頤撰、　會稽三賦三卷宋王十朋撰、　中吳紀聞六卷宋龔明之撰、　桂海虞衡志一卷宋范成大撰、　嶺外代荅十卷宋周去非撰、　都城紀勝一卷舊本題耐得翁撰、不著名氏、書成於端平二年、　夢粱錄二十卷宋吳自牧撰、　武林舊事十卷宋周密撰、　歲華記麗譜一卷附箋紙譜一卷蜀錦譜一卷元費著撰、　吳中舊事一卷元陸友仁撰、　平江紀事一卷元高德基撰、　江漢叢談二卷明陳士元撰、　閩中海錯疏三卷明屠本畯撰、　益部談資三卷明何宇度撰、　蜀中廣記一百八卷明曹學佺撰、　顏山雜記四卷清孫廷銓撰、　嶺南風物紀一卷清吳綺撰、　臺海使槎錄八卷清黃叔璥撰、　龍沙紀略一卷清方式濟撰、　東城雜記二卷清厲鶚撰、

右地理類雜記之屬二十八部二百十三卷

游城南記一卷宋張禮撰、　河朔訪古記二卷元納新撰、　徐霞客游記十二卷明徐宏祖撰、霞客其自號也、

右地理類游記之屬三部十五卷

佛國記一卷宋釋法顯撰、　大唐西域記十二卷唐釋元奘譯、辯機撰、　宣和奉使高麗圖經四十卷宋徐兢撰、　諸蕃志二卷宋趙汝适撰、　溪蠻叢笑一卷宋朱輔撰、　眞臘風土記一卷元周達觀撰、　島夷志略一卷元汪大淵撰、　朝鮮賦一卷明董越撰、　海語三卷明黃衷撰、　東西洋考十二卷明張燮撰、　職方外紀五卷明西洋人艾儒略撰、　赤雅三卷明鄺露撰、　朝鮮志二卷不著撰人名氏、蓋故明時朝鮮人作、　皇清職貢圖九卷乾隆十六年傅恆等撰、　坤輿圖志二卷清西洋南懷仁撰、　異域錄一卷清圖理琛撰、　海國聞見錄二卷清陳倫炯撰、

右地理類外紀之屬十七部九十八卷

職官類

前代官制史多著錄。然其書恆不傳。南唐書徐鍇傳稱後主得齊職制。其書罕覯。惟鍇知之。今亦無舉其名者。世所稱述。周官外惟唐六典最古耳。蓋建官爲百度之綱。其名品職掌。史志必撮舉大凡。足備參考。故本書繁重。反爲人所倦觀。且惟議政廟堂。乃稽舊典。其閒如元豐變法。事不數逢。故著述之家。或通是學而無所用。習者少則傳者亦稀焉。今所採錄。大抵唐宋以來一曹一司之舊事。與儆戒訓誥之詞。今釐爲官制官箴二子目。亦足

以稽考掌故。激勸官方。明人所著。率類州縣志書。則等之自鄶矣。

唐六典三十卷(唐元宗明皇帝御撰、李林甫奉敕注、) 翰林志一卷(唐李肇撰、) 麟臺故事五卷(宋程俱撰、) 翰苑羣書二卷(宋洪遵編、) 南宋館閣錄十卷續錄十卷(館閣錄宋陳騤撰、續錄則不知誰所作、)。 玉堂雜記三卷(宋周必大撰、) 宋宰輔編年錄二十卷(宋徐自明撰、) 祕書志十一卷(元王士點商企翁同撰、) 翰林記二十卷(明黃佐撰、) 禮部志稿一百十卷(明泰昌元年官修、實上海生員俞汝楫所修也、) 太常續考八卷(不著撰人名氏、考書中年月、蓋明崇禎中作、) 土官底簿二卷(不著撰人名氏、所載皆明正德以前土司官爵世系、則其書當作於嘉隆間、) 詞林典故八卷(乾隆九年重修翰林院落成、聖駕臨幸、賜宴賦詩、掌院學士鄂爾泰等因請纂此書、) 欽定國子監志六十二卷(乾隆四十三年戶部尚書梁國治等奉敕撰、) 欽定歷代職官表六十三卷(乾隆四十五年奉敕撰、)

右職官類官制之屬十五部三百六十五卷

州縣提綱四卷(不著撰人名氏、文淵閣書目作宋陳襄者、誤也、) 官箴一卷(宋呂本中撰、) 百官箴六卷(宋許月卿撰、) 晝簾緒論一卷(宋胡太初撰、) 三事忠告四卷(元張養浩撰、) 御製人臣儆心錄一卷(順治十二年世祖章皇帝御撰、)

右職官類官箴之屬六部十七卷

政書類

志藝文者有故事一類。其閒祖宗創法。奕葉愼守。是爲一朝之故事。後鑒前師。與時損益者。是爲前代之故事。史家著錄。大抵前代事也。隋志載漢武故事。濫及稗官。唐志載魏文貞故事。橫牽家傳。循名誤列。義例殊乖。今總核遺文。惟以國政朝章六官所職者。入於斯類。以符周官故府之遺。至儀注條格。舊皆別出。然均爲成憲。義可同歸。惟我皇上制作日新。垂謨册府。業已恭登新笈。未可仍襲舊名。考錢溥祕閣書目有政書一類。謹據以標目。見綜括古今之意焉。

通典二百卷唐杜佑撰、　唐會要一百卷宋王溥撰、　五代會要三十卷宋王溥撰、　宋朝事實二十卷宋李攸撰、　建炎以來朝野雜記四十卷宋李心傳撰、　西漢會要七十卷宋徐天麟撰、　東漢會要四十卷宋徐天麟撰、　漢制考四卷宋王應麟撰、　文獻通考三百四十八卷元馬端臨撰、　明會典一百八十卷明宏治十年徐溥等奉敕撰、正德四年李東陽等重校、　欽定大清則例一百八十卷乾隆二十六年與會典同修、　七國考十四卷明董說撰、　欽定大清會典一百卷乾隆二十六年奉敕撰、　欽定續文獻通考二百五十二卷乾隆十二年奉敕撰、　欽定皇朝文獻通考二百六十六卷乾隆十二年奉敕撰、　欽定續通典一百四十四卷乾隆三十二年奉敕撰、　欽定皇朝通典一百卷乾隆三十二年奉敕撰、　欽定皇朝通志二百卷乾隆三十二年奉敕撰、　元朝典故編年考十卷清孫承澤撰、

右政書類通制之屬十九部二千二百九十八卷

漢官舊儀一卷補遺一卷漢衛宏撰、　大唐開元禮一百五十卷唐蕭嵩等奉敕撰、　謚法四卷宋蘇洵撰、　政和五禮新儀二百二十卷宋鄭居中等奉敕撰、　紹熙州縣釋奠儀圖一卷舊本題宋朱熹撰、　大金集禮

四十卷金明昌六年禮部尚書張暐等奏進、大金德運圖說一卷金貞祐二年尚書省集議之案牘也、廟學典禮六卷不著撰人名氏、所載始於元太宗丁酉、終於成宗大德間、蓋元人錄記也、　明集禮五十三卷明洪武三年徐一夔等奉敕撰、原本五十卷、嘉靖中重修、增為五十三卷、明臣謚彙考二卷明鮑應鼇撰、　頖宮禮樂疏十卷明李之藻撰、　明謚記彙編二十五卷明郭良翰撰、明宮史五卷舊本題蘆山赤隱呂毖校次、蓋明季宦官也、　幸魯盛典四十卷康熙二十三年、聖駕東巡闕里、衍聖公孔毓圻等恭述典禮、輯成是篇、　萬壽盛典一百二十卷康熙五十二年內廷諸臣所編、　欽定大清通禮五十卷乾隆元年奉敕撰、　南巡盛典一百二十卷乾隆三十一年兩江總督高晉撰、　八旬萬壽盛典一百二十卷乾隆五十四年大學士阿桂等纂修、　欽定皇朝禮器圖式二十八卷乾隆二十四年奉敕撰、三十一年重修、　國朝宮史三十六卷乾隆七年奉敕撰、二十四年增修、欽定滿洲祭神祭天典禮六卷乾隆四十二年奉敕撰、　歷代建元考十卷清鍾淵映撰、　北郊配位議一卷清毛奇齡撰、　廟制圖考一卷清萬斯同撰、

右政書類儀制之屬二十四部一千五十一卷

救荒活民書三卷宋董煟撰、　熬波圖一卷元陳椿撰、　錢通三十二卷明胡我琨撰、　捕蝗考一卷清陳芳生撰、　荒政叢書十卷清俞森編、　康濟錄六卷清倪國璉撰、因陸曾禹之舊本而刪存精要、

右政書類邦計之屬六部五十三卷

歷代兵制八卷宋陳傅良撰、　補漢兵志一卷宋錢文子撰、　馬政紀十二卷明楊時喬撰、　八旗通志初集二百五十卷雍正五年奉敕撰、

右政書類軍政之屬四部二百七十一卷

唐律疏義三十卷唐長孫無忌等奉敕撰、大清律例四十七卷乾隆五年大學士三泰等奉敕撰、

右政書類法令之屬二部七十七卷

營造法式三十四卷宋李誡奉敕撰、欽定武英殿聚珍版程式一卷乾隆三十八年、詔甄擇四庫全書善本刊刻流布、侍郎金簡請以活字印行、賜名曰聚珍版、金簡因綜述其法、編此書奏進、

右政書類考工之屬二部三十五卷

目錄類

鄭元有三禮目錄一卷。此名所昉也。其有解題。胡應麟經義會通謂始於唐之李肇。案漢書錄七略書名。不過一卷。而劉氏七略別錄至二十卷。此非有解題而何。隋志曰。劉向別錄。劉歆七略。剖析條流。各有其序。推尋事迹。自是以後。不能辨其流別。但記書名而已。其文甚明。應麟誤也。今所傳者。以崇文總目為古。晁公武趙希弁陳振孫並準為撰述之式。惟鄭樵作通志藝文略。始無所詮釋。併建議廢崇文總目之解題。而尤袤遂初堂書目因之。自是以後。遂兩體並行。今亦兼收。以資考核。金石之文。隋唐志附小學。宋志乃附目錄。今用宋志之例。並列此門。而別爲子目。不使與經籍相淆焉。

崇文總目十二卷宋王堯臣等奉敕撰、郡齋讀書志四卷後志二卷考異一卷附志一卷讀書志宋晁公武撰、

續志亦公武所撰，趙希弁重編，考異附志則希弁所撰也，遂初堂書目一卷宋尤袤撰，一名益齋書目，子略四卷目錄一卷宋高似孫撰，直齋書錄解題二十二卷宋陳振孫撰，漢藝文志考證十卷宋王應麟撰，文淵閣書目四卷明楊士奇撰，授經圖二十卷明朱睦㮮撰，欽定天祿琳瑯書目十卷乾隆九年詔編，千頃堂書目三十二卷清黃虞稷撰，經義考三百卷清朱彝尊撰，

右目錄類經籍之屬十一部四百二十四卷

集古錄十卷宋歐陽修撰，金石錄三十卷宋趙明誠撰，法帖刊誤二卷宋黃伯思撰，法帖釋文十卷宋劉次莊撰，籀史一卷宋翟耆年撰，隸釋二十七卷宋洪适撰，隸續二十一卷宋洪适撰，絳帖平六卷宋姜夔撰，石刻鋪敘二卷宋曾宏父撰，法帖譜系二卷宋曹士冕撰，蘭亭考十二卷宋桑世昌撰，高似孫刪定，蘭亭續考二卷宋俞松撰，寶刻叢編二十卷宋陳思撰，輿地碑記目四卷宋王象之撰，寶刻類編八卷不著撰人名氏，古刻叢鈔一卷明陶宗儀編，名蹟錄六卷附錄一卷明朱珪編，吳中金石新編八卷明陳暐撰，金薤琳琅二十卷明都穆撰，法帖釋文考異十卷明顧從義撰，金石林時地考二卷明趙均撰，石墨鐫華六卷附錄二卷明趙崡撰，金石史二卷明郭宗昌撰，欽定校正淳化閣帖釋文十卷乾隆三十四年侍郎金簡恭錄，求古錄一卷清顧炎武撰，金石文字記六卷清顧炎武撰，石經考一卷清顧炎武撰，石經考一卷清萬斯同撰，來齋金石考三卷清林侗撰，嵩陽石刻集記二卷清葉封撰，觀妙齋金石文考略十六卷清李光暎撰，分隸偶存二卷清萬經撰，淳化祕閣法帖考正十二卷清王澍撰，竹雲

題跋四卷清王澍撰、 金石經眼錄一卷清褚峻摹圖牛運震補說、 石經考異二卷清杭世駿撰、

右目錄類金石之屬三十六部二百七十六卷

史評類

春秋筆削。議而不辨。其後三傳異詞。史記自爲序贊。以著本旨。而先黃老後六經。退處士、進姦雄。班固復異議焉。此史論所以繁也。其中考辨史體。如劉知幾倪思諸書。非博覽精思。不能成帙。故作者差稀。至於品騭舊聞。抨彈往迹。則纔繙史略。即可成文。此是彼非。互滋簧鼓。故其書動至汗牛。又文士立言。務求相勝。或至鑿空生義。僻謬不情。如胡寅讀史管見。譏晉元帝不復牛姓者。更往往而有。故瑕纇叢生。亦惟此一類爲甚。我皇上綜括古今。折衷衆論。欽定評鑑闡要及全韻詩。昭示來茲。日月著明。爝火可息。百家譾語。原可無存。以古來著錄。舊有此門。擇其篤實近理者。酌錄數家。用備體裁云爾。

史通二十卷唐劉子元撰、子元即劉知幾、以字行也、 史通通釋二十卷清浦起龍撰、 唐鑑二十四卷宋范祖禹撰、 唐史論斷三卷宋孫甫撰、 唐書直筆四卷宋呂夏卿撰、 通鑑問疑一卷宋劉羲仲編、 三國雜事二卷宋唐庚撰、 經幄管見四卷宋曹彥約撰、 涉史隨筆一卷宋葛洪撰、 六朝通鑑博議十卷宋李燾撰、 大事記講義二十三卷宋呂中撰、 兩漢筆記十二卷宋錢時撰、 舊聞證誤四卷宋李心傳撰、 通鑑答問五卷宋王應麟撰、 歷代名賢確論一百卷不著撰人名氏、蓋即宋史藝文志所謂十七史名賢確論、南宋人之所作、明刻或題錢福撰者、誤也、 歷

朝通略四卷（元陳櫟撰、）十七史纂古今通要十七卷（元胡一桂撰、）學史十三卷（明邵寶撰、）史糾六卷（明朱明鎬撰、）御批通鑑綱目五十九卷通鑑綱目前編一卷外紀一卷舉要三卷通鑑綱目續編二十七卷（康熙四十七年聖祖仁皇帝御撰、）御製評鑒闡要十二卷（乾隆三十六年大學士劉統勳等恭錄、）欽定古今儲貳金鑑六卷（乾隆四十八年命諸皇子率內廷諸臣撰、）

右史評類二十二部三百八十二卷

子部總敘

自六經以外立說者皆子書也。其初亦相淆。自七略區而列之。名品乃定。其初亦相軋。自董仲舒別而白之。醇駁乃分。其中或佚不傳。或傳而後莫爲繼。或古無其目而今增。古各爲類而今合。大都篇帙繁富。可以自爲部分者。儒家之外。有兵家。有法家。有農家。有醫家。有天文算法。有術數。有藝術。有譜錄。有雜家。有類書。有小說家。其別教則有釋家。有道家。敍而次之。凡十四類。儒家尚矣。有文事者有武備。故次之以兵家。兵刑類也。唐虞無皐陶則寇賊姦宄無所禁。必不能風動時雍。故次以法家。民。國之本也。穀。民之天也。故次以農家。本草經方。技術之事也。而生死繫焉。神農黃帝以聖人爲天子。尚親治之。故次以醫家。重民事者先授時。授時本測候。測候本積數。故次以天文算法。以上六家。皆治世者所有事也。百家方技。或有益或無益。而其說久行。理難竟廢。故次以術數。游藝亦學問之餘事。

一技入神。器或寓道。故次以藝術。以上二家。皆小道之可觀者也。詩取多識。易稱制器。博聞有取。利用攸資。故次以譜錄。羣言歧出。不名一類。總爲薈粹。皆可採擷菁英。故次以雜家。隸事分類。亦雜言也。舊附於子部。今從其例。故次以類書。稗官所述。其事末矣。用廣見聞。愈於博弈。故次以小說家。以上四家。皆旁資參考者也。二氏。外學也。故次以釋家道家終焉。夫學者研理於經。可以正天下之是非。徵事於史。可以明古今之成敗。餘皆雜學也。然儒家本六藝之支流。雖其間依草附木。不能免門戶之私。而數大儒明道立言。炳然具在。要可與經史旁參。其餘雖眞僞相雜。醇疵互見。然凡能自名一家者。必有一節之足以自立。卽其不合於聖人者。存之亦可爲鑒戒。雖有絲麻。無棄菅蒯。狂夫之言。聖人擇焉。在博收而愼取之爾。

儒家類

古之儒者。立身行己。誦法先王。務以通經適用而已。無敢自命聖賢者。王通教授河汾。始摹擬尼山。遞相標榜。此亦世變之漸矣。迨托克托等修宋史。以道學儒林分爲兩傳。而當時所謂道學者。又自分二派。筆舌交攻。自時厥後。天下惟朱陸是爭。門戶別而朋黨起。恩讎報復。蔓延者垂數百年。明之末葉。其禍遂及於宗社。惟好名好勝之私心不能自克。故相激而至是也。聖門設教之意。其果若是乎。今所錄者。大旨以濂洛關閩爲宗。而依附門牆藉詞衞道者則僅存其目。金谿姚江之派亦不廢所長。惟顯然以佛語解經者則斥入雜家。凡以風示儒者無植黨。無近名。無大言而不慙。無空談而鮮用。則庶幾孔孟之正傳矣。

孔子家語十卷魏王肅註、家語雖名見漢志、而書則久佚、今本蓋即王肅所依託、以攻駁鄭學、　荀子二十卷周荀況撰、唐楊倞註、　孔叢子三卷舊本題陳勝博士孔鮒撰、凡二十一篇、末爲連叢子上下篇、題漢孔臧撰、皆依託也、　新語二卷舊本題漢陸賈撰、　新書十卷漢賈誼撰、

鹽鐵論十二卷漢桓寬撰、　新序十卷漢劉向撰、　說苑二十卷漢劉向撰、　法言集註十卷漢楊雄撰、宋司馬光

潛夫論十卷漢王符撰、　申鑒五卷漢荀悅撰、明黃省曾註、　中論二卷漢徐幹撰、　傅子一卷晉傅元撰、　中說十卷舊本題隋王通撰、核以事實、多相牴悟、蓋其子福郊福時等所依託也、　帝範四卷唐太宗文皇帝御撰、　續孟子二卷唐林愼思撰、

伸蒙子三卷唐林愼思撰、　素履子三卷唐張弧撰、　家範十卷宋司馬光撰、　帝學八卷宋范祖禹撰、　儒志編一卷宋王開祖撰、

太極圖說述解一卷通書述解一卷西銘述解一卷明曹端撰、　張子全書十四卷附錄一卷宋張載撰、　註解正蒙二卷清李光地撰、　正蒙初義十七卷清王植撰、　二程遺書二十五卷附錄一卷程子門人所記、而朱子編次之、其附錄一卷、則行狀之類也、　二程外書十二卷亦程子門人所記、朱子又取他書所載程子語一百五十二條益之、以補遺書所未備、

二程粹言二卷宋楊時編、　公是先生弟子記四卷宋劉敞撰、曰弟子記者、託詞於弟子所記也、　節孝語錄一卷宋徐積撰、　儒言一卷宋晁說之撰、　童蒙訓三卷宋呂本中撰、　省心雜言一卷宋李邦獻撰、

上蔡語錄三卷宋曾恬胡安國所錄謝良佐語、朱子又爲刪定之、　袁氏世範三卷宋袁采撰、　延平答問一

卷附錄一卷宋朱熹撰、近思錄十四卷宋朱熹呂祖謙同撰、近思錄集註十四卷清茅星來撰、近思錄集註十四卷清江永撰、雜學辨一卷附記疑一卷宋朱熹撰、小學集註六卷舊本題宋朱熹編、以朱子集中癸卯與劉子澄書考之、實子澄之所類次、猶通鑑綱目出趙師淵手也、朱子語類一百四十卷宋黎靖德編、戒子通錄八卷宋劉清之撰、知言六卷附錄一卷宋胡宏撰、明本釋三卷宋劉荀撰、少儀外傳二卷宋呂祖謙撰、麗澤說論集錄十卷宋呂喬年編、曾子一卷宋汪晫編、子思子一卷宋汪晫編、邇言十二卷宋劉炎撰、木鐘集十一卷宋陳埴撰、經濟文衡前集二十五卷後集二十五卷續集二十二卷舊本題宋滕珙編、其書取朱子文集語錄分類編次、大學衍義四十三卷宋眞德秀撰、讀書記六十一卷宋眞德秀撰、心經一卷宋眞德秀撰、政經一卷舊本題宋眞德秀撰、項氏家說十卷附錄二卷宋項安世撰、先聖大訓六卷宋楊簡撰、蒐輯孔子遺言、排纂爲五十五篇、而各爲之註、黃氏日鈔九十五卷宋黃震撰、北溪字義二卷宋陳淳撰、準齋雜說二卷宋吳如愚撰、性理羣書句解二十三卷宋熊節編、熊綱大註、東宮備覽六卷宋陳模撰、孔子集語三卷宋薛據編、朱子讀書法四卷宋張洪齊熙同編、家山圖書一卷是書自永樂大典錄出、原本題曰朱子撰、然中引文公家禮、其不出朱子審矣、讀書分年日程三卷元程端禮撰、辨惑編四卷附錄一卷元謝應芳撰、治世龜鑑一卷元蘇天爵撰、管窺外篇二卷元史伯璿撰、內訓一卷明仁孝文皇后撰、理學類編八卷明張九韶撰、初名格物編、吳當爲易此名、性理大全書七十卷明永樂十三年胡廣等奉敕撰、讀書錄十一卷續錄十二卷明薛瑄撰、大學衍義補一百六十卷明邱濬撰、居業錄八卷明胡居仁撰、楓山語錄一卷明章懋撰、東溪日談錄十八卷明周琦撰、困知記二卷續記二卷附錄一卷明羅欽順撰、讀書劄記八卷明徐問撰、士翼四卷明崔銑撰、涇野子內篇二十七卷明呂柟撰、周子鈔釋三卷明呂柟撰、張子鈔釋六卷明呂柟撰、二程子鈔釋十卷明呂柟撰、朱子鈔釋二卷明呂柟撰、中庸衍義十七卷明夏良勝撰、格物通一百卷明湛若水撰、世緯一卷明袁袠撰、呻吟語摘二卷明呂坤撰、聖學宗要一卷學言三卷明劉宗周撰、人譜一卷人譜類記二卷明劉宗周撰、榕壇問業十八卷明黃道周撰、温氏母訓一卷明温璜述其母陸氏之訓也、御撰資政要覽三卷後序一卷順治十二年世祖章皇帝御撰、聖諭廣訓一卷聖祖仁皇帝親製聖諭十六條、頒示天下、雍正二年、世宗憲皇帝闡繹覺世牖民之意、演爲聖訓萬言、庭訓格言一卷雍正八年世宗憲皇帝御纂、御製日知薈說四卷乾隆元年皇上取舊製各體文、親爲刪擇、勒成一編、御定內則衍義十六卷順治十三年世祖章皇帝御定、御定孝經衍義一百卷康熙二十一年侍郎張英等奉敕撰、御纂性理精義十二卷康熙五十六年大學士李光地奉敕撰、御纂朱子全書六十六卷康熙五十二年大學士李光地等奉敕撰、御定執中成憲八卷雍正六年奉敕撰、御覽經史講義三十一卷乾隆十四年大學士蔣溥等奉敕編、正學隅見述一卷清王宏撰、思辨錄輯要三十五卷清陸世儀撰、原本卷帙繁重、張伯行刪削其文、分十四門編次、故名曰輯要、雙橋隨筆十二卷清周召撰、讀朱隨筆四卷清陸隴其撰、三魚堂賸言十二卷清陸隴其撰、松陽鈔存二卷清陸隴其撰、榕村語錄三十卷清李光地撰、讀書偶記三卷清雷鋐撰、

右儒家類一百十三部一千六百八十一卷

兵家類

史記穰苴列傳。稱齊威王使大夫追論古者司馬兵法。是古有兵法之明證。然風后以下。皆出依託。其間孤虛王相之說。雜以陰陽五行風雲氣色之說。又雜以占候。故兵家恆與術數相出入。術數亦恆與兵家相出入。要非古兵法也。其最古者。當以孫子吳子司馬法爲本。大抵生聚訓練之術。權謀運用之宜而已。今所採錄。惟以論兵爲主。其餘雜說。悉別存目。古來僞本流傳既久者。詞不害理。亦併存以備一家。明季遊士撰述。尤爲猥雜。惟擇其著有明效。如戚繼光練兵實紀之類者。列於篇。

握奇經一卷舊本題風后撰、漢公孫宏解、晉馬隆述讚、　六韜六卷舊本題周呂望撰、　孫子一卷周孫武撰、　吳子一卷周吳起撰、

司馬法一卷舊本題齊司馬穰苴撰、證以史記、蓋齊威王諸臣集古兵法爲之、而附穰苴於其中、非穰苴作也、　尉繚子五卷周尉繚撰、

黃石公三略三卷舊本題黃石公撰、　三略直解三卷明劉寅撰、　素書一卷舊本題黃石公撰、宋張商英註、實即商英所僞託、

李衛公問對三卷舊本題唐李靖撰、陳師道何薳邵博皆以爲阮逸所託、　太白陰經八卷唐李筌撰、　武經總要四十卷宋曾公亮等奉敕撰、

虎鈐經二十卷宋許洞撰、　何博士備論一卷宋何去非撰、　守城錄四卷宋陳規撰、

武編十卷明唐順之撰、　陣紀四卷明何良臣撰、　江南經略八卷明鄭若曾撰、　紀效新書十八卷明戚繼光撰、

練兵實紀九卷雜集六卷明戚繼光撰、

右兵家類二十部一百五十三卷

法家類

刑名之學。起於周季。其術爲聖世所不取。然流覽遺篇。兼資法戒。觀於管仲諸家。可以知近功小利之隘。觀於商鞅韓非諸家。可以知刻薄寡恩之非。鑒彼前車。卽所以克端治本。曾鞏所謂不滅其籍。乃善於放絕者歟。至於凝㠓所編。（和凝和㠓父子相繼撰疑獄集、）闡明疑獄。桂吳所錄。（桂萬榮吳訥續撰棠陰比事、）矜愼祥刑。並義取持平。道資弼教。雖類從而錄。均隸法家。然立議不同。用心各異。於虞廷欽卹。亦屬有裨。是以仍準舊史。錄此一家焉。

管子二十四卷（舊本題周管仲撰、）　管子補註二十四卷（明劉績撰、）　鄧析子一卷（周鄧析撰、）　商子五卷（舊本題秦商鞅撰、）　韓子二十卷（周韓非撰、）　疑獄集四卷補疑獄集六卷（疑獄集晉和凝及其子㠓撰、補疑獄集明張景撰、）　折獄龜鑑八卷（宋鄭克撰、）　棠陰比事一卷附錄一卷（宋桂萬榮撰、明吳訥刪補、）

右法家類八部九十四卷

農家類

農家條目。至爲蕪雜。諸家著錄。大抵輾轉旁牽。因耕而及相牛經。因相牛經及相馬經。相鶴經。鷹經。蟹錄。至於相貝經。而香譜。錢譜。相隨入矣。因五穀而及圃史。因圃史而及竹譜。荔支譜。橘譜。至於梅譜。菊譜。而唐昌玉蘂辨證。揚州瓊花譜。相隨入矣。因蠶桑而及茶經。因茶經及酒史。糖霜譜。至於蔬食譜。而易牙遺意。飲膳正要。相隨入矣。觸類蔓延。將因四民月令而及算術天文。因田家五行而及風角鳥占。因救荒本草而及素問靈樞乎。今逐類汰除。惟存本業。用以見重農貴粟。其道至大。其義至深。庶幾不失豳風無逸之初旨。茶事一類。與農家稍近。然龍團鳳餅之製。銀匙玉盌之華。終非耕織者所事。今亦別入譜錄類。明不以末先本也。

齊民要術十卷（後魏賈思勰撰）、農書三卷附蠶書一卷（宋陳旉撰）、農桑輯要七卷（元至元十年官撰）、農桑衣食撮要二卷（元魯明善撰）、農書二十二卷（元王禎撰）、救荒本草二卷（明周定王橚撰）、農政全書六十卷（明徐光啓撰）、泰西水法六卷（明西洋熊三拔撰）、野菜博錄四卷（明鮑山撰）、欽定授時通考七十八卷（乾隆二年奉敕撰）、

右農家類十部一百九十五卷

醫家類

儒之門戶分於宋。醫之門戶分於金元。觀元好問傷寒會要序。知河間之學與易水之學爭。觀戴良作朱震亨傳。知丹溪之學與宣和局方之學爭也。然儒有定理。而醫無定法。病情萬變。難守一宗。故今所敘錄。兼衆說焉。明制定醫院十三科。頗爲繁碎。而諸家所著。往往以一書兼數科。分隸爲難。今通以時代爲次。漢志醫經經方二家後。有房中神仙二家。後人誤讀爲一。故服餌導引。歧塗頗雜。今悉刪除。周禮有獸醫。隋志載治馬經等九家。雜列醫書閒。今從其例。附錄此門。而退置於末簡。貴人賤物之義也。太素脈法。不關治療。今

別收入術數家茲不著錄。

黃帝素問二十四卷唐王冰註、靈樞經十二卷是書論針灸之道、與素問通號內經、然至南宋史崧始傳於世、最爲晚出、或以爲王冰所依託、難經本義二卷周秦越人撰、元滑壽註、甲乙經八卷晉皇甫謐撰、金匱要略論註二十四卷漢張機撰、清徐彬註、傷寒論註十卷附傷寒明理論三卷論方一卷成無已撰、傷寒論漢張機撰、晉王叔和編、金成無已註、肘後備急方八卷晉葛洪撰、褚氏遺書一卷舊本題南齊褚澄撰、巢氏諸病源候論五十卷隋大業中巢元方等奉敕撰、千金要方九十三卷唐孫思邈撰、銀海精微二卷舊本題唐孫思邈撰、外臺祕要四十卷唐王燾撰、顱顖經二卷不著撰人名氏、銅人鍼灸經七卷不著撰人名氏、疑卽宋王維德銅人腧穴針灸圖經也、明堂灸經八卷舊本題西方子撰、不知何許人、博濟方五卷宋王袞撰、蘇沈良方八卷宋沈括撰、後人又以蘇軾之說附之、壽親養老新書四卷前一卷宋陳直撰、本名養老奉親書、後三卷元鄒鉉續撰、併直書改題此名、腳氣治法總要二卷宋董汲撰、旅舍備要方一卷宋董汲撰、素問入式運氣論奧三卷附黃帝內經素問遺篇一卷宋劉溫舒撰、傷寒微旨二卷宋韓祇和撰、傷寒總病論六卷附音訓一卷修治藥法一卷宋龐安時撰、音訓及修治藥法、則其門人董炳編、聖濟總錄纂要二十六卷宋政和中奉敕撰、清程林得其殘帙凡三本、互相參校、掇取其切於用者、編次成書、故名纂要、證類本草三十卷宋唐愼微撰、全生指迷方四卷宋王貺撰、小兒衞生總微論方二十卷宋嘉定丙午太醫局刻本、不著撰人名氏、類證普濟本事方十卷宋許叔微撰、太平惠民和濟局方十卷指南總論三卷是書初創於元豐、重修於大觀、後紹興寶慶淳祐中、又遞有所增加、蓋南宋醫院以此書爲祖本、衞生十全方三卷奇疾方一卷宋夏德撰、傳信適用方二卷宋吳彥夔撰、衞濟寶書二卷趙東軒居士撰、不著名氏、 醫說十卷宋張杲撰、鍼灸資生經七卷宋王執中撰、 婦人大全良方二十四卷宋陳自明撰。 太醫局程文九卷不著編輯者名氏、皆南宋考試醫學之文、 三因極一病證方論十八卷宋陳言撰、 產育寶慶方二卷不著撰人名氏、 集驗背疽方一卷宋李迅撰、 濟生方八卷宋嚴用和撰、 產寶諸方一卷不著撰人名氏、 仁齋直指二十六卷附傷寒類書活人總括七卷宋楊士瀛撰、 救急仙方六卷不著撰人名氏、 素問元機原病式一卷金劉完素撰、 宣明論方十五卷金劉完素撰、 傷寒直格方三卷傷寒標本心法類萃二卷舊本皆題金劉完素撰、然傷寒直格方首又題臨川葛雍編、疑爲傳劉氏學者所作也、 病機氣宜保命集三卷金張元素撰、舊題劉完素者誤也、 儒門事親十五卷金張從正撰、 內外傷辨惑論三卷金李杲撰、 脾胃論三卷金李杲撰、 蘭室祕藏三卷金李杲撰、 醫壘元戎十二卷元王好古撰、 此事難知二卷元王好古撰、 湯液本草三卷元王好古撰、 瑞竹堂經驗方五卷元沙圖穆蘇撰、 世醫得效方二十卷元危亦林撰、 格致餘論一卷元朱震亨撰、 局方發揮一卷元朱震亨撰、 金匱鉤元三卷元朱震亨撰、明戴原禮校補、 扁鵲神應鍼灸玉龍經一卷元王國瑞撰、題曰扁鵲原序以爲託名也、 外科精義二卷元齊德之撰、 脈訣刊誤二卷附錄二卷元戴啓宗撰、 醫經溯洄集一卷元王履撰、 普濟方四百二十六卷明周定王朱橚撰、 推求師意二卷明戴原禮撰、 玉機微意五十卷明徐用誠撰、劉純續增、 仁端錄十六卷明徐謙撰、 薛氏醫案七十八卷明薛己撰、 鍼灸問對三卷明汪機撰、 外科理例七卷附方一卷明汪機撰、 石山醫案三卷附案一卷明陳桷編、 名醫類案十二卷明江瓘編、其子應宿增補、 赤水元珠三十卷明孫一奎撰、 醫旨緒餘二卷明孫一卷撰、證治準繩一百二十卷明王肯堂撰　本草綱目五十二卷明李時珍撰、奇經八脈考一卷明李時珍撰、瀕湖脈學一卷明李時珍撰、傷寒論條辨八卷附本草鈔一卷或問一卷痙書一卷明方有執撰、先醒齋廣筆記四卷明繆希雍撰、神農本草經疏三十卷明繆希雍撰、類經三十二卷明張介賓編、景岳全書六十四卷明張介賓撰、温疫論二卷補遺一卷明吳有性撰、痎瘧論疏一卷明盧之頤撰、本草乘雅半偈十卷明盧之頤撰、御定醫宗金鑑九十卷乾隆十四年大學士鄂爾泰奉敕撰、尚論篇八卷清喻昌撰、醫門法律十二卷附寓意草四卷清喻昌撰、傷寒舌鑑一卷清張登撰、傷寒兼證析義一卷清張倬撰、絳雪園古方選註三卷附得宜本草一卷清王子接撰、續名醫類案六十卷清魏之琇撰、神農本草經百種錄一卷清徐大椿撰、蘭臺軌範八卷清徐大椿撰、傷寒類方一卷清徐大椿撰、醫學源流論二卷清徐大椿撰、

右醫家類九十七部一千八百十四卷

天文算法類

三代上之制作。類非後世所及。惟天文算法。則愈闡愈精。容成造術。顓頊立制。而測星紀閏。多述帝堯。在古初已修改漸密矣。洛下閎以後。利瑪竇以前。變化不一。泰西晚出。頗異前規。門戶搆爭。亦如講學。然分曹測驗。具有實徵。終不能指北爲南。移昏作曉。故攻新法者。至國初而漸解焉。聖祖仁皇帝御製數理精蘊諸書。妙契天元。精研化本。於中西兩法。

權衡歸一。垂範億年。海宇承流。遞相推衍。一時如梅文鼎等。測量撰述。亦具有成書。故言天者至於本朝。更無疑義。今仰遵聖訓。考校諸家。存古法以溯其源。秉新制以究其變。古來疏密。釐然具矣。若夫占驗禨祥。率多詭說。鄭當再火。裨竈先誣。舊史各自爲類。今亦別入之術數家。惟算術天文。相爲表裏。明史藝文志以算術入小學類。是古之算術。非今之算術也。今核其實。與天文類從焉。

周髀算經二卷音義一卷（是書爲相傳古本、莫知誰作、其算法爲句股之祖、其推步卽蓋天之術、歐羅巴法實從此出、注爲趙爽作、隋志作趙嬰、未詳孰是、音義爲李籍作、） 新儀象法要三卷（宋蘇頌撰、） 六經天文編二卷（宋王應麟撰、） 原本革象新書五卷（元趙友欽撰、舊題趙緣督者、其號也、） 重修革象新書二卷（元趙友欽撰、明王禕刪定、） 七政推步七卷（明貝琳撰、） 聖壽萬年歷八卷附律曆融通四卷（明鄭王世子朱載堉撰、） 古今律曆考七十二卷（明邢雲路撰、） 乾坤體義二卷（明西洋利瑪竇撰、） 表度說一卷（明西洋熊三拔撰、） 簡平儀說一卷（明西洋熊三拔撰、） 天問略一卷（明西洋陽瑪諾撰、） 新法算書一百卷（明徐光啟等與西洋龍華民等同撰、） 測量法義一卷測量異同一卷句股義一卷（明徐光啟撰、） 渾蓋通憲圖說二卷（明李之藻撰、） 圜容較義一卷（明李之藻撰、） 曆體略三卷（明王英明撰、） 御定曆象考成四十二卷（康熙五十二年聖祖仁皇帝御撰、） 御定曆象考成後編十卷（乾隆二年奉敕撰、） 御定儀象考成三十二卷（乾隆九年奉敕撰、） 曉菴新法六卷（清王錫闡撰、） 中星譜一卷（清胡亶撰、） 天經或問前集四卷（清游藝撰、） 天步眞原一卷（清薛鳳祚撰、） 天學會通一卷（清薛鳳祚撰、） 曆算全書六十卷（清梅文鼎撰、） 大統曆志八卷附錄一卷(清梅文鼎撰、)　勿菴曆算書記一卷(清梅文鼎撰、)　中西經星同異考一卷(清梅文鼏撰、)　全史日至源流三十二卷(清許伯政撰、)　算學八卷續一卷(清江永撰、)

右天文算法類推步之屬三十一部四百二十九卷

九章算術九卷(不著撰人名氏、蓋周禮保氏之遺法、漢張蒼刪補校正、而後人又有所附益也、晉劉徽唐李淳風皆爲之註、)　孫子算經三卷(不著撰人名氏、疑漢魏人所述、或以爲孫武作者誤也、)　術數記遺一卷(舊本題漢徐岳撰、北周甄鸞注、)　海島算經一卷(晉劉徽撰、唐李淳風註、)　五曹算經五卷(不著撰人名氏、以唐志載有甄鸞注、知書在北周前矣、)　夏侯陽算經三卷(舊本題夏侯陽撰、時代未詳、唐志載有甄鸞註、則北周以前人也、)　張邱建算經三卷(舊本題張邱建撰、不著時代、序中引及夏侯陽、則猶在陽後也、)　五經算術二卷(北周甄鸞撰、唐李淳風註、)　緝古算經一卷(唐王李通撰、)　數學九章十八卷(宋秦九韶撰、)　測圓海鏡十二卷(元李冶撰、)　測圓海鏡分類釋術十卷(明顧應祥撰、)　益古演段三卷(元李冶撰、)　弧矢算術一卷(明顧應祥撰、)　同文算指前編二卷通篇八卷(明李之藻演利瑪竇所譯法也、)　幾何原本六卷(西洋歐几里得撰、利瑪竇譯而明徐光啟所筆受也、)　御定數理精蘊五十三卷(康熙十三年聖祖仁皇帝御撰、)　幾何論約七卷(清杜知耕撰、)　數學鑰六卷(清杜知耕撰、)　數度衍二十四卷附錄一卷(清方中通撰、)　句股引蒙五卷(清陳訏撰、)　句股矩測解原二卷(清黃百家撰、)　少廣補遺一卷(清陳世仁撰、)　莊氏算學八卷(清莊亨陽撰、)　九章錄要十二卷(清屠文漪撰、)

右天文算法類算書之屬二十五部二百七卷

術數類

術數之興。多在秦漢以後。要其旨不出乎陰陽五行生尅制化。實皆易之支派。傳以雜說耳。物生有象。象生有數。乘除推闡。務究造化之源者。是爲數學。星土雲物。見於經典。流傳妖妄。寖失其眞。然不可謂古無其說。是爲占候。自是以外。末流猥雜。不可殫名。史志總概以五行。今參驗古書。旁稽近法。析而別之者三。曰相宅相墓。曰占卜。曰命書相書。併而合之者一。曰陰陽五行。雜技術之有成書者。亦別爲一類附焉。中惟數學一家。爲易外別傳。不切事而猶近理。其餘則皆百僞一眞。遞相煽動。必謂古無是說。亦無是理。固儒者之迂談。必謂今之術士能得其傳。亦世俗之惑志。徒以冀福畏禍。今古同情。趨避之念。一萌方技者流。各乘其隙。以中之。故悠謬之談。彌變彌夥耳。然衆志所趨。雖聖人有所弗能禁。其可通者存其理。其不可通者姑存其說可也。

太元經十卷漢揚雄撰、晉范望註、　太元本旨九卷明葉子奇撰、　元包五卷附元包數總義二卷北周衞元嵩撰、潛虛一卷附潛虛發微論一卷宋司馬光撰、　皇極經世書十二卷宋邵雍撰、　皇極經世索隱二卷宋張行成撰、　皇極經世觀物外篇衍義九卷宋張行成撰、　易通變四十卷宋張行成撰、　觀物篇解五卷附皇極經世解起數訣一卷宋祝泌撰、　皇極經世書解十四卷清王植撰、　易學一卷宋王湜撰、洪範皇極內篇五卷宋蔡沈撰、　天原發微五卷宋鮑雲龍撰、　大衍索隱三卷宋丁易東撰、　易象圖說內篇三卷外篇三卷元張理撰、　三易洞璣十六卷明黃道周撰、

右術數類數學之屬十六部一百四十七卷

靈臺祕苑十五卷後周庾季才撰、　唐開元占經一百二十卷唐開元中太史監瞿曇悉達奉敕撰、

右術數類占候之屬二部一百三十五卷

宅經二卷舊本題黃帝撰、而書中所引有黃帝二宅經、則後人所僞題也、　葬書一卷舊本題晉郭璞撰、然晉書璞本傳不言所作有葬書、唐志有葬書不云璞作、宋志乃載郭璞葬書一卷、則至宋始出矣、　撼龍經一卷疑龍經一卷葬法倒杖一卷舊本題唐楊筠松撰、　青囊奧語一卷青囊序一卷青囊奧語舊本題唐楊筠松撰、其序則題門人曾文辿作、疑即通志藝文略所謂楊曾二家青囊經也、　天玉經內傳三卷外編一卷舊本題唐楊筠松撰、　靈城精義二卷舊本題南唐何溥撰、明劉基註、　催官篇二卷舊本題宋賴文俊撰、即術家所謂賴布衣也、　發微論一卷宋蔡元定撰、

右術數類相宅相墓之屬八部十七卷

靈棋經二卷舊本題漢東方朔撰、或題淮南王劉安撰、皆依託也、　易林十六卷漢焦延壽撰、　京氏易傳三卷漢京房撰、　六壬大全十二卷不著撰人名氏、其本則不明郭載騋所刋也、　卜法詳考四卷清胡煦撰、

右術數類占卜之屬五部三十七卷

李虛中命書三卷舊本題鬼谷子撰、唐李虛中註、　玉照定眞經一卷舊本題晉郭璞撰、張顒註、其正文與註如出一手、蓋即顒所依託也、　星命溯源五卷不著編輯者名氏、　徐氏珞琭子賦注二卷宋徐子平撰、　珞琭子三命消息賦注二卷宋釋曇瑩撰、　三命指迷賦一卷舊本題宋岳珂補註、　星命總括三卷遼耶律純撰、　演禽通纂二卷不著撰人

名氏、星學大成十卷明萬民英撰、三命通會十二卷不著撰人名氏、月波洞中記二卷原本稱老子題於太白月波洞壁、唐任逍遙得之、因以爲名、玉管照神局三卷舊本題南唐宋齊邱撰、太清神鑑六卷舊本題後周王朴撰、人倫大統賦一卷金張行簡撰、元薛延年註、

右術數類命書相書之屬十四部五十三卷

太乙金鏡式經十卷唐開元中王希明奉敕撰、遁甲演義二卷明程道生撰、禽星易見一卷明池本理撰、御定星歷考原六卷康熙五十二年大學士李光地等奉敕撰、欽定協紀辨方書三十六卷乾隆四年莊親王允祿等奉敕撰、

右術數類陰陽五行之屬五部五十五卷

藝術類

古言六書後明八法。於是字學書品爲二事。左圖右史。畫亦古義。丹青金碧。漸別爲賞鑑一途。衣裳製而纂組巧。飲食造而陸海陳。踵事增華。勢有馴致。然均與文史相出入。要爲藝事之首也。琴本雅音。舊列樂部。後世俗工撥擫。率造新聲。非復清廟生民之奏。是特一技耳。摹印本六體之一。自漢白元朱。務矜鐫刻。與小學遠矣。射義投壺。載於戴記。諸家所述。亦事異禮經。均退列藝術。於義差允。至於譜博弈論歌舞名品紛繁事皆瑣屑亦併爲一類。統曰雜技焉。

古畫品錄一卷南齊謝赫撰、書品一卷梁庾肩吾撰、續畫品一卷陳姚最撰、貞觀公私畫史一卷唐裴

孝源撰、　書譜一卷唐孫過庭撰、　書斷三卷唐張懷瓘撰、　述書賦二卷唐竇泉撰、案泉即洎字之別體、或作竇泉竇泉並誤、
法書要錄十卷唐張彥遠撰、　歷代名畫記十卷唐張彥遠撰、　唐朝名畫錄一卷唐朱景元撰、　墨藪
二卷附法帖釋文刊誤一卷　舊本題唐韋續撰、　畫山水賦一卷附筆法記一卷舊本題唐荊浩撰、　翰墨
志一卷宋高宗皇帝御撰、　五代名畫補遺一卷宋劉道醇撰、　宋朝名畫評三卷宋劉道醇撰、　益州名畫
錄三卷宋黃休復撰、　圖畫見聞志六卷宋郭若虛撰、蓋續張彥遠名畫記而作、　林泉高致集一卷宋郭熙撰、其子思續補、
墨池編六卷宋朱長文撰、　德隅齋畫品一卷宋李廌撰、　畫史一卷宋米芾撰、　書史一卷宋米芾撰、　寶
章待訪錄一卷宋米芾撰、　海岳名言一卷宋米芾撰、　宣和畫譜二十卷不著撰人名氏、王肯堂筆塵以爲徽宗御撰者、誤、
宣和書譜二十卷不著撰人名氏、　山水純全集一卷宋韓拙撰、　廣川書跋十卷宋董逌撰、　廣川畫跋
六卷宋董逌撰、　畫繼十卷宋鄧椿撰、其曰畫繼者、郭若虛續張彥遠之書、自唐會昌元年迄宋熙寧七年、此又續載熙寧以後至乾道三年、故曰繼也、　續
書譜一卷宋姜夔撰、蓋續孫過庭書譜也、　寶眞齋法書贊二十八卷宋岳珂撰、　書小史十卷宋陳思撰、　書苑菁
華二十卷宋陳思撰、　書錄三卷外篇一卷宋董更撰、　竹譜十卷元李衎撰、　畫鑒一卷元湯垕撰、　衍極二
卷元鄭杓撰、　法書考八卷元盛熙明撰、　圖繪寶鑑五卷續編一卷圖繪寶鑑元夏文彥撰、續編明韓昂撰、　書史會
要九卷補遺一卷續編一卷書史會要及補遺明陶宗儀撰、續編朱謀垔撰、　寓意編一卷明都穆撰、　珊瑚木難八卷
明朱存理撰、　鐵網珊瑚十八卷舊本題明朱存理撰、　墨池瑣錄四卷明楊愼撰、　書訣一卷明豐坊撰、　書畫跋
跋三卷續三卷明孫鑛撰、　繪事微言四卷明唐志契撰、　書法雅言一卷明項穆撰、　寒山帚談二卷　拾

遺一卷附錄一卷明趙宧光撰、　書法離鉤十卷明潘之淙撰、　畫史會要五卷明朱謀垔撰、　郁氏書畫題跋記十二卷續記十二卷明郁逢慶編、　清河書畫舫十二卷明張丑撰、　眞蹟日錄五卷二集一卷三集一卷明張丑撰、　法書名畫見聞表一卷明張丑撰、　南陽法書表一卷南陽名畫表一卷明張丑撰、　清河書畫表一卷明張丑撰、　珊瑚網四十八卷明汪砢玉撰、　御定佩文齋書畫譜一百卷康熙四十七年禮部侍郎孫岳頒等奉敕撰、　祕殿珠林二十四卷乾隆九年奉敕撰、　石渠寶笈四十四卷乾隆九年奉敕撰、　庚子銷夏記八卷清孫承澤撰、　繪事備考八卷清王毓賢撰、　書法正傳十卷清馮武撰、　江村銷夏錄三卷清高士奇撰、　式古堂書畫彙考六十卷清卞永譽撰、　南宋院畫錄八卷清厲鶚撰、　六藝之一錄四百六卷續編十二卷清倪濤撰、　小山畫譜二卷清鄒一桂撰、　傳神祕要一卷清蔣驥撰、

右藝術類書畫之屬七十一部一千七十三卷

琴史六卷宋朱長文撰、　松絃館琴譜二卷明嚴澂撰、　琴譜合璧十八卷清和素撰、　松風閣琴譜二卷附抒懷操一卷清程雄撰、

右藝術類琴譜之屬四部二十九卷

學古編一卷元吾邱衍撰、　印典八卷清朱象賢撰、

右藝術類篆刻之屬二部九卷

羯鼓錄一卷唐南卓撰、　樂府雜錄一卷唐段安節撰、　元元棋經一卷宋晏天章撰、　棋訣一卷宋劉仲甫撰、

右藝術類雜技之屬四部四卷

譜錄類

劉向七略門目孔多。後併爲四部。大綱定矣。中間子目。遞有增減。亦不甚相遠。然古人學問各守專門。其著述具有源流。易於配隸。六朝以後。作者漸出新裁。體例多由創造。古來舊目。遂不能該。附贅懸疣。往往牽强。隋志譜係本陳族姓。而末載竹譜錢圖。唐志農家本言種植。而雜列錢譜相鶴經相馬經鷙擊錄相貝經。文獻通考亦以香譜入農家。是皆明知其不安。而限於無類可歸。又復窮而不變。故支離顚舛。遂至於斯。惟尤袤遂初堂書目創立譜錄一門。於是別類殊名。咸歸統攝。此亦變而能通矣。今用其例。以收諸雜書之無可繫屬者。門目既繁。檢尋亦病於瑣碎。故諸物以類相從。不更以時代次焉。

古今刀劍錄一卷(舊本題梁陶宏景撰、) 鼎錄一卷(舊本題梁虞荔撰、) 考古圖十卷續圖五卷釋文一卷(宋呂大臨撰、) 嘯堂集古錄二卷(宋王俅撰、案俅亦作球、未詳孰是、) 宣和博古圖三十卷(宋大觀中王黼等奉敕撰、) 宣德鼎彝譜八卷(明宣德中禮部尚書呂震等奉敕撰、) 欽定西清古鑑四十卷(乾隆十四年奉敕撰、) 奇器圖說三卷諸器圖說一卷(奇器圖說明西洋鄧玉函撰、諸器圖說明王徵撰、)(以上雜器) 文房四譜五卷(宋蘇易簡撰、) 歙州硯譜一卷(宋唐積撰、) 硯史一卷(宋米芾撰、) 硯譜一卷(不著撰人名氏、) 歙硯說一卷辨歙石說一卷(不著撰人名氏、蓋洪适所刻硯譜三種之二也、) 端溪硯譜一卷(不著撰人名氏、有淳熙十年滎芑跋、) 硯箋四卷(宋高似孫撰、) 欽定西清硯譜二十五卷(乾隆四十三年奉敕撰、墨譜三卷宋李孝美撰、一名墨苑、一名墨譜法式、皆後人妄改、墨經一卷宋晁季一撰、墨史二卷元陸友撰、(以上硯譜)墨法集要一卷明沈繼孫撰、(以上墨譜)欽定錢錄十六卷乾隆十六年奉敕撰、香譜二卷不著撰人名氏、香譜四卷宋陳敬撰、香乘二十八卷明周家胄撰、雲林石譜三卷宋杜綰撰、(以上雜物)

右譜錄類器物之屬二十五部二百二卷

茶經三卷唐陸羽撰、茶錄二卷宋蔡襄撰、品茶要錄一卷宋黃儒撰、宣和北苑貢茶錄一卷附北苑別錄一卷北苑貢茶錄、宋熊蕃撰、蕃書有所未備、趙汝礪又作別錄一卷、補其所遺、東溪試茶錄一卷宋宋子安撰、晁氏讀書志作朱子安、蓋字之誤、北山酒經三卷宋朱翼中撰、續茶經三卷附錄一卷清陸廷燦撰、煎茶水記一卷唐張又新撰、(以上茶譜)酒譜一卷宋竇苹撰、(以上酒譜)糖霜譜一卷宋王灼撰、(以上食品)

右譜錄類飲饌之屬十部十九卷

洛陽牡丹記一卷宋歐陽修撰、揚州芍藥譜一卷宋王觀撰、范村梅譜一卷宋范成大撰、劉氏菊譜一卷宋劉蒙撰、史氏菊譜一卷宋史正志撰、范村菊譜一卷宋范成大撰、百菊集譜六卷菊史補遺一卷宋史鑄撰、金漳蘭譜三卷宋趙時庚撰、海棠譜三卷宋陳思撰、荔枝譜一卷宋蔡襄撰、橘錄三卷宋韓彥直撰、竹譜一卷晉戴凱之撰、筍譜一卷宋釋贊寧撰、或作惠崇者誤也、菌譜一卷宋陳仁玉撰、御定廣羣芳譜一百卷康熙四十七年翰林院編修汪灝等奉敕撰、(以上草木)禽經七卷舊本題師曠撰、晉張華注、皆依託也、蟹譜二卷宋傅肱撰、蟹略四卷宋高似孫撰、異魚圖贊四卷明楊慎撰、異魚圖贊箋四卷清胡世安撰、異魚圖贊補三

卷閏集一卷（清胡世安撰、）（以上禽魚）

右譜錄類草木禽魚之屬二十一部一百五十一卷

雜家類

衰周之季。百氏爭鳴。立說著書。各為流品。漢志所列備矣。或其學不傳。後無所述。或其名不美。人不肯居。故絕續不同。不能一概。著錄後人株守舊文。於是墨家僅墨子晏子二書。名家僅公孫龍子尹文子人物志三書。縱橫家僅鬼谷子一書。亦別立標題。自為支派。此拘泥門目之過也。黃虞稷千頃堂書目。於寥寥不能成類者。併入雜家。雜之義廣。無所不包。班固所謂合儒墨兼名法也。變而得宜。於例為善。今從其說。以立說者謂之雜學。辨證者謂之雜考。議論而兼敍述者謂之雜說。旁究物理。臚陳纖瑣者謂之雜品。類輯舊文。塗兼眾軌者謂之雜纂。合刻諸書。不名一體者謂之雜編。

鬻子一卷（舊本題周鬻熊撰、蓋依託也、漢志載於道家者二十二篇、載於小說家者十九篇、此本疑即小說家所載、其註為唐逢行珪撰、）　墨子十五卷（舊本題周墨翟撰、然書中多稱子墨子、則其門人所記也、）　子華子二卷（舊本題晉程本撰、蓋南北宋間不得志者所託名、）　尹文子一卷（周尹文撰、漢志列於名家、）　慎子一卷（周慎到撰、漢志列之於法家、）　鶡冠子三卷（是書漢志著錄、即佚其名氏、但知為楚隱士爾、）　公孫龍子三卷（周公孫龍撰、亦漢志所謂名家流也、）　鬼谷子一卷（舊本題鬼谷子撰、唐志則以為蘇秦撰、莫能詳也、）　呂氏春秋二十六卷（舊本題秦呂不韋撰、實為其賓客所集也、）　淮南子二十一卷（漢淮南王劉安撰、高誘註、）　人物志三卷（魏劉邵撰、北魏劉昞註、）　金樓子六卷梁孝元皇帝撰、作而自為之註也、　劉子十卷是書或題劉歆、或題劉勰、或題劉孝標、惟袁孝政序定為劉晝、然其書晚出、至唐志始著錄、九流一篇全襲隋書經籍志之文、疑即孝政所偽　顏氏家訓二卷隋顏之推撰、舊作北齊人者誤也、　長短經九卷唐趙蕤撰、　兩同書二卷唐羅隱撰、　化書六卷南唐譚峭撰、宋齊邱攘為已作、故亦謂之齊邱子、　昭德新編三卷宋晁迥撰、　芻言三卷宋崔敦禮撰、　樂菴遺書四卷舊本題宋李衡撰、其門人龔昱編、其書至明隆慶元年始出、莫審其所自來、　習學記言五十卷宋葉適撰、　本語六卷明高拱撰、

右雜家類雜學之屬二十二部一百七十八卷

白虎通義四卷漢班固撰、　獨斷二卷漢蔡邕撰、　古今注三卷附中華古今注三卷古今注晉崔豹撰、中華古今注後唐馬縞撰、　資暇集三卷唐李匡乂撰、　刊誤二卷唐李涪撰、　蘇氏演義二卷唐蘇鶚撰、　兼明書五卷五代邱光庭撰、　近事會元五卷宋李上交撰、　東觀餘論二卷宋黃伯思撰、其子訒編、　靖康緗素雜記十卷宋黃朝英撰、　猗覺寮雜記二卷宋朱翌撰、　能改齋漫錄十八卷宋吳曾撰、　雲谷雜記四卷宋張淏撰、　兩溪叢語三卷宋姚寬撰、　學林十卷宋王觀國撰、　容齋隨筆十六卷續筆十六卷三筆十六卷四筆十六卷五筆十卷宋洪邁撰、　考古編十卷宋程大昌撰、　演繁露十六卷續演繁露六卷宋程大昌撰、　緯略十二卷宋高似孫撰、　甕牖閒評八卷宋袁文撰、　芥隱筆記一卷宋龔頤正撰、芥隱者頤正書室之名也、　蘆浦筆記十卷宋劉昌詩撰、　野客叢書三十卷附野老記聞一卷宋王楙撰、　考古質疑六卷宋葉大慶撰、　經外雜鈔三卷宋魏了翁撰、　古今考一卷續古今考三十七卷古今考宋魏了翁撰、續考元方回撰、　潁川語小二卷宋陳防撰、　賓退錄十卷宋趙與旹撰、　學齋佔畢四卷宋史繩祖撰、　鼠璞一卷宋戴埴撰、　朝野類要五卷

宋趙昇撰、困學紀聞二十卷宋王應麟撰、識遺十卷宋羅璧撰、坦齋通編一卷宋邢凱撰、愛日齋叢鈔五卷不著撰人名氏、但據說郛所載、知其姓葉、據書中咸淳年號、知爲宋末人耳、日損齋筆記一卷元黃溍撰、丹鉛餘錄十七卷續錄十二卷摘錄十三卷總錄二十七卷明楊慎撰、譚苑醍醐九卷明楊慎撰、正楊四卷明陳耀文撰、疑耀七卷明張萱撰、舊題李贄者、僞託也、藝彀三卷彀補一卷明鄧伯羔撰、名義考十二卷明周祈撰、筆精八卷明徐渤撰、通雅五十二卷明方以智撰、卮林十卷補遺一卷明周嬰撰、拾遺錄一卷明胡爌撰、日知錄三十二卷清顧炎武撰、義府二卷清黃生撰、藝林彙考二十四卷清沈自南撰、潛邱劄記六卷清閻若璩撰、湛園札記二卷清姜宸英撰、白田雜著八卷清王懋竑撰、義門讀書記五十八卷清何焯撰、樵香小記二卷清何琇撰、管城碩記三十卷清徐文靖撰、訂譌雜錄十卷清胡鳴玉撰、識小編二卷清董豐垣撰、

右雜家類雜考之屬五十七部七百六卷

論衡三十卷漢王充撰、風俗通義十卷附錄一卷漢應劭撰、後漢書劭本傳作風俗通、省文也、封氏聞見記十卷唐封演撰、尚書故實一卷唐李綽撰、宋志作李綽、蓋傳刻之誤、灌畦暇語一卷不著撰人名氏、據書中所說、蓋元和以後人、春明退朝錄三卷宋宋敏求撰、筆記三卷宋宋祁撰、東原錄一卷宋龔鼎臣撰、王氏談錄一卷宋王欽臣撰、文昌雜錄七卷宋龐元英撰、麈史三卷宋王得臣撰、夢溪筆談二十六卷補筆談二卷續筆談一卷宋沈括撰、仇池筆記二卷舊本題宋蘇軾撰、今勘驗其文、蓋後人集其雜帖爲之、非所手著、東坡志林五卷舊本題宋蘇軾撰、一名東

坡手澤後編入東坡大全集中、改題此名、珩璜新論一卷宋孔平仲撰、晁氏客語一卷宋晁說之撰、師友談記一卷
宋李廌撰、楊公筆錄一卷宋楊延齡撰、呂氏雜記二卷宋呂希哲撰、冷齋夜話十卷宋釋惠洪撰、曲洧
舊聞十卷宋朱弁撰、元城語錄三卷附行錄一卷宋馬永卿撰、皆述其師劉安世之語、嬾眞子五卷宋馬永卿撰、
春渚紀聞十卷宋何薳撰、石林燕語十卷考異一卷石林燕語宋葉夢得撰、考異宇文紹奕撰、避暑錄話二卷宋葉
夢得撰、巖下放言三卷宋葉夢得撰、卻掃編三卷宋徐度撰、五總志一卷宋吳炯撰、紫微雜說一卷
宋呂本中撰、辨言一卷宋員興宗撰、墨莊漫錄十卷宋張邦基撰、寓簡十卷宋沈作喆撰、欒城遺言一
卷宋蘇籀撰、東園叢說三卷舊本題宋李如篪撰、常談一卷宋吳箕撰、雲麓漫鈔十五卷宋趙彥衞撰、示兒
編二十三卷宋孫奕撰、游宦紀聞十卷宋張世南撰、密齋筆記五卷續筆記一卷宋謝采伯撰、梁谿
漫志十卷宋費袞撰、澗泉日記三卷宋韓淲撰、老學菴筆記十卷續筆記二卷宋陸游撰、愧郯錄十
五卷宋岳珂撰、祛疑說一卷宋儲泳撰、琴堂諭俗編二卷宋鄭玉道撰、鶴林玉露十六卷宋羅大經撰、
貫耳集一卷二集一卷三集一卷宋張端義撰、吹劍錄外集一卷宋俞文豹撰、腳氣集二卷宋車若水
撰、藏一話腴四卷宋陳郁撰、佩韋齋輯聞四卷宋俞德鄰撰、書齋夜話四卷宋俞琰撰、齊東野語
二十卷宋周密撰、困學齋雜錄一卷元鮮于樞撰、隱居通義三十一卷元劉壎撰、湛淵靜語二卷元白
珽撰、敬齋古今黈八卷元李治撰、其命名不甚可解、疑爲塞聰專思之義、或作古今難字之誤也、日聞錄一卷元李翀撰、勤有堂
隨錄一卷元陳櫟撰、玉堂嘉話八卷元王惲撰、庶齋老學叢談三卷元盛如梓撰、研北雜志二卷元陸

友撰、北軒筆記一卷元陳世隆撰、閒居錄一卷元吾邱衍撰、履雪齋筆記一卷元郭翼撰、霏雪錄二卷明鎦績撰、蠡海集一卷明王逵撰、草木子四卷明葉子奇撰、胡文穆雜著一卷明胡廣撰、讕言長語一卷明曹安撰、蟫精雋十六卷明徐伯齡撰、震澤長語二卷明王鏊撰、井觀瑣言三卷明鄭瑗撰、南園漫錄十卷明張志淳撰、雨航雜錄二卷明馮時可撰、採芹錄四卷明徐三重撰、畫禪室隨筆四卷明董其昌撰、六研齋筆記四卷二筆四卷三筆四卷明李日華撰、物理小識十二卷明方以智撰、春明夢餘錄七十卷清孫承澤撰、居易錄三十四卷清王士禎撰、池北偶談二十六卷清王士禎撰、香祖筆記十二卷清王士禎撰、古夫子亭雜錄六卷清王士禎撰、分甘餘話四卷清王士禎撰、

右雜家類雜說之屬八十六部六百三十六卷

洞天清錄一卷宋趙希鵠撰、負暄野錄二卷宋陳櫰撰、雲煙過眼錄四卷續錄一卷雲煙過眼錄宋周密撰、續錄爲湯允謨作、格古要論三卷明曹昭撰、竹嶼山房雜部三十二卷明宋詡撰、遵生八牋十九卷明高濂撰、清祕藏二卷明張應文撰、長物志十二卷明文震亨撰、韻石齋筆談二卷清姜紹書撰、七頌堂識小錄一卷清劉體仁撰、研山齋雜記四卷不著撰人名氏、疑爲孫承澤之孫烱所作也、

右雜家雜品之屬十一部八十三卷

意林五卷唐馬總編、紺珠集十三卷不著編輯者名氏、或題宋朱勝非者誤也、類說六十卷宋曾慥編、事實類苑六十三卷宋江少虞編、仕學規範四十卷宋張鎡編、自警編九卷宋趙善璙編、言行龜鑑八卷元張光祖編、

說郛一百二十卷明陶宗儀編、 古今說海一百四十二卷明陸楫撰、 玉芝堂談薈三十六卷明徐應秋編、 元明事類鈔四十卷清姚之駰撰、

右雜家類雜纂之屬十一部五百三十六卷

儼山外集三十四卷明陸深撰、 少室山房筆叢正集三十二卷續集十六卷明胡應麟撰、 鈍吟雜錄十卷清馮班撰、

右雜家類雜編之屬三部九十二卷

類書類

類事之書。兼收四部。而非經非史非子非集。四部之內。乃無類可歸。皇覽始於魏文。晉荀勗中經部分隸何門。今無所考。隋志載入子部。當有所受之。歷代相承。莫之或易。明胡應麟作筆叢。始議改入集部。然無所取義。徒事紛更。則不如仍舊貫矣。此體一興。而操觚者易於檢尋。註書者利於剽竊。轉輾稗販。實學頗荒。然古籍散亡。十不存一。遺文舊事。往往託以得存。藝文類聚。初學記。太平御覽。諸編殘璣斷璧。至捃拾不窮。要不可謂之無補也。其專考一事。如同姓名錄之類者。別無可附。舊皆入之類書。今亦仍其例。

古今同姓名錄二卷梁孝元皇帝撰、唐陸善經續、元葉森補、 編珠二卷補遺二卷續編珠二卷舊本題隋杜公瞻撰、其補遺及續則清高士奇作也、 藝文類聚一百卷唐歐陽詢等奉敕撰、 北堂書鈔一百六十卷唐虞世南撰、 龍筋鳳髓

判四卷唐張鷟撰、　初學記三十卷唐徐堅等奉敕撰、　元和姓纂十八卷唐林寶撰、　白孔六帖一百卷六帖
本三十卷、唐白居易撰、續六帖本亦三十卷、宋孔傳撰、其合兩書爲一而析成百卷、不知爲誰、據玉海所載、宋本已然矣、　小名錄二卷唐陸龜蒙撰、　蒙
求集註二卷晉李瀚撰、宋徐子光註、　事類賦三十卷宋吳淑撰、并自註、　太平御覽一千卷宋太平興國二年李昉等奉敕
撰、　冊府元龜一千卷宋景德二年王欽若等奉勅撰、　事物紀原十卷宋高承撰、　實賓錄十四卷宋馬永易撰、文彪續
補、　書敘指南二十卷宋任廣撰、　海錄碎事二十二卷宋葉廷珪撰、　古今姓氏書辨證四十卷宋鄧
名世撰、　帝王經世圖譜十六卷宋唐仲友撰、　職官分紀五十卷宋孫逢吉撰、　歷代制度詳說十二
卷宋呂祖謙撰、　永嘉八面鋒十三卷不著撰人名氏、或曰陳傅良、或曰葉適、莫之詳也、　錦繡萬花谷前集四十卷後
集四十卷續集四十卷不著撰人名氏、其原本成於淳熙中、書肆輾轉增加、乃下括紹定端平事迹、　事文類聚前集六十卷後
集五十卷續集二十八卷別集三十二卷新集三十六卷外集十五卷遺集十五卷前後續別四集
皆宋祝穆撰、新集外集元富大用撰、遺集元祝淵撰、　記纂淵海一百卷宋潘自牧撰、　名賢氏族言行類稿六十卷宋章定撰、　小字
羣書會元截江網三十五卷不著撰人名氏、蓋宋理宗時書肆本、或作元胡助撰者誤也、　雞肋一卷宋趙崇絢撰、　小字
錄一卷補錄一卷小字錄宋陳思撰、補錄明沈宏正撰、　全芳備祖前集二十七卷後集三十一卷宋陳景沂撰、　古今合
山堂考索前集六十六卷後集六十五卷續集五十六卷別集二十五卷宋章俊卿撰、　古今合
璧事類備要前集六十九卷後集八十一卷續集五十六卷別集九十四卷外集六十六卷
宋謝維新撰、　源流至論前集十卷後集十卷續集十卷別集十卷前集後集續集宋林駉撰、別集宋黃履翁撰、　玉

海二百卷附詞學指南四卷宋王應麟撰、 小學紺珠十卷宋王應麟撰、 姓氏急就篇二卷宋王應麟撰、 六帖補二十卷宋楊伯嵒撰、 韻府羣玉二十卷元陰時夫撰、其弟中夫註、 翰苑新書前集七十卷後集上二十六卷後集下六卷別集十二卷續集四十二卷不著撰人名氏、舊序但稱為宋人刻本、題謝枋得者妄也、 純正蒙求三卷元胡炳文撰、 排韻增廣事類氏族大全二十二卷不著撰人名氏、 名疑四卷明陳士元撰、 荆川稗篇一百二十卷明唐順之撰、 萬姓統譜一百四十六卷附氏族博考十四卷明凌迪知撰、 喻林一百二十卷明徐元太撰、 經濟類編一百卷明馮琦撰、 同姓名錄十二卷補錄一卷明余寅撰、周應賓補、 說略三十卷明顧起元撰、 天中記六十卷明陳耀文撰、 圖書編一百二十七卷明章潢撰、 駢志二十卷明陳禹謨撰、 山堂肆考二百二十八卷補遺十二卷明彭大翼撰、 古儷府十二卷明王志慶編、 廣博物志五十卷明董斯張撰、 御定淵鑑類函四百五十卷康熙四十九年奉敕撰、 御定駢字類編二百四十卷康熙五十八年奉敕撰、 御定分類字錦六十四卷康熙六十年奉敕撰、 御定子史精華一百六十卷康熙六十年奉敕撰、 御定佩文韻府四百四十四卷康熙五十年奉敕撰、 御定韻府拾遺一百十二卷康熙五十九年奉敕撰、 格致鏡原一百卷清陳元龍撰、 讀書記數略五十四卷清宮夢仁編、 花木鳥獸集類三卷清吳寶芝撰、 別號錄九卷清葛萬里撰、 宋稗類鈔三十六卷清潘永因編、

右類書類六十五部七千四百四十六卷

小說家類

張衡西京賦曰。小說九百。本自虞初。漢書藝文志。載虞初周說九百四十三篇。注稱武帝時方士。則小說興於武帝時矣。故伊尹說以下九家。班固多注依託也。漢書藝文志注、凡不著姓名者、皆班固自注、然屈原天問。雜陳神怪。多莫知所出。意即小說家言。而漢志所載青史子五十七篇。賈誼新書保傅篇中先引之。則其來已久。特盛於虞初耳。迹其流別。凡有三派。其一敍述雜事。其一記錄異聞。其一綴輯瑣語也。唐宋而後。作者彌繁。中間誣謾失眞。妖妄熒聽者。固爲不少。然寓勸戒。廣見聞。資考證者。亦錯出其中、班固稱小說家流。蓋出於稗官。如淳注謂王者欲知閭巷風俗。故立稗官。使稱說之。然則博採旁蒐。是亦古制。固不必以宄雜廢矣。今甄錄其近雅馴者。以廣見聞。惟猥鄙荒誕。徒亂耳目者。則黜不載焉。

西京雜記六卷舊本題漢劉歆撰、或題晉葛洪撰、實則梁吳均撰、托言葛洪得劉歆漢書遺、或錄班固所不載者爲此書也、 世說新語三卷宋臨川王劉義慶撰、梁劉孝標註、本名世說新書、後相沿稱新語、遂不可復正、 朝野僉載六卷舊本題唐張鷟撰、 唐國史補三卷唐李肇撰、 大唐新語十三卷唐劉肅撰、 次柳氏舊聞一卷唐李德裕撰、 劉賓客嘉話錄一卷唐韋絢撰、 明皇雜錄二卷別錄一卷唐鄭處誨撰、 因話錄六卷唐趙璘撰、 大唐傳載一卷不著撰人名氏、 敎坊記一卷唐崔令欽撰、 幽閒鼓吹一卷唐張固撰、 松窗雜錄一卷唐李濬撰、 雲溪友議三卷唐范攄撰、 玉泉子一卷不著撰人名氏、 雲仙雜記十卷舊本題唐馮贄撰、或以爲王銍所僞作也、 唐摭言十五卷五代王定保撰、 中朝故事二卷南唐尉遲偓撰、 金華子二卷南唐劉崇遠撰、 開元天寶遺事四卷五代王仁裕撰、 鑑戒錄十卷蜀何光遠撰、 南唐近事一卷宋鄭文寶撰、　北夢瑣言二十卷宋孫光憲撰、　賈氏談錄一卷宋張洎撰、　洛陽縉紳舊聞記五卷宋張齊賢撰、　南部新書十卷宋錢易撰、　王文正筆錄一卷宋王曾撰、　儒林公議二卷宋田況撰、　涑水紀聞十六卷宋司馬光撰、　澠水燕談錄十卷宋王闢之撰、　歸田錄二卷宋歐陽修撰、　嘉祐雜志一卷宋江休復撰、亦曰江鄰幾雜志、　東齋記事六卷宋范鎮撰、　青箱雜記十卷宋吳處厚撰、　錢氏私志一卷宋錢世昭撰、　龍川略志十卷別志八卷宋蘇轍撰、　後山談叢四卷宋陳師道撰、　孫公談圃三卷宋劉延世撰、　侯鯖錄八卷宋趙令畤撰、　東軒筆錄十五卷宋魏泰撰、　泊宅編三卷宋方勺撰、　珍席放談二卷宋高晦叟撰、

孔氏談苑四卷舊本題宋孔平仲撰、　畫墁錄一卷宋張舜民撰、　甲申雜記一卷聞見近錄一卷隨手雜錄一卷宋王鞏撰、　湘山野錄三卷續錄一卷宋釋文瑩撰、　玉壺野史十卷宋釋文瑩撰、本名玉壺清話、

鐵圍山叢談六卷宋蔡絛撰、　國老談苑一卷舊本題夷門隱叟王君玉撰、據書錄解題及宋志、則此書本名國老閒談、　道山清話一卷不著撰人名氏、舊本題王暐著誤也、　墨客揮犀十卷宋彭乘撰、　唐語林八卷宋王讜撰、　楓窗小牘二卷不著撰人名氏、但以書中袁良碑一條、知其姓袁、　南窗記談一卷不著撰人名氏、　過庭錄一卷宋范公偁撰、　萍洲可談三卷宋朱彧撰、　高齋漫錄一卷宋曾慥撰、　默記三卷宋王銍撰、　揮麈前錄四卷後錄十一卷第三錄三卷餘話二卷宋王明清撰、　玉照新志六卷宋王明清撰、　投轄錄一卷宋王明清撰、　張氏可書一卷宋張知甫撰、

聞見前錄二十卷宋邵伯溫撰、　清波雜志十二卷別志三卷宋周煇撰、　雞肋編三卷宋莊季裕撰、

聞見後錄三十卷宋邵博撰、　北窗炙輠錄一卷宋施德操撰、　步里客談二卷宋陳長方撰、　桯史十五

卷（宋岳珂撰）、獨醒雜志十卷（宋曾敏行撰）、耆舊續聞十卷（宋陳鵠撰）、四朝聞見錄五卷（宋葉紹翁撰）、癸辛雜識前集一卷後集一卷續集二卷別集二卷（宋周密撰）、隨隱漫錄五卷（宋陳世崇撰）、東南紀聞三卷（不著撰人名氏）、歸潛志十四卷（元劉祁撰）、山房隨筆一卷（元蔣子正撰）、山居新語四卷（元楊瑀撰）、遂昌雜錄一卷（元鄭元祐撰）、樂郊私語一卷（元姚桐壽撰）、輟耕錄三十卷（明陶宗儀撰）、水東日記三十八卷（明葉盛撰）、菽園雜記十五卷（明陸容撰）、先進遺風二卷（明耿定向撰）、觚不觚錄一卷（明王世貞撰）、何氏語林三十卷（明何良俊撰）

右小說家類雜事之屬八十六部五百八十一卷

山海經十八卷（是書或稱夏禹撰、或稱伯益撰、其中乃有帝啟周文王及秦漢地名、則妄不待辨、然司馬遷已稱之、則亦周秦以來古書也、其註爲晉郭璞作）、山海經廣註十八卷（清吳任臣撰）、穆天子傳六卷（汲冢古本晉郭璞註）、神異經一卷（舊本題漢東方朔撰、晉張華註）、海內十洲記一卷（舊本題漢東方朔撰）、漢武故事一卷（舊本題漢班固撰、或以爲齊王儉作）、漢武帝內傳一卷（舊本題漢班固撰）、漢武洞冥記四卷（舊本題後漢郭憲撰）、拾遺記十卷（秦王嘉撰）、搜神記二十卷（舊本題晉干寶撰）、搜神後記十卷（舊本題晉陶潛撰）、異苑十卷（宋劉敬叔撰）、續齊諧記一卷（梁吳均撰）、還冤志三卷（隋顏之推撰）、集異記一卷（唐薛用弱撰）、博異記一卷（舊本題唐谷神子撰、或云馮廓、或云鄭還古、均無確證也）、杜陽雜編三卷（唐蘇鶚撰）、前定錄一卷續錄一卷（唐鍾輅撰）、桂苑叢談一卷（舊本題馮翊子子休撰、不著姓名、邯鄲書目稱其姓嚴名則、終莫考也）、劇談錄二卷（唐康駢撰）、宣室志十卷補遺一卷（唐張讀撰）、唐闕史二卷（五代高彥休撰）、甘澤謠一卷（唐袁郊撰）、開天傳信記一卷(唐鄭綮撰)、稽神錄六卷(宋徐鉉撰)、江淮異人錄二卷(宋吳淑撰)、太平廣記五百卷(宋太平興國二年李昉等奉敕撰)、茅亭客話十卷(宋黃休復撰)、分門古今類事二十卷(不著撰人名氏)、陶朱新錄一卷(宋馬純撰)、睽車志六卷(宋郭彖撰)、夷堅支志五十卷(宋洪邁撰)、

右小說家類異聞之屬三十二部七百二十四卷

博物志十卷(舊本題晉張華撰)、述異記二卷(舊本題梁任昉撰)、酉陽雜俎二十卷續集十卷(唐段成式撰)、清異錄二卷(宋陶穀撰)、續博物志十卷(宋李石撰)、

右小說家類瑣記之屬五部五十四卷

釋家類

梁阮孝緒作七錄。以二氏之文。別錄於末。隋書遵用其例。亦附於志末。有部數卷數。而無書名。舊唐書以古無釋家。遂併佛書於道家。頗乖名實。然惟錄諸家之書為二氏作者而不錄二氏之經典。則其義可從。今錄二氏於子部末。用阮孝緒例。不錄經典。用劉昫例也。諸志皆道先於釋。然魏書已稱釋老志。七錄舊目載於釋道。宣廣宏明集者亦以釋先於道。故今所敍錄。以釋家居前焉。

宏明集十四卷(梁釋僧祐編)、廣宏明集三十卷(唐釋道宣撰)、法苑珠林一百二十卷(唐釋道世撰)、開元釋教錄二十卷(唐釋智昇撰)、宋高僧傳三十卷(宋釋贊寧撰)、法藏碎金錄十卷(宋晁迥撰)、道院集

要三卷(宋晁迥撰、)僧寶傳三十卷附補僧寶傳一卷臨濟宗旨一卷(宋釋惠洪撰、)林間錄二卷後集一卷(宋釋惠洪撰、)五燈會元二十卷(宋釋普濟撰、)羅湖野錄四卷(宋釋曉瑩撰、)釋氏稽古略四卷(元釋覺岸撰、)佛祖通載二十二卷(元釋念常撰、)

右釋家類十三部三百十二卷

道家類

後世神怪之迹。多附於道家。道家亦自矜其異。如神仙傳道教靈驗記是也。要其本始。則主於清淨自持。而濟以堅忍之力。以柔制剛。以退爲進。故申子韓子流爲刑名之學。而陰符經可通於兵。其後長生之說。與神仙家合爲一。而服餌導引入之。房中一家近於神仙者亦入之。鴻寶有書。燒煉入之。張魯立教。符籙入之。北魏寇謙之等又以齋醮章呪入之。世所傳述。大抵多後附之文。非其本旨。彼教自不能別。今亦無事於區分。然觀其遺書源流遷變之故。尚一一可稽也。

陰符經解一卷(舊本題黃帝撰、太公范蠡鬼谷子張良諸葛亮李筌六家注、案此經造自李筌、則筌註自爲眞本、餘皆依託而已、)陰符經考異一卷(宋朱熹撰、)陰符經講義四卷(宋夏元鼎撰、)老子注二卷(舊本題河上公撰、)道德指歸論六卷(舊本題漢嚴遵撰、)老子注二卷(晉王弼撰、)道德經解二卷(宋蘇轍撰、)道德寶章一卷(宋葛長庚撰、)道德眞經註四卷(元吳澄撰、)老子翼三卷老子考異一卷(明焦竑撰、)御註道德經二卷(順治十三年世祖章皇帝御撰、)老子列說略二卷清張爾岐撰、 道德經註二卷附陰符經註一卷清徐大椿撰、 關尹子一卷舊本題周尹喜撰、 列子八卷舊本題周列禦寇撰、 沖虛至德眞經解八卷宋江遹撰、 莊子注十卷晉郭象撰、 南華眞經新傳二十卷宋王雱撰、 莊子口義十卷宋林希逸撰、 南華眞經義海纂微一百六卷宋褚伯秀撰、 莊子翼八卷莊子闕誤一卷附錄一卷明焦竑撰、 文子二卷文子不知其名字、漢志但稱老子弟子而已、或曰計然者誤也、 文子纘義十二卷宋杜道堅撰、 列仙傳二卷舊本題漢劉向撰、 周易參同契通眞義三卷參同契漢魏伯陽撰、通眞義者後蜀彭曉所註也、 周易參同契考異一卷舊本題空同道士鄒訢撰、朱子之寓名也、 周易參同契解三卷宋陳顯微撰、 周易參同契發揮三卷釋疑一卷宋俞琰撰、 周易參同契分章註三卷元陳致虛撰、 古文參同契集解三卷明蔣一彪撰、 抱朴子內外篇八卷晉葛洪撰、 神仙傳十卷晉葛洪撰、 眞誥二十卷梁陶宏景撰、 亢倉子一卷唐王士元撰、 亢倉子注九卷舊本題何粲撰、 元眞子一卷附天隱子一卷元眞子唐張志和撰天隱子亦唐人撰、佚其姓名、 無能子三卷不著撰人名氏、蓋唐僖宗時人也、 續仙傳三卷南唐沈汾撰、 雲笈七籤一百二十二卷宋張君房撰、 悟眞篇註疏三卷附直指詳說一卷宋張伯端撰、翁葆光註、元戴啟宗疏、 古文龍虎經註疏三卷宋王道撰、取世傳龍虎經三十三章自爲註而自疏之、 易外別傳一卷宋俞琰撰、 席上腐談二卷宋俞琰撰、 道藏目錄詳註四卷明白雲霽撰、

右道家類四十四部四百三十二卷

集部總敘

集部之目。楚辭最古。別集次之。總集次之。詩文評又晚出。詞曲則其閏餘也。古人不以文章名。故秦以前書。無稱屈原宋玉工賦者。洎乎漢代。始有詞人。迹其著作。率由追錄。故武帝命所忠求相如遺書。魏文帝亦詔天下上孔融文章。至於六朝。始自編次。唐末又刊版印行。事見貫休禪月集序夫自編則多所愛惜。刊版則易於流傳。四部之書。別集最雜。茲其故歟。然典冊高文。清辭麗句。亦未嘗不高標獨秀。挺出鄧林。此在翦刈卮言。別裁僞體。不必以猥濫病也。總集之作。多由論定。而蘭亭金谷。悉觴詠於一時。下及漢上題襟。松陵倡和。丹陽集惟錄鄉人。篋中集則附登乃弟。雖去取僉孚衆議。而履霜有漸。已爲詩社標榜之先驅。其聲氣攀援。甚於別集。要之浮華易歇。公論終明。巋然而獨存者。文選玉臺新詠以下數十家耳。詩文評之作。著於齊梁。觀同一八病四聲也。鍾嶸以求譽不遂。巧致譏排。劉勰以知遇獨深。繼爲推闡。詞場恩怨。亙古如斯。冷齋曲附乎豫章。石林隱排乎元祐。黨人餘釁。報及文章。又其已事矣。固宜別白存之。各核其實。至於倚聲末技。分派詩歌。其間周柳蘇辛。亦遞爭軌轍。然其得其失。不足重輕。姑附存以備一格而已。大抵門戶構爭之見。莫甚於講學。而論文次之。講學者聚黨分朋。往往禍延宗社。操觚之士。筆舌相攻。則未有亂及國事者。蓋講學者必辨是非。辨是非必及時政。其事與權勢相連。故其患大。文人詞翰。所爭者名譽而已。與朝廷無預。故其患小也。然如艾南英以排斥王李之故。至以嚴嵩爲察相。而以殺楊繼盛爲稍過當。豈其捫心清夜果自謂然。亦朋黨既分。勢不兩立。故決裂名教而不辭耳。至錢謙益列朝詩集。更顛倒賢姦。彝良泯絕。其貽害人心風俗者。又豈尠哉。今埽除畛域。一準至公。明以來諸派之中。各取其所長。而不回護其所短。蓋有世道之防焉。不僅爲文體計也。

楚辭類

裒屈宋諸賦。定名楚辭。自劉向始也。後人或謂之騷。故劉勰品論楚辭。以辨騷標目。考史遷稱屈原放逐。乃著離騷。蓋舉其最著一篇。九歌以下。均襲騷名。則非事實矣。隋志集部。以楚辭別爲一門。歷代因之。蓋漢魏以下。賦體既變。無全集皆作此體者。他集不與楚辭類。楚辭亦不與他集類。體例既異。理不得不分著也。楊穆有九悼一卷。至宋已佚。晁補之朱子皆嘗續編。然補之書亦不傳。僅朱子書附刻集註後。今所傳者。大抵註與音耳。註家由東漢至宋。遞相補苴。無大異詞。迨於近世。始多別解。割裂補綴。言人人殊。錯簡說經之術。蔓延及於詞賦矣。今並刊除。杜竄亂古書之漸也。

楚詞章句十七卷漢王逸撰、 楚詞補註十七卷宋洪興祖撰、 楚詞集註八卷辨證二卷後語六卷宋朱熹撰、 離騷草木疏四卷宋吳仁傑撰、 欽定補繪離騷全圖二卷清蕭雲從畫並註、 山帶閣註楚詞六卷楚詞餘論二卷楚詞說韻一卷清蔣驥撰、

右楚詞類六部六十五卷

別集類

集始於東漢荀況諸集。後人追題也。其自製名者。則始張融玉海集。其區分部帙。則江淹有前集有後集。梁武帝有詩賦集有文集有別集。梁元帝有集有小集。謝脁有集有逸集。與王筠之一官一集。沈約之正集百卷。又別選集略三十卷者。其體例均始於齊梁。蓋集之盛自是始也。唐宋以後。名目益繁。然隋唐志所著錄。宋志十不存一。宋志所著錄。今又十不存一。新刻日增。舊編日減。豈數有乘除歟。文章公論。歷久乃明。天地英華所聚。卓然不可磨滅者。一代不過數十人。其餘可傳可不傳者。則繫乎有幸有不幸。存佚靡恆。不足異也。今於元代以前。凡論定諸編。多加甄錄。有明以後。篇章彌富。則刪薙彌嚴。非曰沿襲恆情。貴遠賤近。蓋閱時未久。珠礫並存。去取之閒。尤不敢不慎云爾。

別集類一

揚子雲集六卷漢揚雄撰、　蔡中郎集六卷漢蔡邕撰、　孔北海集一卷漢孔融撰、　曹子建集十卷魏曹植撰、　嵇中散集十卷魏嵇康撰、　陸士龍集十卷晉陸雲撰、　陶淵明集八卷晉陶潛撰、　璣璿圖詩讀法一卷璿璣圖詩秦蘇蕙撰、其讀法則明康萬民作也、　鮑參軍集十卷宋鮑照撰、　謝宣城集五卷齊謝脁撰、　昭明太子集六卷梁昭明太子蕭統撰、　江文通集四卷梁江淹撰、　何水部集一卷梁何遜撰、　庾開府集箋註十卷周庾信撰清吳兆宜箋註、　庾子山集註十六卷清倪璠撰、　徐孝穆集箋註六卷陳徐陵撰清吳兆宜箋註、

別集類二

東皐子集三卷唐王績撰、 寒山子詩集一卷附豐干拾得詩一卷寒山子豐干拾得皆貞觀中台州僧、世頗傳其異跡、是集乃台州刺史閭邱允令寺僧道翹所蒐輯、 王子安集十六卷唐王勃撰、 盈川集十卷附錄一卷唐楊炯撰、 盧昇之集七卷唐盧照鄰撰、 駱丞集四卷唐駱賓王撰、明顏文選註、 陳拾遺集十卷唐陳子昂撰、 張燕公集二十五卷唐張說撰、 曲江集二十卷唐張九齡撰、 李北海集六卷附錄一卷唐李邕撰、 李太白集三十卷唐李白撰、 分類補註李太白集三十卷宋楊齊賢集註、元蕭士贇刪補、 李太白詩集註三十六卷清王琦撰註、 九家集註杜詩三十六卷唐杜甫撰、宋郭知達集註、九家者王洙宋祁王安石黃庭堅薛夢符杜田鮑彪師尹趙彥材也、 黃氏補注杜詩三十六卷宋黃希原本、其子鶴成之、以補千家註本之所闕、故以補註爲名、 集千家註杜詩二十卷元高楚芳編、 杜詩攟四卷明唐元竑撰、 杜詩詳註二十五卷附編二卷清仇兆鼇撰、 王右丞集註二十八卷附錄二卷唐王維撰、清趙殿成註、 高常侍集十卷唐高適撰、 孟浩然集四卷唐孟浩然撰、 常建詩三卷唐常建撰、 儲光羲詩五卷唐儲光羲撰、 次山集十二卷唐元結撰、 顏魯公集十五卷補遺一卷年譜一卷附錄一卷唐顏眞卿撰、 宗元集三卷附錄元綱論一卷內丹九章經一卷唐吳筠撰、 杼山集十卷唐釋皎然撰、 劉隨州集十一卷唐劉長卿撰、 韋蘇州集十卷唐韋應物撰、

別集類三

毗陵集二十卷唐獨孤及撰、其門人梁肅編、 蕭茂挺文集一卷唐蕭穎士撰、 李遐叔文集四卷唐李華撰、 錢

仲文集十卷唐錢起撰、華陽集三卷附顧非熊詩一卷唐顧況撰、翰苑集二十二卷唐陸贄撰、權文公集十卷唐權德輿撰、韓集舉正十卷外集舉正一卷宋方崧卿撰、原本韓文考異十卷宋朱熹撰、別本韓文考異四十卷外集十卷遺文一卷補遺一卷宋王伯大重編、五百家註音辨昌黎先生文集四十卷宋魏仲舉編、東雅堂韓昌黎集註四十卷外集十卷宋廖瑩中撰、即所謂世綵堂本也、韓集點勘四卷清陳景雲撰、詁訓柳先生文集四十五卷外集二卷新編外集一卷唐柳宗元撰、增廣註釋音辨柳集四十三卷不著編輯者名氏、五百家註音辨柳先生文集二十一卷外集二卷新編外集一卷龍城錄二卷附錄八卷宋魏仲舉編、劉賓客文集三十卷外集十卷唐劉禹錫撰、呂衡州集十卷唐呂溫撰、張司業集八卷唐張籍撰、皇甫持正集六卷唐皇甫湜撰、李文公集十八卷唐李翺撰、歐陽行周集十卷唐歐陽詹撰、李元賓文編三卷外編二卷唐李觀撰、孟東野集十卷唐孟郊撰、長江集十卷唐賈島撰、昌谷集四卷外集一卷唐李賀撰、箋註評點李長吉歌詩四卷外集一卷宋吳正子箋註、劉辰翁評點、絳守居園池記註一卷唐樊宗師撰、元趙仁舉吳師道許謙註、王司馬集八卷唐王建撰、沈下賢集十二卷唐沈亞之撰、追昔遊集三卷唐李紳撰、會昌一品集二十卷別集十卷外集四卷唐李德裕撰、

別集類四

元氏長慶集六十卷補遺六卷唐元稹撰、白氏長慶集七十一卷唐白居易撰、白香山詩集四十

卷附錄年譜二卷清汪立名編、鮑溶詩六卷外集一卷唐鮑溶撰、樊川文集二十卷外集一卷別集一卷唐杜牧撰、姚少監詩集十卷唐姚合撰、李義山集三卷唐李商隱撰、李義山詩註三卷補註一卷清朱鶴齡撰、李義山文集箋註十卷清徐樹穀箋、徐炯註、温飛卿集箋註九卷唐温庭筠撰、明曾益註、清顧予咸補、其子嗣立又重訂之、丁卯集二卷續集二卷續補一卷集外遺詩一卷唐許渾撰、文泉子集一卷唐劉蛻撰、梨岳集一卷附錄一卷唐李頻撰、李羣玉集三卷後集五卷唐李羣玉撰、孫可之集十卷唐孫樵撰、曹祠部集二卷附曹唐詩一卷唐曹鄴撰、麟角集一卷唐王棨撰、皮子文藪十卷唐皮日休撰、笠澤叢書四卷補遺一卷唐陸龜蒙撰、甫里集十九卷附錄一卷唐陸龜蒙撰、詠史詩二卷唐胡曾撰、雲臺編三卷唐鄭谷撰、司空表聖文集十卷唐司空圖撰、韓內翰別集一卷唐韓偓撰、唐英歌詩三卷唐吳融撰、元英集八卷唐方干撰、唐風集三卷唐杜荀鶴撰、徐正字詩賦二卷唐徐寅撰、黃御史集十卷附錄一卷唐黃滔撰、羅昭諫集八卷唐羅隱撰、白蓮集十卷後唐釋齊己撰、禪月集二十五卷補遺一卷蜀釋貫休撰、浣花集十卷補遺一卷蜀韋莊撰、廣成集十二卷蜀杜光庭撰、

別集類五

騎省集三十卷宋徐鉉撰、河東集十五卷附錄一卷宋柳開撰、咸平集三十卷宋田錫撰、逍遙集一卷宋潘閬撰、寇忠愍詩集三卷宋寇準撰、乖崖集十二卷附錄一卷宋張詠撰、小畜集三十卷外集七卷宋王禹偁撰、南陽集六卷宋趙湘撰、武夷新集二十卷宋楊億撰、和靖詩集四卷宋林逋撰、穆參

軍集三卷附錄遺事一卷宋穆修撰、晏元獻遺文一卷宋晏殊撰、文莊集三十六卷宋夏竦撰、春卿
遺稿一卷宋蔣堂撰、東觀集十卷宋魏野撰、宋元憲集四十卷宋宋庠撰、宋景文集六十二卷補遺
二卷附錄一卷宋宋祁撰、文恭集五十卷補遺一卷宋胡宿撰、武溪集二十卷宋余靖撰、安陽集五
十卷宋韓琦撰、文正集二十卷別集四卷補編五卷宋范仲淹撰、本名丹陽集、河南集二十七卷宋尹洙撰、
孫明復小集一卷宋孫復撰、徂徠集二十卷宋石介撰、蔡忠惠集三十六卷宋蔡襄撰、祠部集三十
六卷宋强至撰、鐔津集二十二卷宋釋契嵩撰、祖英集二卷宋釋重顯撰、蘇學士集十六卷宋蘇舜欽撰、
蘇魏公集七十二卷宋蘇頌撰、華陽集六十卷附錄十卷宋王珪撰、古靈集二十五卷宋陳襄撰、
伐檀集二卷宋黃庶撰、傳家集八十卷宋司馬光撰、清獻集十卷宋趙抃撰、

別集類六

盱江集三十七卷年譜一卷外集三卷宋李覯撰、金氏文集二卷宋金君卿撰、公是集五十四卷
宋劉敞撰、彭城集四十卷宋劉攽撰、邕州小集一卷宋陶弼撰、都官集十四卷宋陳舜俞撰、丹淵集四
十卷拾遺二卷年譜一卷附錄二卷宋文同撰、西溪集十卷宋沈遘撰、鄖溪集三十卷宋鄭獬撰、錢
塘集十四卷唐韋驤撰、淨德集三十八卷宋呂陶撰、馮安岳集十二卷宋馮山撰、元豐類稿五十卷
宋曾鞏撰、龍學文集十六卷宋祖無擇撰、宛陵集六十卷附錄一卷宋梅堯臣撰、忠肅集二十卷宋劉
摯撰、無爲集十五卷宋楊傑撰、王魏公集八卷宋王安禮撰、范太史集五十五卷宋范祖禹撰、文潞

公集四十卷宋文彥博撰、擊壤集二十卷宋邵雍撰、鄱陽集十二卷宋彭汝礪撰、曲阜集四卷宋曾肇撰、
周元公集九卷宋周敦頤撰、南陽集三十卷附錄一卷宋韓維撰、節孝集三十卷附錄一卷宋徐積撰、文忠集一百五十三卷附錄五卷宋歐陽修撰、歐陽文粹二十卷宋陳亮撰、樂全集四十卷附錄一卷宋張方平撰、忠宣文集二十卷奏議二卷遺文一卷附錄一卷補編一卷宋范純仁撰、嘉祐集十六卷附錄二卷宋蘇洵撰、臨川集一百卷宋王安石撰、王荊公詩註五十卷宋李壁撰、廣陵集三十卷拾遺一卷宋王令撰、

別集類七

東坡全集一百十五卷宋蘇軾撰、東坡詩集註三十二卷舊本題王十朋撰、蓋依託也、施註蘇詩四十二卷東坡年譜一卷王註正譌一卷蘇詩續補遺二卷宋施元之撰、清邵長蘅李必恆補、馮景續註、補註東坡編年詩五十卷清查慎行撰、欒城集五十卷欒城後集二十四卷欒城第三集十卷應詔集十二卷宋蘇轍撰、山谷內集三十卷外集十四卷別集二十卷詞一卷簡尺二卷年譜三卷宋黃庭堅撰、山谷內集註二十卷外集註十七卷別集註二卷山谷內集註宋任淵撰、外集註宋史容撰、別集註容之孫季溫補撰、後山集二十四卷宋陳師道撰、後山詩註十二卷宋任淵撰、宛邱集七十六卷宋張耒撰、淮海集四十卷後集六卷長短句三卷宋秦觀撰、濟南集八卷宋李廌撰、參寥子集十二卷宋釋道潛撰、寶晉英光集八卷宋米芾撰、石門文字禪三十卷宋釋惠洪撰、青山集三十卷續集七卷宋郭祥正撰、畫墁

集八卷宋張舜民撰、陶山集十四卷宋陸佃撰、倚松老人集二卷宋饒節撰、長興集十九卷宋沈括撰、西塘集九卷附錄一卷宋鄭俠撰、雲巢編十卷宋沈遼撰、景迂生集二十卷宋晁說之撰、雞肋集七十卷宋晁補之撰、

別集類八

樂圃餘稿十卷附錄一卷宋朱長文撰、龍雲集三十二卷宋劉弇撰、雲溪居士集三十卷宋華鎮撰、演山集六十卷宋黃裳撰、姑溪居士前集五十卷後集二十卷宋李之儀撰、潏水集十六卷宋李復撰、學易集八卷宋劉跂撰、道鄉集四十卷宋鄒浩撰、游廌山集四卷宋游酢撰、西臺集二十卷宋畢仲游撰、樂靜集三十卷宋李昭玘撰、北湖集五卷宋吳則禮撰、溪堂集十卷宋謝逸撰、竹友集十卷宋謝薖撰、日涉園集十卷宋李彭撰、灌園集二十卷宋呂南公撰、慶湖遺老集九卷宋賀鑄撰、摛文堂集十五卷附錄一卷宋慕容彥逢撰、襄陵集十二卷宋許翰撰、東堂集十卷宋毛滂撰、浮沚集八卷宋周行巳撰、劉給事集五卷宋劉安上撰、劉左史集四卷宋劉安禮撰、竹隱畸士集二十卷宋趙鼎臣撰、唐子西集二十四卷宋唐庚撰、洪龜父集二卷宋洪朋撰、跨鼇集三十卷宋李新撰、忠愍集三卷宋李若水撰、忠肅集三卷宋傅察撰、

別集類九

宗忠簡集八卷宋宗澤撰、龜山集四十二卷宋楊時撰、梁溪集一百八十卷附錄六卷宋李綱撰、初

寮集八卷(宋王安中撰)　橫塘集二十卷(宋許景衡撰)　西渡集二卷補遺一卷(宋洪炎撰)　老圃集二卷(宋洪芻撰)　丹陽集二十四卷(宋葛勝仲撰)　毘陵集十五卷(宋張守撰)　浮溪集三十六卷(宋汪藻撰)　浮溪文粹十五卷(不著編輯者名氏，刊板者則明胡堯臣也)　莊簡集十八卷(宋李光撰)　忠正德文集十卷(宋趙鼎撰)　東牕集十六卷(宋張擴撰)　忠惠集十卷附錄一卷(宋翟汝文撰)　松隱文集三十九卷(宋曹勛撰)　石林居士建康集八卷(宋葉夢得撰)　簡齋集十六卷(宋陳與義撰)　北山小集四十卷(宋程俱撰)　檆溪居士集十二卷(宋劉才邵撰)　筠溪集二十四卷(宋李彌遜撰)　華陽集四十卷(宋張綱撰)　忠穆集八卷(宋呂頤浩撰)　相山集三十卷(宋王之道撰)　紫微集三十六卷(宋張嵲撰)　苕溪集五十五卷(宋劉一止撰)　東牟集十四卷(宋王洋撰)　三餘集四卷(宋黃彥平撰)　大隱集十卷(宋李正民撰)

別集類十

龜溪集十二卷(宋沈與求撰)　栟櫚集十六卷(宋鄧肅撰)　默成文集八卷(宋潘良貴撰)　鄱陽集四卷(宋洪皓撰)　澹齋集十八卷(宋李流謙撰)　韋齋集十二卷附玉瀾集一卷(韋齋集宋朱松撰，玉瀾集松弟朱槔撰)　陵陽集四卷(宋韓駒撰)　灊山集三卷(宋朱翌撰)　雲溪集十二卷(宋郭印撰)　盧溪集五十卷(宋王庭珪撰)　屏山集二十卷(宋劉子翬撰)　北海集四十六卷附錄三卷(宋綦崇禮撰)　鴻慶居士集四十二卷(宋孫覿撰)　內簡尺牘編註十卷(宋孫覿撰)　崧菴集六卷(宋李處權撰)　藏海居士集二卷(宋吳可撰)　豫章文集十七卷(宋羅從彥撰)　和靖集八卷(宋尹焞撰)　王著作集八卷(宋王蘋撰)　郴江百詠一卷(宋阮閱撰)　雙溪集十

五卷（宋蘇轍撰）、少陽集十卷（宋陳東撰）、歐陽修撰集七卷（宋歐陽澈撰）、東溪集二卷附錄一卷（宋高登撰）、

別集類十一

岳武穆遺文一卷（宋岳飛撰）、茶山集八卷（宋曾幾撰）、雪溪集五卷（宋王銍撰）、蘆州歸來集十卷附錄一卷（宋張元幹撰）、東萊詩集二十卷（宋呂本中撰）、澹菴文集六卷（宋胡銓撰）、五峯集五卷（宋胡宏撰）、斐然集三十卷（宋胡寅撰）、鄧紳伯集二卷（宋鄧深撰）、山北集三十卷（宋鄭剛中撰）、浮山集十卷（宋仲并撰）、橫浦集二十卷（宋張九成撰）、湖山集十卷（宋吳芾撰）、文定集二十四卷（宋汪應辰撰）、縉雲文集四卷（宋馮時行撰）、嵩山居士集五十四卷（宋晁公遡撰）、默堂集二十二卷（宋陳淵撰）、知稼翁集二卷（宋黃公度撰）、唯室集四卷附錄一卷（宋陳長方撰）、漢濱集十六卷（宋王之望撰）、歸愚集十卷（宋葛立方撰）、香溪集二十二卷（宋范浚撰）、鄭忠肅奏議遺集二卷（宋鄭興裔撰）、雲莊集五卷（宋曾協撰）、竹軒雜著六卷（宋林季仲撰）、拙齋文集二十卷（宋林之奇撰）、于湖集四十卷（宋張孝祥撰）、太倉稊米集七十卷（宋周紫芝撰）、

別集類十二

夾漈遺稿三卷（宋鄭樵撰）、鄮峯眞隱漫錄五十卷（宋史浩撰）、燕堂詩稿一卷（宋趙公豫撰）、海陵集二十三卷外集一卷（宋周麟之撰）、竹洲集二十卷附棣華雜著一卷（宋吳儆撰）、高峯文集十二卷（宋廖剛撰）、鄂洲小集六卷附錄二卷（宋羅願撰）、艾軒集九卷附錄一卷（宋林光朝撰）、晦菴集一百卷續

集五卷別集七卷宋朱熹撰、梁溪遺稿一卷宋尤袤撰、文忠集二百卷宋周必大撰、雪山集十六卷宋王質撰、方舟集二十四卷宋李石撰、網山集八卷宋林亦之撰、東萊集四十卷宋呂祖謙撰、止齋文集五十一卷附錄一卷宋陳傅良撰、格齋四六一卷宋王子俊撰、梅溪集五十四卷宋王十朋撰、香山集十六卷宋喻良能撰、宮教集十六卷宋崔敦禮撰、蒙隱集二卷宋陳棣撰、倪石陵書一卷宋倪樸撰、樂軒集八卷宋陳藻撰、定菴類稿四卷宋衛博撰、澹軒集八卷宋李呂撰、攻媿集一百一十二卷宋樓鑰撰、尊白堂集六卷宋虞儔撰、東塘集二十卷宋袁說友撰、義豐集一卷宋王阮撰、涉齋集十八卷宋許及之撰、蠹齋鉛刀編三十二卷宋周孚撰、

別集類十三

乾道稿一卷淳熙稿二十卷章泉稿五卷宋趙蕃撰、雙溪集二十七卷宋王炎撰、止堂集二十卷宋彭龜年撰、緣督集二十卷宋曾丰撰、象山集二十八卷外集四卷附語錄四卷宋陸九淵撰、慈湖遺書十八卷續集二卷宋楊簡撰、絜齋集二十四卷宋袁燮撰、舒文靖集二卷宋舒璘撰、雲莊集十二卷宋劉爚撰、定齋集二十卷宋蔡戡撰、九華集二十五卷附錄一卷宋員興宗撰、野處類稿二卷宋洪邁撰、盤洲集八十卷宋洪适撰、應齋雜著六卷宋趙善括撰、芸菴類稿六卷宋李洪撰、浪語集三十五卷宋薛季宣撰、石湖詩集三十四卷宋范成大撰、誠齋集一百三十三卷宋楊萬里撰、劍南詩稿八十五卷宋陸游撰、渭南文集五十卷逸稿二卷宋陸游撰、放翁詩選前集十卷後集八卷附

別集一卷（前集羅椅所撰，後集劉辰翁所撰，別集爲明人所撰）、金陵百詠一卷（宋曾極撰）、頤菴居士集二卷（宋劉應時撰）、自鳴集六卷（宋章甫撰）、水心集二十九卷（宋葉適撰）、南湖集十卷（宋張鎡撰）、南澗甲乙稿二十二卷（宋韓元吉撰）、客亭類稿十五卷（宋楊冠卿撰）、

別集類十四

石屏集六卷（宋戴復古撰）、蓮峯集十卷（宋史堯弼撰）、江湖長翁文集四十卷（宋陳造撰）、燭湖集二十卷附編二卷（宋孫應時撰）、昌谷集二十二卷（宋曹彥約撰）、省齋集十卷（宋廖行之撰）、南軒集四十四卷（宋張栻撰）、勉齋集四十卷（宋黃榦撰）、北溪大全集五十卷外集一卷（宋陳淳撰）、山房集九卷（宋周南撰）、橘山四六二十卷（宋李廷忠撰，明孫雲翼箋註）、後樂集二十卷（宋衛涇撰）、竹齋詩集三卷附錄一卷（宋裘萬頃撰）、華亭百詠一卷（宋許尚撰）、梅山續稿十七卷（宋姜特立撰）、信天巢遺稿一卷附林湖遺稿一卷江村遺稿一卷疏寮小集一卷（信天巢遺稿宋高翥撰，後附林湖遺稿，爲翥姪鵬飛之詩，江村遺稿，爲翥父選叔邁之詩，又載高氏先世質齋遁翁之詩，而佚其名，最後疏寮小集，乃高似孫詩也、）

別集類十五

性善堂稿十五卷（宋度正撰）、漫塘文集三十六卷（宋劉宰撰）、克齋集十七卷（宋陳文蔚撰）、芳蘭軒集一卷（宋徐照撰，照字靈暉，永嘉四靈之一也）、二薇亭集一卷（宋徐璣撰，璣字靈淵，永嘉四靈之二也）、西巖集一卷（宋翁卷撰，卷字靈舒，永嘉四靈之三也）、清苑齋集一卷（宋趙師秀撰，師秀號靈秀，永嘉四靈之四也）、瓜廬詩一卷（宋薛師石撰）、洛水集三十

卷宋程珌撰、龍川文集三十卷宋陳亮撰、龍洲集十四卷附錄二卷宋劉過撰、鶴山集一百九卷宋魏了翁撰、西山文集五十五卷宋眞德秀撰、方泉集四卷宋周文璞撰、東山詩選二卷宋葛紹體撰、白石詩集一卷附詩說一卷宋姜夔撰、野谷詩稿六卷宋趙汝鐩撰、平齋文集三十二卷宋洪咨夔撰、蒙齋集十八卷宋袁甫撰、康範詩集一卷附錄三卷宋汪晫撰、清獻集二十卷宋杜範撰、鶴林集四十卷宋吳泳撰、東澗集十四卷宋許應龍撰、方是閒居士小稿二卷宋劉學箕撰、翠微南征錄十一卷宋華岳撰、浣川集十卷宋戴栩撰、漁墅類稿八卷宋陳元晉撰、滄洲塵缶編十四卷宋程公許撰、安晚堂詩集七卷宋鄭清之撰、

別集類十六

四六標準四十卷宋李劉撰、賓牕集十卷宋陳著撰、友林乙稿一卷宋史彌寧撰、雲泉詩集一卷宋釋永頤撰、方壺存稿八卷宋汪莘撰、鐵菴集三十七卷宋方大琮撰、壺山四六一卷不著撰人名氏、默齋遺稿二卷宋游九言撰、履齋遺集四卷宋吳潛撰、臞軒集十六卷宋王邁撰、東野農歌集四卷宋戴昺撰、敝帚稿略八卷宋包恢撰、清正存稿六卷附錄一卷宋徐鹿卿撰、寒松閣集三卷舊本題宋詹初撰、滄浪集二卷宋嚴羽撰、冷然齋集八卷宋蘇泂撰、可齋雜稿三十四卷續稿八卷續稿後十二卷宋李曾伯撰、後村集五十卷宋劉克莊撰、澗泉集二十卷宋韓淲撰、矩山存稿五卷宋徐經孫撰、雪牕集二卷附錄一卷宋孫夢觀撰、

別集類十七

庸齋集六卷宋趙汝騰撰、　文溪存稿二十卷宋李昴英撰、　彝齋文編四卷宋趙孟堅撰、　張氏拙軒集六卷宋張侃撰、　靈巖集十卷宋唐士恥撰、　玉楮集八卷宋岳珂撰、　楳埜集十二卷宋徐元杰撰、　恥堂存稿八卷宋高斯得撰、　秋崖集四十卷宋方岳撰、　芸隱橫舟稿一卷芸隱勸遊稿一卷宋施樞撰、　蒙川遺稿四卷宋劉黻撰、　菊山清雋集一卷附題畫詩一卷錦錢集一卷雜文一卷菊山清雋集宋鄭震撰、元仇遠編、題畫詩錦錢集及雜文、皆其子思肖撰、　雪磯叢稿五卷宋樂雷發撰、　北磵集十卷宋釋居簡撰、　西塍集一卷宋宋伯仁撰、　梅屋集五卷宋許棐撰、　潛山集十二卷宋釋文珦撰、　孝詩一卷宋林同撰、　字溪集十一卷附錄一卷宋陽枋撰、　勿齋集二卷宋楊至質撰、　巽齋文集二十七卷宋歐陽守道撰、　雪坡文集五十卷宋姚勉撰、　文山集二十一卷宋文天祥撰、　文信公集杜詩四卷宋文天祥撰、　疊山集五卷宋謝枋得撰、　本堂集九十四卷宋陳著撰、　汶陽端平詩雋四卷宋周弼撰、　鬳齋續集三十卷宋林希逸撰、　魯齋集二十卷宋王柏撰、

別集類十八

須溪集十卷宋劉辰翁撰、　須溪四景詩集四卷宋劉辰翁撰、　葦航漫游稿四卷宋胡仲弓撰、　蘭皐集三卷宋吳錫疇撰、　雲泉詩一卷宋薛嵎撰、　嘉禾百詠一卷宋張堯同撰、　柳塘外集四卷宋釋道璨撰、　碧梧玩芳集二十四卷宋馬廷鸞撰、　四明文獻集五卷宋王應麟撰、　覆瓿集六卷宋趙必瑑撰、　閬風集

十二卷宋舒岳祥撰、北游集一卷宋汪夢斗撰、秋堂集三卷宋柴望撰、蛟峯文集八卷外集四卷宋方逢辰撰、秋聲集六卷宋衛宗武撰、牟氏陵陽集二十四卷宋牟巘撰、湖山類稿五卷水雲集一卷宋汪元量撰、晞髮集十卷晞髮遺集二卷遺集補一卷附天地間集一卷西臺慟哭記註一卷冬青引註一卷宋謝翺撰、潛齋文集十一卷附鐵牛翁遺稿一卷宋何夢桂撰、梅巖文集十卷宋胡次焱撰、四如集五卷宋黃仲元撰、林霽山集五卷宋林景熙撰、勿軒集八卷宋熊禾撰、古梅吟稿六卷宋吳龍翰撰、佩韋齋文集十六卷宋俞德鄰撰、廬山集五卷英溪集一卷宋董嗣杲撰、西湖百詠二卷宋董嗣杲撰、附明陳贊和韻、則堂集六卷宋家鉉翁撰、富山遺稿十卷宋方夔撰、眞山民集一卷宋眞山民撰、百正集三卷宋連文鳳撰、月洞吟一卷宋王鎡撰、伯牙琴一卷宋鄧牧撰、存雅堂遺稿五卷宋方鳳撰、吾汶稿十卷宋王炎午撰、在軒集一卷宋黃公紹撰、紫巖詩選三卷宋于石撰、九華詩集一卷宋陳巖撰、寧極齋稿一卷附愼獨叟遺稿一卷寧極齋稿舊本題宋陳深撰、愼獨叟遺稿其子植撰、仁山集六卷宋金履祥撰、自堂存稿四卷宋陳杰撰、心泉學詩稿六卷此集載永樂大典、惟題蒲壽宬撰、不著時代、萬姓統譜稱爲宋末之循吏、八閩通志則以爲蒲壽宬之弟、

別集類十九

拙軒集六卷金王寂撰、滏水集二十卷金趙秉文撰、滹南遺老集四十五卷金王若虛撰、莊靖集十卷金李俊民撰、遺山集四十卷附錄一卷金元好問撰、湛然居士集十四卷元耶律楚材撰、藏春集六

卷元劉秉忠撰、淮陽集一卷附錄詩餘一卷元張宏範撰、陵川集三十九卷附錄一卷元郝經撰、歸田類稿二十四卷元張養浩撰、白雲集三卷元釋英撰、稼村類稿三十卷元王義山撰、桐江續集三十七卷元方回撰、野趣有聲畫二卷元楊公遠撰、月屋漫稿一卷元黃庚撰、剡源集三十卷元戴表元撰、剩語二卷元艾性夫撰、養蒙集十卷元張伯淳撰、牆東類稿二十卷元陸文圭撰、青山集八卷元趙文撰、桂隱文集四卷詩集四卷元劉詵撰、水雲村稿十五卷元劉壎撰、巴西文集一卷元鄧文原撰、竹素山房詩集三卷元吾邱衍撰、屏巖小稿一卷元張觀光撰、玉斗山人集三卷元王奕撰、谷響集一卷元釋善住撰、紫山大全集二十六卷元胡祗遹撰、松鄉文集十卷元任士林撰、松雪齋集十卷外集一卷元趙孟頫撰、吳文正集一百卷元吳澄撰、金淵集六卷元仇遠撰、山村遺集一卷元仇遠撰、湛淵集一卷元白珽撰、牧潛集七卷元釋圓至撰、小亨集六卷元楊宏道撰、還山遺稿二卷附錄一卷元楊奐撰、魯齋遺書八卷附錄二卷元許衡撰、靜修集三十卷元劉因撰、青崖集五卷元魏初撰、養吾齋集三十二卷元劉將孫撰、存悔齋稿一卷補遺一卷元龔璛撰、補遺一卷、明朱存理所輯、雙溪醉隱集八卷元耶律鑄撰、東菴集四卷元滕安上撰、白雲集四卷元許謙撰、巽齋集六卷元程端禮撰、默菴集五卷元安熙撰、雲峰集十卷元胡炳文撰、秋澗集一百卷元王惲撰、牧菴文集三十六卷元姚燧撰、雪樓集三十卷元程鉅夫撰、曹文貞詩集十卷後錄一卷元曹伯啟撰、芳谷集二卷元徐明善撰、觀光稿一卷交州稿一卷玉堂稿一卷附錄一卷元陳孚撰、陳秋巖詩集二卷元陳宜甫撰、蘭軒集十六

卷元王旭撰、

別集類二十

玉井樵唱三卷元尹廷高撰、清容居士集五十卷元袁桷撰、此山集四卷元周權撰、中齋集十五卷元劉岳申撰、霞外詩集十卷元馬臻撰、西巖集二十卷元張之翰撰、蒲室集十五卷元釋大訢撰、弁山小隱吟錄二卷元黃玠撰、續軒渠集十卷附錄一卷元洪希文撰、附錄一卷、則其父巖虎詩也、定宇集十六卷別集一卷元陳櫟撰、艮齋詩集十四卷元侯克中撰、知非堂稿六卷元何中撰、雲林集六卷附錄一卷元貢奎撰、梅花字字香前集一卷後集一卷元郭豫亨撰、中菴集二十卷元劉敏中撰、王文忠集六卷元王結撰、靜春堂集四卷元袁易撰、惟實集四卷外集一卷元劉鶚撰、勤齋集八卷元蕭𣂏撰、石田集十五卷元馬祖常撰、渠庵集十五卷元同恕撰、道園學古錄五十卷元虞集撰、道園遺稿六卷元虞集撰、楊仲宏集八卷元楊載撰、范德機詩七卷元范梈撰、文安集十四卷元揭傒斯撰、翠寒集一卷元宋无撰、檜亭集九卷元丁復撰、伊濱集二十四卷元王沂撰、淵穎集十二卷附錄一卷元吳萊撰、黃文獻集十卷元黃溍撰、圭齋集十五卷附錄一卷元歐陽玄撰、待制集二十卷附錄一卷元柳貫撰、閒居叢稿二十六卷元蒲道源撰、所安遺集一卷元陳泰撰、至正集八十一卷元許有壬撰、圭塘小稿十三卷別集二卷續集一卷附錄一卷元許有壬撰、禮部集二十卷附錄一卷元吳師道撰、積齋集五卷元程端學撰、燕石集十五卷元宋褧撰、秋聲集四卷元黃鎮成撰、雁門集三卷集外詩一

卷元薩都拉撰、案薩都拉原作薩都剌、今改正。　杏亭摘稿十卷元洪焱祖撰、　安雅卷集十三卷元陳旅撰、　傅與礪詩
文集二十卷元傅若金撰、　瓢泉吟稿五卷元朱晞顏撰、　筠軒集十三卷元唐元撰、　俟菴集三十卷元李
存撰、　滋溪文稿三十卷元蘇天爵撰、　青陽集四卷元余闕撰、　鯨背吟集一卷舊本題元朱晞顏撰、與作瓢泉吟稿之朱
晞顏又別一人、　近光集三卷扈從詩一卷元周伯琦撰、　經濟文集六卷元李士瞻撰。　純白齋類稿二十
卷附錄二卷元胡助撰、　圭峯集二卷元盧琦撰、　蛻菴集五卷元張翥撰、　五峯集六卷元李孝光撰、　野處
集四卷元邵亨貞撰、　夢觀集五卷元釋大圭撰、　金臺集二卷元納新撰、　子淵詩集六卷元張仲深撰、　午
溪集十卷元陳鎰撰　葯房樵唱三卷附錄一卷元吳景奎撰、　栲栳山人集三卷元岑安卿撰、

別集類二十一

梅花道人遺墨二卷元吳鎮撰、　玩齋集十卷拾遺一卷元貢師泰撰、　羽庭集六卷元劉仁本撰、　不繫
舟漁集十五卷附錄一卷元陳高撰、　居竹軒集四卷元成廷珪撰、　句曲外史集三卷補遺三卷集
外詩一卷元張雨撰、　僑吳集十二卷元鄭元祐撰、　詠物詩一卷元謝宗可撰、　鹿皮子集四卷元陳樵撰、
林外野言二卷元郭翼撰、　傲軒吟稿一卷元胡天游撰、　師山文集八卷遺文五卷附錄一卷元鄭玉撰、
友石山人遺稿一卷元王翰撰、　聞過齋集八卷元吳海撰、　學言詩稿六卷元吳當撰、　北郭集六卷
補遺一卷元許恕撰、　玉笥集十卷元張憲撰、　青村遺稿一卷元金涓撰、　丁鶴年集一卷元丁鶴年撰、　貞
素齋集八卷附錄一卷北莊遺稿一卷元舒頔撰、　一山文集九卷元李繼本撰、　江月松風集十二

卷元錢惟善撰、龜巢集十七卷元謝應芳撰、石初集十卷附錄一卷元周霆震撰、山窗餘稿一卷元甘復撰、梧溪集七卷元王逢撰、吾吾類稿三卷元吳皐撰、樵雲獨唱六卷元葉容撰、桐山老農文集四卷元魯貞撰、靜思集十卷元郭鈺撰、九靈山房集三十卷補編二卷元戴良撰、灤京雜詠一卷元楊允孚撰、雲陽集十卷元李祁撰、南湖集七卷元貢性之撰、佩玉齋類稿十卷元楊翮撰、清閟閣集十二卷元倪瓚撰、玉山璞稿一卷元顧瑛撰、麟原文集二十四卷元王禮撰、來鶴亭詩一卷補遺一卷元呂誠撰、雲松巢集三卷元朱希晦撰、環谷集八卷元汪克寬撰、性情集六卷元周巽撰、花谿集三卷元沈夢麟撰、樗隱集六卷元胡行簡撰、東山存稿七卷附錄一卷元趙汸撰、東維子集三十卷附錄一卷元楊維楨撰、鐵厓古樂府十卷樂府補六卷元楊維楨撰、復古詩集六卷元楊維楨撰、麗則遺音四卷元楊維楨撰、夷白齋稿三十五卷外集一卷元陳基撰、庸菴集十四卷元宋禧撰、可閒老人集四卷元張昱撰、石門集七卷元梁寅撰、玉笥集九卷元鄧雅撰、

別集類二十二

明太祖文集二十卷　宋學士全集三十六卷明宋濂撰、宋景濂未刻集二卷明宋濂撰、誠意伯文集二十卷明劉基撰、鳳池吟稿十卷明汪廣洋撰、陶學士集二十卷明陶安撰、西隱集十卷明宋訥撰、王忠文公集二十四卷明王褘撰、翠屏集四卷明張以寧撰、說學齋稿四卷明危素撰、雲林集一卷明危素撰、白雲集七卷明唐桂芳撰、登州集二十三卷明林弼撰、樸翁詩集八卷明劉崧撰、東皐錄

三卷明釋妙聲撰、覆瓿集七卷附錄一卷明朱同撰、栢軒集四卷明凌雲翰撰、白雲稿五卷明朱右撰、密菴集八卷明謝肅撰、清江詩集十卷文集三十一卷明貝瓊撰、蘇平仲集十六卷明蘇伯衡撰、胡仲子集十卷明胡翰撰、始豐稿十四卷明徐一夔撰、王常宗集四卷補遺一卷續補遺一卷明王彝撰、白石山房逸稿二卷明張孟兼撰、卽注冬青引之張丁、以字行也、滄螺集六卷明孫作撰、臨安集六卷明錢宰撰、尙絅齋集五卷明童冀撰、考古文集二卷明趙撝謙撰、劉彥昺集九卷明劉炳撰、藍山集六卷明藍仁撰、藍澗集六卷明藍智撰、大全集十八卷明高啟撰、鳧藻集五卷明高啟撰、眉菴集十二卷明楊基撰、靜居集四卷明張羽撰、北郭集六卷明徐賁撰、鳴盛集四卷明林鴻撰、白雲樵唱集二卷附錄一卷明王恭撰、草澤狂歌五卷明王恭撰、半軒集十四卷明王行撰、西菴集九卷明孫蕡撰、南村詩集四卷明陶宗儀撰、望雲集五卷明郭奎撰、蚓竅集十卷明管時敏撰、西郊笑端集二卷明董紀撰、草閣集六卷拾遺一卷文集一卷附筠谷詩一卷明李昱撰、樗菴類稿二卷明鄭潛撰、春草齋集十卷附錄一卷明烏斯道撰、耕學齋詩集十二卷明袁華撰、可傳集一卷明袁華撰、強齋集十卷明殷奎撰、海桑集十卷明陳謨撰、畦樂詩集一卷明梁蘭撰、竹齋集三卷續集一卷附錄一卷明王冕撰、獨醉亭集三卷明史謹撰、海叟集四卷集外詩一卷明袁凱撰、榮進集四卷明吳伯宗撰、梁園寓稿九卷明王翰撰、自怡集一卷明劉璉撰、斗南老人集六卷明胡奎撰、希澹園詩三卷明虞堪撰、鵝湖集九卷明龔斆撰、滎陽外史集七十卷明鄭眞撰、全室外集九卷續集一卷明釋宗泐撰、

別集類二十三

峴泉集四卷明張宇初撰、　唐愚士詩二卷附會稽懷古詩一卷明唐之淳撰、　繼志齋集十二卷附錄一卷明王紳撰、　練中丞集二卷明練子寧撰、　遜志齋集二十四卷明方孝孺撰、　貞白遺稿十卷附顯忠錄二卷明程通撰、　靜學文集一卷明王叔英撰、　芻蕘集六卷明周是修撰、　巽隱集四卷明程本立撰、

易齋集二卷明劉璟撰、　野古集三卷明龔詡撰、　文毅集十六卷明解縉撰、　虛舟集五卷明王偁撰、　王舍人詩集五卷明王紱撰、　泊庵集十六卷明梁潛撰、　毅齋詩文集八卷附錄一卷明王洪撰、　頤菴文選二卷明胡儼撰、　青城山人集八卷明王璲撰、　東里全集九十七卷別集四卷明楊士奇撰、　楊文敏集二十五卷明楊榮撰、　省愆集二卷明黃淮撰、　金文靖集十卷明金幼孜撰、　夏忠靖集六卷附錄一卷明夏原吉撰、

抑菴集十三卷後集三十七卷明王直撰、　運甓漫稿七卷明李昌祺撰、　古廉集十一卷附錄一卷明李時勉撰、　梧岡集八卷明唐文鳳撰、　曹月川集一卷明曹端撰、　薛文清集二十四卷明薛瑄撰、　兩溪文集二十四卷明劉球撰、　于忠肅集十三卷明于謙撰、　蘭庭集二卷明謝晉撰、　古穰集三十卷明李賢撰、　武功集五卷明徐有貞撰、　倪文僖集三十二卷明倪謙撰、　襄毅文集十五卷明韓雍撰、

白沙集九卷明陳獻章撰、　類博稿十卷附錄二卷明岳正撰、　平橋稿十八卷明鄭文康撰、　竹巖詩集一卷文集一卷補遺一卷明柯潛撰、　彭惠安集十卷附錄一卷明彭韶撰、　清風亭稿七卷明童軒撰、

方洲集二十六卷附讀史錄四卷明張寧撰、　重編瓊臺會稿二十四卷明邱濬撰、　謙齋文錄四

卷明徐溥撰、椒邱文集四十四卷明何喬新撰、石田詩選十卷明沈周撰、東園文集十三卷續編一卷明鄭紀撰、懷麓堂集一百卷明李東陽撰、清谿漫稿二十四卷明倪岳撰、康齋文集十二卷明吳與弼撰、樓居雜著一卷野航詩稿一卷野航文稿一卷附錄一卷明朱存理撰、

別集類二十四

一峯集十卷明羅倫撰、篁墩集九十三卷明程敏政撰、楓山集四卷附錄一卷明章懋撰、莊定山集十卷明莊昶撰、未軒文集十二卷補遺二卷附錄一卷明黃仲昭撰、醫閭集九卷明賀欽撰、翠渠摘稿一卷補遺一卷明周瑛撰、家藏集七十七卷明吳寬撰、歸田稿八卷明謝遷撰、震澤集三十六卷明王鏊撰、鬱洲遺稿十卷明梁儲撰、見素文集二十八卷奏疏七卷續集十二卷明林俊撰、古城集六卷補遺一卷明張吉撰、虛齋集五卷明蔡清撰、容春堂全集二十卷後集十四卷續集十八卷別集九卷明邵寶撰、羅圭峯文集三十卷明盧玘撰、吳文肅公摘稿四卷明吳儼撰、熊峯集十卷明石珤撰、立齋遺文五卷明鄒智撰、西村集八卷附錄一卷明史鑑撰、胡文敬公集三卷明胡居仁撰、小鳴稿十卷明朱誠泳撰、方簡肅文集十卷明方良永撰、懷星堂集三十卷明祝允明撰、整庵存稿二十卷明羅欽順撰、東江家藏集四十二卷明顧清撰、空同集六十六卷明李夢陽撰、山齋集二十四卷明鄭岳撰、浮湘集四卷山中集四卷憑几集五卷續集二卷息園存稿詩十四卷文九卷緩慟集一卷明顧璘撰、華泉集十四卷明邊貢撰、劉清惠集十二卷明劉麟撰、東田遺稿二卷明張羽撰、與洪

武中張羽同姓名、非一人也、沙溪集二十三卷明孫緒撰、王文成全書三十八卷明王守仁撰、雙溪集八卷明杭淮撰、對山集十卷明康海撰、柏齋集十一卷明何瑭撰、竹澗集八卷竹澗奏議四卷明潘希曾撰、大復集三十八卷明何景明撰、洹詞十二卷明崔銑撰、莊渠遺書十二卷明魏校撰、儼山集一百卷續集十卷明陸深撰、迪功集六卷附談藝錄一卷明徐禎卿撰、鄭少谷集二十五卷明鄭善夫撰、太白山人漫稿八卷明孫一元撰、苑洛集二十二卷明韓邦奇撰、東洲初稿十四卷明夏良勝撰、

別集類二十五

升庵集八十一卷明楊慎撰、東巖集六卷明夏尚樸撰、瀼谿草堂稿五十八卷明孫承恩撰、方齋詩文集十卷明林文俊撰、考功集十卷明薛蕙撰、雲村文集十四卷明許相卿撰、小山類稿二十卷明張岳撰、夢澤集二十三卷明王廷陳撰、泰泉集十卷明黃佐撰、南田集三十五卷附錄一卷明文徵明撰、西村詩集二卷補遺一卷明朱朴撰、天馬山房遺集八卷明朱淛撰、蘇門集八卷明高叔嗣撰、愚谷集十卷明李舜臣撰、遵巖集二十五卷明王愼中撰、陸子餘集八卷明陸粲撰、念菴集二十二卷明羅洪先撰、皇甫司勳集六十卷明皇甫汸撰、楊忠介公文集十三卷附錄三卷明楊爵撰、荆川集十二卷明唐順之撰、皇甫少玄集二十六卷外集十卷明皇甫涍撰、瑤石山人稿十六卷明黎民表撰、南行集四卷東游集二卷北觀集四卷山中集十卷明邵雲霄撰、洞麓堂集十卷明尹臺撰、張莊僖文集六卷明張永明撰、具茨集五卷補遺一卷文集八卷補遺一卷附錄一卷遺稿一卷

明王立道撰、青霞集十一卷年譜一卷明沈鍊撰、滄溟集三十卷附錄一卷明李攀龍撰、山海漫談三卷附錄二卷明任環撰、楊忠愍集三卷附錄一卷明楊繼盛撰、弇州山人四部稿一百七十四卷續稿二百七卷明王世貞撰、讀書後八卷明王世貞撰、方麓集十六卷明王樵撰、存家詩稿八卷明楊巍撰、海叟吟稿十一卷明趙完璧撰、伐檀齋集十二卷明張元凱撰、備忘集十卷明海瑞撰、石洞集十八卷明葉春及撰、宗子相集十五卷明宗臣撰、衡廬精舍藏稿三十卷續稿十一卷明胡直撰、薜荔園詩集四卷明徐翔撰、郭鯤溟集四卷明郭諫臣撰、亦玉堂稿十卷明沈鯉撰、温恭毅公集三十卷明温純撰、震川文集三十卷別集十卷明歸有光撰、四溟集十卷明謝榛撰、蠛蠓集五卷明盧柟撰、少室山房類稿一百二十卷明胡應麟撰、穀城山館詩集二十卷明于慎行撰、宗伯集十卷明孫繼皋撰、臨皋文集四卷明楊寅秋撰、淡然軒集八卷明余繼登撰、涇皋藏稿二十二卷明顧憲成撰、小辨齋偶存八卷附事定錄三卷明顧允成撰、高子遺書十二卷附錄一卷明高攀龍撰、馮少墟集二十二卷明馮從吾撰、石隱園藏稿八卷明畢自嚴撰、仰節堂集十四卷明曹于汴撰、願學集八卷明鄒元標撰、劉蕺山集十七卷明劉宗周撰、學古緒言二十五卷明婁堅撰、檀園集十二卷明李流芳撰、忠介燼餘集三卷明周順昌撰、范文忠集十二卷明范景文撰、幔亭詩集十五卷明徐熥撰、孫白谷集六卷明孫傳庭撰、孫白谷詩鈔二卷明孫傳庭撰、集玉山房稿十卷明葛昕撰、宋布衣集三卷明宋登春撰、忠肅集三卷明盧象昇撰、倪文貞集十七卷續編三卷奏疏十二卷講編四卷詩

集四卷明倪元璐撰、凌忠介集六卷明凌義渠撰、茅簷集八卷明魏學洢撰、申忠愍詩集六卷明申佳允撰、陶菴全集二十二卷明黃淳耀撰、

別集類二十六

聖祖仁皇帝初集四十卷二集五十卷三集五十卷四集三十六卷 世宗憲皇帝文集三十卷 御製樂善堂文集定本三十卷 御製文初集三十卷二集四十四卷 御製詩初集四十四卷目錄四卷二集九十四卷目錄六卷三集一百卷目錄十二卷四集一百卷目錄十二卷 梅村集四十卷清吳偉業撰、湯子遺書十卷清湯斌撰、兼濟堂文集二十卷清魏裔介撰、學餘堂文集二十八卷詩集五十卷外集二卷清施閏章撰、忠貞集十卷清范承謨撰、林蕙堂集二十六卷清吳綺撰、精華錄十卷清王士禎撰、堯峰文鈔五十卷清汪琬撰、午亭文編五十卷清陳廷敬撰、讀書齋偶存稿四卷清葉方藹撰、松桂堂全集三十七卷延露詞三卷南淮集三卷清彭孫遹撰、曝書亭集八十卷附錄一卷清朱彝尊撰、政書八卷清于成龍撰、愚菴小集十五卷清朱鶴齡撰、抱犢山房集六卷清嵇永仁撰、文端集四十六卷清張英撰、西河文集一百七十九卷清毛奇齡撰、陳檢討四六二十卷清陳維崧撰、蓮洋詩鈔十卷清吳雯撰、張文貞集十二卷清張玉書撰、西陂類稿三十九卷清宋犖撰、鐵廬集三卷外集二卷後錄一卷清潘天成撰、湛園集八卷清姜宸英撰、三古懽堂集三十六卷附黔書二卷長河志籍考十卷清田雯撰、榕村集四十卷清李光地撰、

魚堂文集十二卷外集六卷附錄一卷（清陸隴其撰、）因園集十三卷（清趙執信撰、）懷清堂集二十卷（清湯右曾撰、）三希堂文集十二卷（清蔡世遠撰、）敬業堂集五十卷（清查慎行撰、）望溪集八卷（清方苞撰、）存硯樓集十六卷（清儲大文撰、）香屑集十八卷（清黃之雋撰、）鹿洲初集二十卷（清藍鼎元撰、）樊榭山房集二十卷（清厲鶚撰、）果堂集十二卷（清沈彤撰、）松泉文集二十卷詩集二十六卷（清汪由敦撰、）

右列集類九百六十四部一萬八千零四十六卷

總集類

文籍日興。散無統紀。於是總集作焉。一則網羅放佚。使零章殘什。並有所歸。一則刪汰繁蕪。使莠稗咸除。菁華畢出。是固文章之衡鑒。著作之淵藪矣。三百篇既列為經。王逸所裒。又僅楚辭一家。故體例所成。以摯虞流別為始。其書雖佚。其論尚散見藝文類聚中。蓋分體編錄者也。文選而下。互有得失。至宋眞德秀文章正宗。始別出談理一派。而總集遂判兩途。然文質相扶。理無偏廢。各明一義。未害同歸。惟末學循聲。主持過當。使方言俚語。俱入詞章。麗製鴻篇。橫遭嗤點。是則併德秀本旨失之耳。今一一別裁。務歸中道。至明萬曆以後。儈魁漁利。坊刻彌增。剽竊陳因。動成巨帙。併無門徑之可言。姑存其目。為宂濫之戒而已。

文選註六十卷梁昭明太子蕭統編、唐李善註、　六臣註文選六十卷不知編輯者名氏、其稱六臣者、呂延濟劉良張銑呂向李周翰五臣註、合李善註爲六也、　文選顏鮑謝詩評四卷元方回撰、　玉臺新詠十卷陳徐陵編、　玉臺新詠考異十卷清紀容舒撰、　高氏三宴詩集三卷附香山九老詩一卷唐高正臣編、末附香山九老詩一卷、則白居易等所作、　篋中集一卷唐元結編、　河岳英靈集三卷唐殷璠編、　國秀集三卷唐芮挺章編、　唐御覽詩一卷唐令孤楚編、　中興間氣集　卷唐高仲武編、　極元集二卷唐姚合編、　松陵集十卷唐陸龜蒙編、　二皇甫集七卷明劉潤之編、　唐四僧詩六卷不著編輯者名氏、　薛濤李冶詩集二卷不著編輯者名氏、　竇氏聯珠集五卷唐褚藏言輯、　才調集十卷蜀韋縠編、　搜玉小集一卷不著編輯者名氏、　古文苑二十一卷不著編輯者名氏、書錄解題稱唐人舊本、宋孫洙得於佛寺經龕、其眞僞蓋莫可考、淳熙中韓元吉編九卷、紹興中章樵爲之註釋、又釐爲二十一卷、　文苑英華一千卷宋太平興國七年李昉等奉敕編、　文苑英華辨證十卷宋彭叔夏撰、　唐文粹一百卷宋姚鉉編、　西崑酬唱集二卷宋楊億編、　同文館唱和詩十卷宋鄧忠臣等選、　唐百家詩選二十卷宋王安石編、　會稽掇英總集二十卷宋孔延之編、　清江三孔集四十卷宋王蘧編、　三劉家集一卷宋劉元亭編、　二程文集十三卷附錄二卷宋胡安國編、　宋文選三十二卷不著編輯者名氏、

總集類二

坡門酬唱集二十三卷宋邵浩編、　樂府詩集一百卷宋郭茂倩編、　古今歲時雜詠四十六卷宋蒲積中編、　嚴陵集九卷宋董弅編、　南嶽倡酬集一卷附錄一卷宋朱子與張栻林用中南嶽紀遊詩也、　萬首唐人絕

句詩九十一卷宋洪邁編、聲畫集八卷宋孫紹遠編、宋文鑑一百五十卷宋呂祖謙奉敕編、古文關鍵二卷宋呂祖謙編、回文類聚四卷補遺一卷宋桑世昌編、五百家播芳大全文粹一百十卷宋魏齊賢、葉棻同編、崇古文訣三十五卷宋樓昉編、成都文類五十卷宋程遇孫等八人同編、文章正宗二十卷續集二十卷宋眞德秀編、天台前集三卷前集別編一卷續集三卷續集別編六卷是書皆裒輯天台題詠、宋李庚原本、林師蒧等增修、赤城集十八卷宋林表民撰、妙絕古今四卷宋湯漢編、唐僧宏秀集十卷宋李龏編、衆妙集一卷宋趙師秀撰、江湖小集九十五卷舊本題宋陳起編、江湖後集二十四卷宋陳起編、三體唐詩六卷宋周弼撰、元釋圓至訂、清高士奇補註、論學繩尺十卷宋魏天應編、林子長註、吳都文粹九卷宋鄭虎臣編、古文集成前集七十八卷宋王霆震編、文章軌範七卷宋謝枋得編、月泉吟社詩一卷宋吳渭編、文選補遺四十卷宋陳仁子編、蘇門六君子文粹七十卷不著編輯者名氏、或題陳亮、無所據也、三國文類六十卷不著編輯者名氏、增註唐策十卷不著編輯者名氏、十先生奧論四十卷不著編輯者名氏、詩家鼎臠二卷不著編輯者名氏、兩宋名賢小集三百八十卷舊本題宋陳思編、柴氏四隱集三卷明柴復貞編、

總集類三

中州集十卷附中州樂府一卷金元好問編、唐詩鼓吹十卷金元好問編、元郝天挺註、二妙集八卷金段成己段克己兄弟詩集也、谷音二卷元杜本編、梅花百詠一卷元馮子振、釋明本倡和之詩、河汾諸老詩集八卷元房祺編、瀛奎律髓四十九卷元方回編、天下同文集四十四卷元周南瑞編、古賦辨體八卷外集二卷

堯編、圭塘欸乃集二卷元許有壬及其弟有孚其子楨唱和詩也、忠義集七卷元趙景良編、宛陵羣英集十二卷元汪澤民張師愚同編、元文類七十卷目錄三卷元蘇天爵編、元風雅二十四卷前集十二卷、元傅習所輯、孫存吾爲之編次、後集十二卷、則存吾所編輯也、唐音十四卷元楊士宏編、古樂府十卷元左克明編、玉山名勝集八卷外集一卷元顧瑛編、草堂雅集十三卷元顧瑛編、玉山紀游一卷明袁華編、大雅集八卷元賴良編、元音遺響十卷不著編輯者名氏、風雅翼十四卷元劉履編、荊南唱和集一卷元周砥與明馬治唱和詩也、

總集類四

乾坤清氣集十四卷明偶桓編、元音十二卷明孫原理編、雅頌正音五卷明劉仔肩編、唐詩品彙九十卷拾遺十卷明高棅撰、廣州四先生詩四卷不著編輯名氏、三華集十八卷明錢公善編、閩中十子詩三十卷明袁表馬熒同編、元詩體要十四卷明宋緒編、滄海遺珠四卷不著編輯者名氏、惟據楊士奇序、知爲沐英之子、字曰景顒、中州名賢文表三十卷明劉昌編、明文衡九十八卷明程敏政編、新安文獻志一百卷明程敏政編、海岱會集十二卷明馮琦編、經義模範一卷不著編輯者姓名、王廷表序稱得之於楊慎、似即慎所輯也、文編六十四卷明唐順之編、古詩紀一百五十六卷明馮惟訥編、詩紀匡謬一卷清馮舒撰、全蜀藝文志六十四卷明周復俊編、古今詩刪三十四卷明李攀龍編、唐宋元名表四卷明胡松編、文氏五家詩十四卷明長洲文氏祖孫父子之詩也、宋藝圃集二十二卷明李蓘編、元藝圃集四卷明李蓘編、唐宋八大家文鈔一百六十四卷明茅坤編、吳都文粹續集五十六卷補遺一卷明錢穀編、石倉歷代詩選五百

六卷明曹學佺編、　四六法海十二卷明王志堅編、　古樂苑五十二卷明梅鼎祚編、　皇霸文紀十三卷明梅鼎祚編、　西漢文紀二十四卷明梅鼎祚編、　東漢文紀三十二卷明梅鼎祚編、　西晉文紀二十卷明梅鼎祚編、　宋文紀十八卷明梅鼎祚編、　南齊文紀十卷明梅鼎祚編、　梁文紀十四卷明梅鼎祚編、　陳文紀八卷明梅鼎祚編、　北齊文紀三卷明梅鼎祚編、　後周文紀八卷明梅鼎祚編、　隋文紀八卷明梅鼎祚編、　釋文紀四十五卷明梅鼎祚編、　文章辨體彙選七百八十卷明賀復徵編、　古詩鏡三十六卷唐詩鏡五十四卷明陸時雍編、　漢魏六朝一百三家集一百十八卷明張溥編、　古今禪藻集二十八卷明釋正勉性通同編、　三家宮詞三卷明毛晉編、　二家宮詞二卷明毛晉編、

總集類五

御選古文淵鑑六十四卷康熙二十四年聖祖仁皇帝御選、內閣學士徐乾學等奉敕編註、　御定歷代賦彙一百四十卷外集二十卷逸句二卷補遺二十二卷康熙四十五年詹事陳元龍奉敕編、　御定全唐詩九百卷康熙四十二年奉敕編、　御定佩文齋咏物詩選四百八十六卷康熙四十五年奉敕編、　御定歷代題畫詩類一百二十卷康熙四十六年編修陳邦彥奉敕編、　御選四朝詩三百一十二卷康熙四十八年右庶子張豫章等奉敕編、　御定全金詩七十四卷康熙五十年奉敕編、　御選唐詩三十二卷附錄三卷康熙五十二年聖祖仁皇帝御選、　御定千秋宴詩四卷康熙六十一年奉敕編　御選唐宋文醇五十卷乾隆三年御定、　御選唐宋詩醇四十七卷乾隆十五年御定、　皇清文穎一百二十四卷乾隆十二年御定、　欽定四書文四十一卷乾隆元年內閣學士方苞奉敕編、　明文海

四百八十二卷清黃宗羲編、 唐賢三昧集三卷清王士禎編、 二家詩選二卷清王士禎編、 唐人萬首絕句選七卷清王士禎編、 明詩綜一百卷清朱彝尊編、 宋詩鈔一百六卷清吳之振編、 宋元詩會一百卷清陳焯編、 粵西詩載二十五卷粵西文載七十五卷粵西叢載三十卷清汪森編、 元詩選卷首一卷初集六十八卷二集二十六卷三集十六卷清顧嗣立編、 全唐詩錄一百卷清徐倬編、 甬上耆舊詩三十卷清胡文學編、 檇李詩繫四十二卷清沈季友編、 古文雅正十四卷清蔡世遠編、 鄱陽五家集十五卷清史簡編、 南宋雜事詩七卷清沈嘉轍吳焯陳芝光符曾趙昱厲鶚趙信同撰、 宋百家詩存二十八卷清曹廷棟編、以補吳之振宋詩鈔之遺、

右總集類一百六十四部九千九百三卷

詩文評類

文章莫盛於兩漢。渾渾灝灝。文成法立。無格律之可拘。建安黃初。體裁漸備。故論文之說出焉。典論其首也。其勒為一書傳於今者。則斷自劉勰鍾嶸。勰究文體之源流。而評其工拙。嶸第作者之甲乙。而溯厥師承。為例各殊。至皎然詩式。備陳法律。孟棨本事詩。旁採故實。劉攽中山詩話。歐陽修六一詩話。又體兼說部。後所論著。不出此五例中矣。宋明兩代。均好為議論。所撰尤繁。雖宋人務求深解。多穿鑿之詞。明人喜作高談。多虛憍之論。然汰除糟粕。採擷菁英。每足以考證舊聞。觸發新意。隋志附總集之內。唐書以下則並於集部

之末別立此門。豈非以其討論瑕瑜。別裁眞僞。博參廣考。亦有裨於文章歟。

文心雕龍十卷梁劉勰撰、文心雕龍輯註十卷清黃叔琳撰、詩品三卷梁鍾嶸撰、文章緣起一卷舊本題梁任昉撰、疑卽唐志所載張績書也、其註爲明陳懋仁作、清方熊又補之、本事詩一卷唐孟棨撰、詩品一卷唐司空圖撰、六一詩話一卷宋歐陽修撰、續詩話一卷宋司馬光撰、中山詩話一卷宋劉攽撰、後山詩話一卷舊本題宋陳師道撰、臨漢隱居詩話一卷宋魏泰撰、優古堂詩話一卷宋吳幵撰、詩話總龜前集四十八卷後集五十卷宋阮閱撰、彥周詩話一卷宋許顗撰、紫微詩話一卷宋呂本中撰、四六話二卷宋王銍撰、珊瑚鉤詩話三卷宋張表臣撰、石林詩話一卷宋葉夢得撰、藏海詩話一卷宋吳可撰、風月堂詩話二卷宋朱弁撰、歲寒堂詩話二卷宋張戒撰、庚溪詩話二卷宋陳巖肖撰、韻語陽秋二十卷宋葛立方撰、碧溪詩話十卷宋黃徹撰、唐詩紀事八十一卷宋計有功撰、觀林詩話一卷宋吳聿撰、四六談麈一卷宋謝伋撰、環溪詩話一卷不著撰人名氏、皆品評吳沆之詩、書中稱沆爲先環溪、則子孫之詞也、竹坡詩話一卷宋周紫芝撰、苕溪漁隱叢話前集六十卷後集四十卷宋胡仔撰、其書繼阮閱詩話總龜而作、文則二卷宋陳騤撰、二老堂詩話一卷宋周必大撰、誠齋詩話一卷宋楊萬里撰、餘師錄四卷宋王正德撰、滄浪詩話一卷宋嚴羽撰、詩人玉屑二十卷宋魏慶之編、娛書堂詩話一卷宋趙與虤撰、後村詩話前集二卷後集二卷續集四卷新集六卷宋劉克莊撰、荊溪林下偶談四卷宋吳子良撰、草堂詩話二卷宋蔡夢弼撰、文章精義一卷宋李耆卿撰、竹莊詩話二十四卷宋何谿汶撰、浩然齋雅談三卷宋周密撰、對牀夜語五卷宋范晞文撰、詩林廣記前集十卷後集十卷宋蔡正孫撰、文說一卷元陳繹曾撰、修詞鑑衡二卷元王構編、金石例十卷元潘昂霄撰、作義要訣一卷元倪士毅撰、墓銘舉例四卷明王行撰、懷麓堂詩話一卷明李東陽撰、頤山詩話二卷明安磐撰、詩話補遺三卷明楊慎撰、藝圃擷餘一卷明王世懋撰、唐音癸籤三十三卷明胡震亨撰、金石要例一卷清黃宗羲撰、歷代詩話八十卷清吳景旭撰、漁洋詩話三卷清王士禎撰、師友詩傳錄一卷續錄一卷師友詩傳錄清郎廷槐編、續錄劉大勤編、聲調譜一卷清趙執信撰、五代詩話十卷清鄭方坤撰、談龍錄一卷清趙執信撰、宋詩紀事一百卷清厲鶚撰、全閩詩話十二卷撰鄭方坤編、

右詩文評類六十四部七百三十卷

詞曲類

詞曲二體在文章技藝之閒。厥品頗卑。作者弗貴。特才華之士以綺語相高耳。然三百篇變而古詩。古詩變而近體。近體變而詞。詞變而曲。層累而降。莫知其然。究厥淵源。實亦樂府之餘音。風人之末派。其於文苑。同屬附庸。亦未可全斥爲俳優也。今酌取往例。附之篇終。詞曲兩家又略分甲乙。詞爲五類。曰別集。曰總集。曰詞話。曰詞譜詞韻。曲則惟錄品題論斷之詞。及中原音韻。而曲文則不錄焉。王圻續文獻通考以西廂記琵琶記俱入經籍類中。全失論撰之體裁。不可訓也。

珠玉詞一卷宋晏殊撰、樂章集一卷宋柳永撰、安陸集一卷附錄一卷宋張先撰、六一詞一卷宋歐陽修撰、東坡詞一卷宋蘇軾撰、山谷詞一卷宋黃庭堅撰、淮海詞一卷宋秦觀撰、書舟詞一卷宋程垓撰、小山詞一卷宋晏幾道撰、晁无咎詞六卷宋晁補之撰、姑溪詞一卷宋李之儀撰、東堂詞一卷宋毛滂撰、溪堂詞一卷宋謝逸撰、片玉詞二卷補遺一卷宋周邦彥撰、初寮詞一卷宋王安中撰、友古詞一卷宋蔡伸撰、和清眞詞一卷宋方千里撰、聖求詞一卷宋呂濱老撰、石林詞一卷宋葉夢得撰、筠谿樂府一卷宋李彌遜撰、丹陽詞一卷宋葛勝仲撰、坦菴詞一卷宋趙師使撰、案師使或作師俠、未詳孰是、酒邊詞二卷宋向子諲撰、無住詞一卷宋陳與義撰、竹坡詞三卷宋周紫芝撰、漱玉詞一卷宋李清照撰、蘆川詞一卷宋張元幹撰、東浦詞一卷宋韓玉撰、嬾窟詞一卷宋侯寘撰、逃禪詞一卷宋楊无咎撰、于湖詞三卷宋張孝祥撰、海野詞一卷宋曾覿撰、審齋詞一卷宋王千秋撰、介菴詞一卷宋趙彥端撰、歸愚詞一卷宋葛立方撰、克齋詞一卷宋沈端節撰、稼軒詞四卷宋辛棄疾撰、龍川詞一卷補遺一卷宋陳亮撰、西樵語業一卷宋楊炎正撰、放翁詞一卷宋陸游撰、樵隱詞一卷宋毛幵撰、知稼翁詞一卷宋黃公度撰、蒲江詞一卷宋盧祖皐撰、平齋詞一卷宋洪咨夔撰、白石道人歌曲四卷別集一卷宋姜夔撰、夢窗稿四卷補遺一卷宋吳文英撰、惜香樂府十卷宋趙長卿撰、龍洲詞一卷宋劉過撰、竹屋癡語一卷宋高觀國撰、竹齋詩餘一卷宋黃機撰、梅溪詞一卷宋史達祖撰、石屏詞一卷宋戴復古撰、散花菴詞一卷宋黃昇撰、斷腸詞一卷宋朱淑眞撰、山中白雲詞八卷宋張炎撰、竹山詞一卷宋蔣捷撰、天籟集二

卷金白樸撰、 蛻巖詞二卷元張翥撰、 珂雪詞二卷清曹貞吉撰、

右詞曲類詞集之屬五十九部一百三卷

花間集十卷蜀趙崇祚編、 尊前集二卷不著編輯者名氏、毛晉跋以爲明顧梧芳作、朱彝尊據吳寬手寫本、定爲宋初人作、考張炎樂府指迷、有尊前之名、則彝尊說當信然、 梅苑十卷宋黃大輿編、 樂府雅詞五卷補遺一卷宋曾慥編、 花菴詞選二十卷宋黃昇編、 類編草堂詩餘四卷不著編輯者名氏、 絕妙好詞箋七卷絕妙好詞宋周密編、其箋清查爲仁厲鶚同撰也、 樂府補題一卷不著編輯者名氏、 花草粹編二十二卷附錄一卷明陳耀文編、 御定歷代詩餘一百二十卷康熙四十六年翰林院侍讀學士沈辰垣等奉敕撰、 詞綜三十四卷清朱彝尊編、 十五家詞三十七卷清孫默編、

右詞曲類詞選之屬十二部二百七十四卷

碧雞漫志一卷宋王灼撰、 沈氏樂府指迷一卷宋沈義父撰、 渚山堂詞話三卷明陳霆撰、 詞話二卷清毛奇齡撰、 詞苑叢談十二卷清徐釚撰、

右詞曲類詞話之屬五部十九卷

欽定詞譜四十卷康熙五十四年詹事王奕清等奉敕撰、 詞律二十卷清萬樹撰、

右詞曲類詞譜詞韻之屬二部六十卷

顧曲雜言一卷明沈德符撰、 御定曲譜十四卷康熙五十四年詹事王奕清等奉敕撰、 中原音韻二卷元周德清撰、

右詞曲類南北曲之屬三部十七卷

附錄 阮元四庫未收書目

禮記要義三十三卷宋魏了翁撰、九國志十二卷宋路振撰、皇宋通鑑長編紀事本末一百五十卷宋楊仲良撰、四書箋義纂要十二卷紀遺一卷宋趙悳撰、漢官儀三卷宋劉攽撰、嘉定鎮江志二十二卷宋盧憲撰、至順鎮江志二十一卷不著撰人姓名、續世說十二卷宋孔平仲撰、嚴氏明理論三卷後集一卷宋嚴器之撰、陸士衡文集十卷晉陸機撰、注解章泉澗泉二先生選唐詩五卷宋謝枋得撰、續復古編四卷元曹本撰、四書待問二十二卷元蕭鎰撰、道德眞經集解八卷唐岷山道士張君相撰、聱隅子二卷宋黃晞撰、嘉量算經三卷明朱載堉撰、分門纂類唐宋時賢千家詩選二十二卷宋劉克莊撰、梅花喜神譜二卷宋宋伯仁撰、晁具茨集十五卷宋晁沖之撰、詳註周美成片玉集十卷宋周邦彥撰、陳元龍註釋、琴操二卷漢蔡邕撰、詩傳註疏三卷宋謝枋得撰、尙書要義三卷宋魏了翁撰、左氏摘奇十二卷宋胡元質撰、回溪史韻二十三卷宋錢諷撰、梅花百咏一卷元韋珪撰、通元眞經注十二卷文子二卷、四庫全書已著錄、此注唐徐靈府撰、古逸民先生集三卷宋汪炎昶撰、漢文鑑二十一卷宋陳鑑編、燕喜詞一卷宋曹冠撰、醉翁談錄五卷宋金盈之撰、重修琴川志十五卷元盧鎭撰、南華眞經注疏三十五卷唐成元英撰、華陽隱居集二卷梁陶宏景撰、三術撮要一卷不著撰人名氏、蕭冰厓詩集三卷宋蕭立之撰、蘋洲漁笛譜二卷宋周密撰、兩京新記一卷唐韋述撰、洞霄詩集十四卷宋道士孟宗寶撰、徐文淸公家傳一卷宋朱元龍葉由庚龔應之等同撰、鐵崖賦稿二卷元楊維禎撰、日湖漁唱一卷宋陳允平

撰、重編海瓊白玉蟾文集六卷續集二卷宋葛長庚撰、 說文解字補義十二卷元包希魯撰、 支遁
集二卷晉釋支遁撰、 五行大義五卷隋蕭吉撰、 羣書治要五十卷唐魏徵等奉敕撰、 文館詞林四卷唐許
敬宗等奉敕撰、 臣軌二卷唐武則天撰、 樂書要錄三卷唐武則天撰、 膳夫經十卷唐楊煜撰、 岑嘉州集八
卷唐岑參撰、 列子注八卷唐盧重元撰、 讒書五卷唐羅隱撰、 中興兩朝聖政六十四卷不知編集人姓名、起建炎
元年、訖淳熙十五年、 建炎筆錄三卷宋趙鼎撰、 寶祐四年會天曆一卷宋荊執禮撰、 辨誣筆錄一卷宋趙鼎撰、
南嶽總勝集三卷宋道士陳田夫撰、 自號錄一卷宋徐光溥撰、 衢本郡齋讀書志二十卷宋晁公武撰、
友會談叢三卷宋上官融撰、 孔叢子注七卷舊本題曰孔鮒撰、宋宋咸注、 孫子十家注十三卷宋吉天保撰、
千金寶要十七卷唐孫思邈原本、宋郭思采錄刻石、 一切經音義二十五卷唐釋元應撰、 古清涼傳二卷
廣清涼傳三卷續清涼傳二卷唐釋慧祥撰、 道德眞經傳四卷唐陸希聲撰、 泰軒易傳六卷宋李中正
撰、 春秋集傳十九卷宋張洽撰、 九經疑難四卷宋張文伯撰、 爾雅新義二十卷宋陸佃撰、 集篆古
文韻海五卷宋杜從古撰、 太常因革禮一百卷宋歐陽修等奉敕撰、 難經集注五卷周秦越人撰、 脈經十
卷西晉王叔和撰、 類編朱氏集驗醫方十五卷宋朱佐撰、 史載之方二卷宋史載之撰、 書齋夜話四卷
宋兪玉撰、 遁甲符應經三卷宋楊維德等撰、 六壬大占一卷宋祝泌撰、 夷堅甲志二十卷乙志二十卷
丙志二十卷丁志二十卷宋洪邁撰、 策學統宗前編五卷元譚金孫編、譚正叔孫端訂定、三譚皆冠以古雲後學、三人姓名既不經
見、古雲亦不知其何州、 斜川集六卷宋蘇過撰、 增廣箋注簡齋詩集三十卷無住詞一卷宋陳與義撰、 史

詠集二卷宋徐釣撰、平安悔稿十二卷宋項安世撰、雲莊四六餘話一卷宋楊囦道撰、分類唐歌詩
殘本十一卷宋趙孟奎編、詩苑衆芳一卷此書影元鈔本、首題吳郡梅谿劉瑄伯玉編、南海百詠一卷宋方信孺撰、
聲律關鍵八卷宋鄭起潛撰、觀瀾集注三十卷宋林之奇編、呂祖謙集注、梅磵詩話三卷宋韋居安撰、樵歌
三卷宋朱敦儒撰、陽春白雪八卷外集一卷宋趙聞禮編王周士詞一卷宋王以凝撰、詞源二卷宋張
炎撰、新增詞林要韻一卷此書不分卷、不知撰人姓名、陳氏小兒病源方論四卷金陳文中撰、歷代蒙求
一卷元王芮撰、論語叢說三卷元許謙撰、續中庸叢說二卷元許謙撰、續古篆韻六卷元吾衍編、皇元
征緬錄一卷不著撰人名氏、元祕史十五卷不著撰人名氏、羣書通要七十三卷不著撰人姓氏、遊志續編
二卷元陶宗儀撰、玉山璞稿二卷元顧瑛撰、桐江集八卷元方回撰、王徵士詩集八卷元王沂撰、松雨
軒詩集八卷元平顯撰、蛾術詩選八卷元邵亨貞撰、名儒草堂詩餘三卷元廬陵鳳林書院輯本、未詳選者姓氏、
蛾術詞選四卷元邵亨貞撰、名家詞十卷清侯文燦編輯、五服圖解一卷元龔端禮撰、律文十二卷音
義一卷是編不著撰人名氏、音義宋孫奭等撰、莆陽比事七卷宋李俊甫撰、黃帝陰符經疏三卷唐李筌撰、中藏
經三卷漢華陀撰、玉函經一卷唐杜光庭撰、三水小牘二卷唐皇甫枚撰、玉堂類稿二十卷西垣類
稿二卷宋崔敦詩撰、周易經疑三卷元涂溍生撰、詩說十二卷宋劉克撰、書經補遺五卷元呂宗傑輯、
漢唐事箋十二卷後集八卷元朱禮撰、崑山郡志六卷元楊譓撰、羣書類編故事二十四卷元王罃撰、
釣磯文集五卷唐徐寅撰、毅齋別錄一卷不著撰人名氏、卷端有正德辛未十一世孫興序一首、考之宋史、乃徐僑之詩也、編類

運使復齋郭公敏行錄無卷次、無撰人名氏、前有古侯黃文仲及三山林興祖兩序、疑出二人所編、　元賦青雲梯三卷無編纂姓氏、從元人墨跡影寫、　隸韻十卷宋劉球撰、　編年通載四卷宋章衡撰、　廣黃帝本行記一卷唐王瓘撰、　淳祐臨安志六卷宋施諤撰、　賢良進卷四卷宋寶文閣學士、龍泉葉適撰、　四元玉鑑三卷元朱世傑撰、　運使復齋郭公言行錄一卷元福州路儒學教授徐東撰、　圖解素問要旨論八卷金劉守眞撰、　元風雅三十卷元蔣易撰、　東皐詩集五卷元馬玉麟撰、　周易新講義十卷宋龔原撰、　通紀七卷續五卷唐馬總撰、　諸葛武侯傳一卷宋張栻撰、　離騷集傳一卷宋錢杲之撰、　策要六卷元梁寅撰、　愼齋集四卷明蔣主忠撰、　詩義指南一卷宋段昌武撰、　增廣鐘鼎篆韻七卷元楊鉤撰、　玉峯志三卷玉峯續志一卷宋凌萬頃邊實同撰、　長春子遊記二卷元李志常撰、　軒轅黃帝傳一卷不著撰人名氏、　養正圖解全卷明焦竑撰、　尉繚子直解五卷尉繚子四庫全書已著錄、直解明劉寅撰、　關尹子言外經旨三卷關尹子四庫全書已著錄、言外經旨宋陳顯微撰、　爲政善報十卷宋葉留撰、　東漢文鑑二十卷宋陳鑑編、　道德經論兵要義四卷唐王眞撰、　遺山樂府五卷金元好問撰、　招捕總錄一卷不著撰人名氏、　詩義集說四卷明孫鼎撰、　唐陸宣公奏議註十五卷唐陸贄撰、贄有翰苑集、四庫全書已著錄、是編惟有奏議、宋郎煜注、　雲間志三卷宋楊潛撰、　司馬法直解一卷明劉寅撰、　楊氏算法三卷宋楊輝撰、　松窗百說一卷宋李季可撰、　續墨客揮犀十卷宋彭乘撰、　陶靖節詩註四卷宋楊漢撰、　貞一齋詩文稿二卷元朱思本撰、　輿地紀勝二百卷宋王象之撰、

中華經典套書—語文類

國學治要 第七編 書目治要

1912

作　　者／張文治　編
主　　編／劉郁君
美術編輯／中華書局編輯部

出 版 者／中華書局
發 行 人／張敏君
行銷經理／王新君
地　　址／11494 台北市內湖區舊宗路二段181巷8號5樓
客服專線／02-8797-8396　　傳　　真／02-8797-8909
網　　址／www.chunghwabook.wordpress.com
匯款帳號／兆豐國際商業銀行　東內湖分行
　　　　　067-09-036932　台灣中華書局股份有限公司

法律顧問／安侯法律事務所
製版印刷／百通科技股份有限公司
封面印製／海瑞印刷品有限公司
出版日期／2015年11月三版一刷
版本備註／據1971年12月二版復刻重製
定　　價／NTD 360（第七冊：平裝）
　　　　　NTD 1,200（全套：平裝）

國家圖書館出版品預行編目（CIP）資料

國學治要：第七編 書目治要 / 張文治編. --
三版. -- 臺北市 : 中華書局, 2015.11
冊 ; 公分. -- (中華語文叢書)
ISBN 978-957-43-2892-5(第7冊 : 平裝)
ISBN 978-957-43-2893-2(全 套 : 平裝)
1.漢學

030　　104020474

NO.H1004-7
ISBN 978-957-43-2892-5（第七冊：平裝）
ISBN 978-957-43-2893-2（全　套：平裝）